逻辑的文化功能

靳金贵——主编

中国人民大学出版社
·北京·

序　言

作为正确思维所必须遵循的形式与规律，逻辑与人类之间有着十分密切的关系，它几乎渗透在我们所有的思维和行为过程之中。无论是工作、学习，还是生活、交往，只要是一个有健全思维的人就不能否认和排斥逻辑的存在，可以说，逻辑无时不在，无处不有。

功能问题是事关逻辑能否被人们正确认知、深刻理解和高效使用的重要问题，对逻辑功能的研究有极其深远的意义。长期以来，人们对逻辑的功能问题进行了大量研究，也形成了诸多功能理论。但是，基于文化的视角，对"逻辑在人们的日常生活中究竟如何存在？起什么作用？又呈现出哪些功能？"及"逻辑究竟对人的精神状态有什么作用和影响？是否具有某些精神性功能？"等问题的研究还相对偏少，尽管也有人做过一些相关讨论，但阐释得还不够清晰明确。有必要从文化的视角，对逻辑及其功能问题重新进行审视和反思，并对这些问题做出明确的回答。

本研究基于文化学的视角，首先对逻辑进行了重新定位。通过对逻辑产生和发展的社会历史文化背景的剖析，揭示了逻辑的文化本质，阐释了逻辑所具有的文化属性和内在的价值追求，提出了逻辑学科应包含的具体内容。之后，又对逻辑在文化生态大系统中的地位和作用进行了全面解读，对逻辑与其他文化现象间的关系进行了辨析，阐明了逻辑与其他文化现象是在互动交融中共存的。接下来对"什么是逻辑的文化功能？"、"逻辑的文化功能是如何生成的？"以及"在文化视域中我们应该如何来认识并概括总结逻辑的功能？"等问题进行了认真反思，并逐个做出解答。在此基础上，最后提出了逻辑所具有的五大工具性文化显功能和五大精神性文化潜功能。

相较于先前的逻辑功能研究，我们认为本研究在四个方面具有一定的创新性。第一是研究方法的创新。研究方法通常包括研究的视角、研究的路径、研究的程序和研究的步骤。研究方法的创新就是指研究要么在研究视角上，要么在研究路径或研究程序和步骤上，与先前的研究方法有所不同。本研究基于文化的视角，从人们日常的思维和行为过程出发，通过对人们日常的思维和行为过程的论述，解析了逻辑在日常的思维和行为过程中如何存在，如何作用，又最终帮助人们完成了哪些任务，体现了哪些功能。这种方式与先前基于哲学的视角，从逻辑本体出发，关注逻辑的几种思维形态，从思维形态的运动中分析逻辑的功能是有一定区别的。当然，之前也有一些学者从文化的视角研究过逻辑及其与其他文化现象间的关系，也在一定程度上提到了逻辑对人的观念、思维方式和视野范围（或研究领域）的影响，但至今为止尚未有人从日常生活中最普遍的思维和行为过程出发来分析逻辑的功能，进而在此基础上概括总结出逻辑的功能。这种研究方法是有一定新意的。

第二是通过视角的转换和关注重点的转移，获得了一些新的发现，提出了一些新的理论。比如：逻辑在文化体系中居于核心地位；逻辑对其他文化现象起统率作用；逻辑对人的精神要素有重要影响，不仅是对人们的观念和思维方式有影响，而且对人的意识和行为方式也有重要影响；逻辑功能的生成是与其构成要素、构成方式、运行过程和运行机理密切相关的；逻辑不仅具有多种工具性文化显功能，还具有多种精神性文化潜功能；等等。这些观点也是先前人们均未提及的。

第三是从人和客体对象两个维度上重新思考了逻辑的功能，并建立了包含两个维度的功能理论体系。尽管这个理论体系比较小，较为简单，在系统性、完整性、规范性上也有一些不足，但它与过去人们从单一的工具性维度来阐释逻辑的功能，或者把逻辑的某些工具性功能与某些精神性功能混杂在一起来笼统地讨论逻辑功能的做法相比，还是有一定的进步。可以说，本研究对逻辑文化功能的认识较先前而言，的确要更为清晰、更为明确，在分类上也更为精准、更为细致。这利于解决过去功能理论表述上存在的要么过于宏观，要么过于微观，要么过于抽象，要么过于具体的问题。这样的研究或许还将开今后多视角、多维度研究逻辑，建构逻辑功能理论体系的先河。

第四是密切结合人们日常的思维和行为过程来探讨逻辑的功能，并尽可能用通俗易懂的自然语言和生活语言概括、总结了逻辑的五大工具性文化显功能和五大精神性文化潜功能。这不仅使逻辑与人的日常的思维和行为过程产生了关联，也形成了易于被大众理解、记忆和接受的功能理论，让逻辑具有了生活气息，这也是与先前纯学术的研究风格有一定差异的。

当然，这些创新能否得到大家的认可，还有待接受实践的检验。或许有些观点能够得到大家认同，有些观点暂时还难以被大家接受。但无论大家能否认同或接受，我们均以恳切的态度接受大家的批评与指导。

本研究是国家社科基金项目“认识论的逻辑基础”的前期研究成果和子课题。参与研究的人员还有山西大学哲学社会学学院逻辑学教研室教授、博士生导师郭建萍和山西中医药大学讲师王艳君。

在完成本研究的过程中，清华大学王路教授和刘奋荣教授、南开大学张晓芒教授、中国社会科学院哲学研究所逻辑学研究室刘新文研究员和智能与逻辑实验室杜国平研究员，在百忙之中均完整审阅了成果初稿并提出了许多宝贵意见，在此一并表示衷心感谢！

靳金贵

2021 年 10 月

目　录

导　论

一、研究缘起

逻辑是人类正确思维所必须遵循的形式与规律，它无时不在，无处不有。在人类生存发展的过程中，逻辑发挥了极为重要的作用。不管人们是否已清醒地意识到它的存在并感受到它的价值，事实上它已直接或间接地为我们做出了重要贡献。

功能问题是逻辑的基本问题，也是每个有志于逻辑或意欲走进逻辑殿堂的人首先就会遇到且必须要回答的问题。对功能问题回答的好坏，不仅事关人们能否对逻辑有正确的认知、深刻的理解，也会影响到人们对它的高效利用。这说明对功能问题进行深入研究具有十分重要的意义。

长期以来，许多思想家、哲学家、数学家、逻辑学家已从多个视角和不同维度对逻辑的功能问题做了大量研究，也提出了许多功能理论。比如，有的学者基于哲学方法论角度，把逻辑视作一种方法，研究和探讨其功能；有的学者基于哲学认识论角度，通过剖析人们对事物认识的一般过程来研究和探讨逻辑的功能；有的基于科学角度，从科学发现、检验、论证、表征的过程中逻辑所发挥的作用来研究和概括逻辑的功能；还有的基于社会学角度，从民主政治建设、经济建设、文化建设和社会治理活动中逻辑所发挥的作用来概括逻辑的功能；也有基于文化学角度，从逻辑与文化的互动交融中探讨逻辑对其他文化学科和文化建设与发展的作用；再有的基于应用角度，从具体的事务中探究逻辑的功能。这些理论不仅为我们正确地认识和理解逻辑、高效地使用逻辑奠定了坚实的基础，也为我们做好进一步的研究提供了重要的理论依据。但认真审视和反思已有的逻辑功能理论，我们也会发现，迄今为止，人们对于“逻辑究竟在人们日常生活的思维和行为过程中以什么方式存在?”“它对人的精神要素究竟产生了什么影响?它又在帮助人们完成任务的过程中体现了哪些工具性文化功能和精神性文化功能?”等问题阐释得还不是十分细致、清晰和明确,还有待我们做进一步的拓展和深化。

文化是连接人类历史的纽带,是沟通社会与大众的桥梁,也是通往精神世界的通道。从文化的视角对逻辑进行多角度的剖析,不仅能够让我们更清晰地认识其文化本质,了解其文化特性,懂得它与其他文化现象之间的互动和关联,还可发现逻辑具有的多种精神性潜功能。

从文化的视角对逻辑及其功能的研究,先前已有部分学者做了尝试,也已取得了一定成果,在他们的基础上做进一步的研究有重要的理论和实践意义。

二、研究意义

(一)理论意义

在文化视域中研究逻辑的功能问题,就是把逻辑放在文化的大背景中,用文化学的基本观点和理论,如文化的起源观、文化的本质观、文化的特征观、文化的追求观、文化的存在和发展观、文化的功能观等,来审视和反思逻辑及其存在和发展的方式、其功能生成的过程与机理,以及如何对逻辑功能进行认知等问题,并在此基础上形成新的逻辑功能理论。

这种研究方式与先前哲学或科学的研究方式有所不同,主要表现为出发点不同、所关注的重点不同,所使用的话语体系和结论也不同。哲学的方式是从逻辑本体开始的,关注的是逻辑本身的构成、表现形态和它所能完成的最基本、最一般的任务,所使用的话语体系是哲学的深奥语言,体现出如下定义、做判断、进行推理论证等最基本的功能。科学的研究方式是从具体现象或过程出发,关注的是逻辑在这些具体现象的变化和事物运动的过程中所承担的作用,是通过对具体文本或经验材料的概括和总结而得出逻辑究竟具有什么样的功能,体现出逻辑在科学的发现、科学检验和科学理论的确证和表征中的功能(其他各种具体学科领域或某些具体的实践活动中的逻辑功能研究,实际上也是通过对某些具体行为过程的剖析,来探求逻辑在这些实践活动中的作用,如法律逻辑、语言逻辑、经济逻辑等，均是从不同专业类别的活动出发探究逻辑在这些活动中的作用机理）。而文化学的研究方式则是从意识、观念、思维行为方式出发，关注的重点是逻辑与人们日常中普遍的思维和行为过程，通过分析逻辑在人们日常中普遍的思维和行为过程所能完成的任务，得出逻辑所具有的功能。

在文化视域中审视逻辑，所关注的是作为特定文化样态而存在的逻辑，直接表现为那些阐释逻辑有关问题的思想和理论，因此准确地讲，“文化视域中的逻辑功能研究”实际上也就是“逻辑理论的功能”或“逻辑学的功能”。表面看来，似乎“逻辑学的功能”并不直接等同于“逻辑的功能”，但经仔细分析，我们能够发现尽管二者所言说的主体不同，一个是针对作为抽象的、客观存在的、不以人的意志为转移的逻辑本体，另一个是针对反映或言说它的理论和学说，但最终对于功能问题却有相同的答案。这是因为，首先，无论是作为“思维形式”或“推理论证方式”抑或“能够达成推理的可靠性、完备性的推理系统”的逻辑，还是作为“阐释思维的形式与规律”的逻辑学，它们本身都不是生理学意义上的活物，它们本身不会自发地、直接地发挥任何功能，必须在人类的参与下才能呈现出某些有用性；如果没有人类的参与和对它们进行有效的利用，它们本身就没有任何功能可言。其次，“逻辑本体”只能经过“逻辑学说”进入人的头脑，并经过人脑这个媒介的加工和过滤，最后体现出它的有用性；如果不经过“逻辑学说”的连接，“逻辑本体”是难以和人类产生关联的，也就无所谓什么功能了。正因如此，从文化视域中看到的“逻辑理论的功能”也就和“逻辑的功能”有了共同的结论。

在文化视域中研究逻辑的功能，需要我们循着这样一个思维路径逐步展开：逻辑学是什么？它有什么样的特征，有什么样的精神和价值追求？逻辑学应包含哪些内容？在现实生活中它如何存在和发展？它的功能是何种意义上的指谓？它的功能是如何生成的？我们如何从文化的视角来看待逻辑的功能？文化视域中的逻辑究竟有哪些工具性功能和精神性功能？通过对这样一个问题链的回答，我们能够获得一系列新的发现：逻辑的理论不是先天就有的，而是后天慢慢积累起来的；逻辑学也不是某个时间点少数思想家的思想迸发，而是经历了相当漫长的过程，积累了许多前人的经验，在汇聚一代又一代人智慧的基础上才诞生的。逻辑学作为一门专门研究思维的形式与规律的学科，既有自身的独特性，如基础性、工具性（也有人概括为形式性、普遍性），也具有所有文化现象的共性，如人文性、社会性、民族性、累积性、发展性等。逻辑学的内容中不仅包含正确思维的形式，也包含人们对提升思维品质，即对“表达的清晰性和推理的严密性”的不懈追求。逻辑所具有的功能本身是与其自身的构成要素、构成方式、运行过程和运行机理密切相关的。逻辑功能隐含在具体的思维和行为过程之中，需要通过对思维与行为过程的剖析才能获得。逻辑不仅能够帮助人们完成各种任务，具有正确认知、准确评价、科学预见、合理建构、有效说服的工具性显功能，而且会在人们学用逻辑的过程中对人们的精神要素产生重要作用，并由此形成导引、规范、激励、塑造、愉悦的精神性潜功能。这些都是对逻辑的传统认知理论的补充和拓展，对于人们多角度认识逻辑的功能具有重要意义。

（二）实践意义

研究和探索逻辑的文化功能，能够让人们更加了解逻辑，更好地发挥逻辑的作用，为我国政治、经济、文化的建设服务。当前我国正处于社会发展的转型时期，政治、经济、文化等领域存在失序、失范、失衡的现象，需要逻辑理性的规约。在新的社会历史时期深入研究逻辑的社会文化功能，具有重要的现实意义。

首先，中国特色社会主义民主政治建设需要逻辑。认识到逻辑所具有的工具性文化显功能和精神性文化潜功能，可使人们在民主政治建设的过程中更好地发挥逻辑的作用，从而使建设工作更加科学、理性、健康、有序地稳步推进，少走弯路，不走错路。

建设具有中国特色社会主义的民主政治离不开逻辑。这是因为，第一，需要用逻辑的方法准确阐释民主政治的含义、特征和标准，明确中国特色的民主政治与西方普世价值的区别。民主政治建设不单单是政治问题，它不仅与一个国家自身的社会经济状况、文化观念的传承、文化建设的氛围、法制建设的状态等多方面的因素有关，也与其外部的世界政治、经济、文化等大环境密切相关。因此我国的民主政治建设首先必须结合我国的实际情况来认识和理解民主政治的特定内涵与表现方式，决不能盲目听从或简单照搬西方的民主概念来指导实践，空洞的理论和教条是无法指导实践的。要对新时代我国民主政治做出系统、客观、全面的解析，就必须借助逻辑这个特殊的工具并充分发挥其功能。没有逻辑，我们难以形成对民主政治的准确认知和深刻理解。第二，需要用逻辑的方法建构具有中国特色的民主政治建设的方案。民主政治建设涉及一个国家的政治体制、政府机构的设置、政府官员的任免、各级政权的产生方式、各级组织的权力运行、权利的监督和制约等多个方面的内容。要想获得人们的一致认可，必须凝聚全社会的力量来组织设计、论证、制定方案，并充分宣传和动员全体公民自觉遵守并坚决执行。而目标是否清晰、内容是否全面、措施方法是否可行、程序步骤是否得当，都需要使用分析、综合、归纳、演绎、推理、论证，以及从具体到抽象、再从抽象到具体的一系列逻辑方法来进行。第三，需要用逻辑的方法来制定用以衡量和评价我国民主政治建设成败得失的标准并及时规范我们的行为，调节和控制我们在民主政治建设的过程中出现的问题及偏差。我国幅员辽阔、人口众多，不同地域有不同的地理环境和生态状况、有不同的民族文化观念和历史传承，即使在理解执行同一政策的过程中也经常会形成很多差异。如何正确看待和评价在民主政治建设过程中出现的各种情况和问题？这需要我们在逻辑理性和求真精神的指引下，在把握和领会民主政治建设精神实质的基础上，坚持原则性和灵活性相统一的原则，采取符合地区实情的措施和办法，通过有说服力的逻辑论证来赢得他人和社会的认可与支持。如果没有求真、求实的精神做指引，生搬硬套，一成不变，或者通过权力或其他方式来压服他人和社会来推行民主建设是很难做好工作的，而理性和求真精神的基础和表现都是逻辑。

从文化的视角研究逻辑的功能，能够让更多的人更加正确地认识逻辑、了解逻辑、喜欢逻辑、使用逻辑，从而使民主政治建设的目标更加清晰，内容更加完善，措施更加有力，标准更加明确，效果更加优化。

其次，经济的持续、稳定、健康发展需要逻辑。进一步研究逻辑的文化功能，可使人们在经济建设中更好地使用逻辑，从而加快经济的持续、稳定、健康发展。经济是人类赖以生存和发展的物质基础，经济基础决定上层建筑，一个国家、一个社会如果没有持续、稳定、健康的经济发展做保障，其他任何发展都是难以为继的。因此，经济持续、稳定、健康的发展几乎是每个国家所追求的第一目标。然而经济建设是个大问题，它涉及经济发展的模式、产业结构的布局、经济资源要素的有效整合，国家财政、金融、税收政策的制定，国民收入分配、国际投资贸易等多方面的问题，不仅与本国的政治、文化、科技、军事、外交、国防等多方面的因素有关，而且还受到国际政治、经济、外交等多方面的制约。做好经济工作，不仅要确立正确的发展理念，选择正确的发展道路和发展模式，还要有可行的措施和办法；同时，对经济发展中出现的各种问题也需要采取客观、公正、科学的态度进行研究和解决。

逻辑是经济持续、稳定、健康发展的重要保障。这是因为，第一，经济的发展需要逻辑理性和求真精神做指引。经济发展的道路和模式的选择要科学理性，要符合国情；经济发展的速度和年度增长目标要切实可行，要建立在客观条件之上，不能凭感情主观臆断，或凭个人好恶随意做出决策；另外，对经济发展中出现的问题要有抽丝剥茧、刨根问底的求真精神，找准原因，做好应对，不能有意回避或视而不见，自以为是。那么，理性来源于哪里？理性就寓居于逻辑中。逻辑是理性的内核，逻辑是理性的本质。在经济建设接受逻辑理性的规约上，我国有许多好的经验。比如许多省市或地区根据自身的地理区位、气候，及环境特点、历史文化传承、资源优势等多方面的因素提出不同的发展措施，比如搞特色旅游、特色加工项目、特色农产品，提出“一市一策，一县一品”，取得了很好的效果。这就是逻辑理性对经济建设起到重要支撑作用的突出表现。但与此同时，我们也曾有过一些教训，比如前些年报道的“大树进城”问题、“机场变鸡场”问题，都是欠理性、不科学的决策。现在全国有一些行业产能过剩，风力发电、光伏产业、新能源电动汽车一哄而上，究竟有多大的市场需求，这是值得大家好好反思的。为什么会出现这些问题？细究原因，最主要的还是我们普遍缺乏逻辑的理性精神和使用逻辑进行科学决策的技能。所以，经济发展急切呼唤逻辑的规约。第二，在经济分析和经济决策中逻辑可提供有效的技术支持，能使经济决策更趋科学化。经济决策是一个分析、组合、加工信息的具体过程，随着社会的不断发展，相关因素越来越多，决策的难度也越来越高。如何才能做到更加科学合理？这一直是人们苦苦思索和探寻的问题。近代以来，随着数学、经济学、管理学、逻辑学等学科的发展，决策也越来越科学合理。人们不仅发现了很多科学决策的具体方法，如概率法、折线法、回归法、综合法等，而且还建立了多种决策的模型，尤其是在计算机和人工智能的帮助下，决策的方法越来越科学，结果越来越精准。而这些方法和模型的核心是什么？计算机和人工智能的运行机理又是什么？实际上，就是逻辑及其所蕴涵的“因果关联”。正是逻辑参与了决策过程才在很大程度上排除了人为因素的干扰，也正是遵循逻辑的“因果关联”和“必然得出”才保证了结论的准确可靠，没有逻辑参与的决策很难成为科学决策。

当前我国经济和世界已完全接轨，无论是经济运行的复杂程度、风险系数，还是它对社会的影响深度都已大大增加，需要我们认真对待、科学把握，这就更加迫切地需要发挥逻辑的正确认知、准确评价、科学预见、合理建构和有效说服的工具性显功能，导引、规范人们严谨细致地思考问题与理性地处理各种问题和矛盾的能力，所以，从文化的视角进一步研究逻辑的功能对经济建设有重要作用。

最后，传承和弘扬优秀传统文化，创建适应时代主题的新文化需要逻辑。进一步研究并充分发挥逻辑所具有的各种文化功能，对加快中国特色社会主义新文化的建设有重要意义。文化根植于人们内心的修养、以约束为前提的自由、不用提醒的自觉与为别人着想的善良。文化的核心是价值观念。一个人文化素养的高低体现在他的价值观念、思维方式、行为方式之中。有文化表现为对真理的认知和坚持，表现为对人的态度和礼貌，表现为对任何事物的理解和包容。文化不是学历也不是阅历，一个有知识的人未必有文化。

中华民族是有着悠久历史和灿烂文化的伟大民族。在漫长的历史中，我们的祖先创造了璀璨的文明，中华大地上处处都留下了他们创造的丰富文化遗产，那一座座院落、一个个庙宇、一件件风采各异的民族服饰和遍布于中华大地的众多民俗场馆，无不体现着他们共同的价值观念、精神追求和伦理风尚。各族人民勤劳、勇敢、善良、诚实的品格，对美好生活的向往和执着的追求，尊老爱幼的美德和爱好和平的伟大精神曾激励了一代又一代的中华儿女。今天，许多传统文化的精髓仍值得我们认真传承和大力弘扬。但是，在我们的传统文化中也存在着一些落后的东西。比如：认识事物模糊、笼统，仅靠直觉与感悟，缺乏科学精神，缺乏刨根问底和逻辑分析意识，不敢创新。由于中国价值观念和思维模式的落后，导致国人视野封闭，国家闭关锁国和被动挨打。

自鸦片战争以后，近代中国尝试了采用多种方式改变被动、落后、挨打的局面。先后经过太平天国运动、洋务运动、维新变法，从器物层面、技术制度层面进行变革，但遗憾的是所有的尝试均告失败。面对深陷危难的中华民族，一大批仁人志士经过认真的反思，大胆提出了“开眼看世界”“师夷长技以制夷”的口号，试图引进西方先进文化，实现文化革新，进而改变国人的心智模式。在这种大背景下，以逻辑学为代表的西方文化伴随着西学东渐的大潮进入了我国，在一定程度上推动了国人思想的进步；但受多种消极因素的影响，收效甚微，并未从根本上改变国人落后的观念。

新中国成立后，在中国共产党的团结带领下，以马克思主义为指导，确立新思想，建设新文化，破除“四旧”，扫除封建残余，移风易俗，使中国社会的面貌焕然一新。但一些封建思想一下子还难以清除干净，仍然时不时地表现出来。改革开放后，在引进西方资本主义社会先进文化的同时，资本主义的一些落后思想也一并进入我国，尤其是西方后现代思潮的侵袭，使我国文化领域整体呈现出价值多元化的态势。于是那些反核心、反基础、反理性、反表现、反人本，不协调、不对称、不和谐，无规则、无权威、无中心、无秩序、无整体的后现代行为也大量出现在我们社会中并直接导致了许多方面的失序、失范、失衡。文化多元有一定的好处，但也极易导致思想的混乱，造成社会的分裂，严重的情况下还会影响社会的稳定。我们既要继承中华文化的优良传统，也要借鉴西方的文明成果，但同时必须摒弃那些腐朽、落后、封建的思想，和有可能对我们社会造成损害的西方文化。这就要求我们必须时刻清醒、理性地对待各种不同的文化。

逻辑作为理性精神的核心，是求真辩谬最为有效的工具，对封建落后思想和丧失理性的后现代文化具有天然的免疫力。它不仅可以影响我们的意识，审验我们的观念，改善我们的思维方式，还能变革我们的行为方式。我们要想在新的时代实现中华民族的伟大复兴，引领世界发展的新潮流，就必须具有世界的眼光，必须确立新的思想和观念，必须有更加先进的思维方式，必须有理性包容的气度，而这些无一能够抛开逻辑。逻辑在"救国图强"的新文化运动中走进中国，在革命和建设中发挥了积极的作用，我们也相信今后在先进文化的建设中，逻辑仍将发挥不可替代的作用。

当然除民主政治建设、经济持续稳定健康发展、先进文化建设之外，逻辑在科技、军事、外交等多个方面也有重要作用。但基于逻辑功用的一致性，我们在此就不再一一详述。

三、研究内容和方法

（一）研究内容

本研究的主题是"逻辑的文化功能"，最终的目标就是明确回答"逻辑究竟有哪些文化功能?"的问题。而要想实现这个目标，就必须先要搞清"文化视域中的逻辑是什么?""它应该包含哪些内容？有哪些属性？具有什么样的精神追求?""逻辑和其他文化现象又有什么样的关系?""逻辑的文化功能究竟指的是什么？它们又是如何生成的？人们又该如何对逻辑的文化功能进行正确认知?”等一系列具体问题。正是基于这样的思考，我们才展开了层层递进的研究。

本研究的第一个问题是逻辑的文化定位问题，也就是要回答“从文化的视角看，逻辑究竟是什么？它应包含哪些内容？有什么样的属性？又有什么样的精神追求?”等问题。本研究在追溯“逻辑”一词的本义与学科含义的基础上，回顾了西方不同逻辑类型的创始人和一些著名逻辑学家对“逻辑”一词的理解以及我国逻辑学界在逻辑观念上的论争，反思了逻辑观念论争的起因、实质和由此带来的影响，阐述了从文化视域探讨逻辑文化本性的必要性和可行性，回答了“在文化视域中逻辑是什么?”的问题，并提出了如下观点：文化视域中的逻辑实际上是指逻辑的“思想理论”或“逻辑学说”；逻辑是人类长期筹划和劳作的产物，本质上它是一种以思维形式和思维规律为研究对象的特殊文化现象；逻辑学具有多种文化属性；逻辑学发展的直接动力是人们对“认识更加深刻、表达更加清晰、论证更加严密、说服更加有力”的不懈追求；逻辑学应包含人类所创造的一切逻辑成果。

在搞清“逻辑是什么”的本体问题之后，本研究的第二个问题就是探析逻辑与文化的关系问题。因为从文化视角看，逻辑究竟有哪些功能、它所发挥的作用大小是与其存在和发展方式及其所处的文化环境密切相关的。不同的社会历史环境和文化背景下，人们对逻辑的认知是存在差异的，也会导致逻辑最终发挥的作用不同。因此，我们首先分析了西方逻辑、中国古代“名辩学”和古印度因明逻辑产生的社会文化背景；之后，剖析了世界三大逻辑源流之所以具有不同形态、特征、发展状况的深层原因，揭示了逻辑与其他文化现象之间的相互关系；最后，提出逻辑不是孤立地存在的，而是在与其他文化现象的互动交融中存在和发展的。

本研究的第三个问题是，“逻辑的文化功能究竟是如何生成的？其生成机理与生成过程又是怎样的?”因此，我们在这部分内容中首先对功能的含义、功能的类别、功能与作用的区别和联系、逻辑功能的含义进行剖析，接着对逻辑功能生成的相关要素进行分析，之后对不同逻辑类型的构成要素、构成方式、运行过程、运行机理进行解析。最后在分析论证的基础上提出，文化视域中的逻辑功能实际上是逻辑通过与人类的融合并借助人类所能完成的“任务”、实现的“目标”或产生的“影响”；逻辑功能的生成是与人们建构逻辑的初始目标，以及逻辑的构成要素、构成方式、运行过程、运行机理密切相关的。

本研究的第四个问题是，“对逻辑的文化功能该如何正确认知？应采取什么样的方式?”在这一部分，我们根据前三部分的讨论，分析了逻辑功能认知所应具备的基础和前提及所应坚持的基本原则和认知的基本方式，提出了以下观点：对逻辑功能的认知应坚持理论与实践相结合的原则、科学主义与人文主义相结合的原则、整体功能与局部功能相结合的原则和发展与创新的原则；在文化视域中对逻辑功能的认知应基于文化学的视角，从人们日常的思维和行为出发，按照人们日常的思维和行为程式，从不同行为阶段中找出逻辑所发挥的作用和所能完成的任务。

本研究的第五个问题是阐释“逻辑作为人类的思维工具所具有的工具性文化显功能”。根据人们日常的思维和行为实践过程中逻辑所能帮助人们完成的主要任务，我们概括提炼出了逻辑具有的五大工具性文化显功能，即正确认知的功能、准确评价的功能、科学预见的功能、合理建构的功能和有效说服的功能。

本研究的第六个问题是阐释“逻辑所具有的精神性文化潜功能”。指出了逻辑作为特殊精神文化现象在帮助人们完成特定任务的同时，也能对人们的精神诸要素，如意识、观念、思维方式、行为方式等产生影响，因此形成了潜在的、尚未被人们明确认识到的五种精神性文化潜功能，即导引功能、规范功能、激励功能、塑造功能和愉悦功能。

（二）研究方法

高质量的研究必须有相配套的研究方法来支撑。基于主题和内容的需要，本研究主要选择了以下四种研究方法。

其一，逻辑分析法。

逻辑分析法通常是指在研究问题的过程中，通过对事物相关范畴的分析，给出关于所研究对象的概念，做出对其性状特征等方面的判断，之后在此基础上经过一系列推理、论证得出所需结论的一种方式。我们在研究过程中，对所涉及的逻辑、文化、功能等问题，均是先从概念的内涵和外延开始，然后在概念分析的基础上对其性状特征进行判定，之后再根据需要做进一步的推理和论证。本研究无论是总体结构布局，还是每个章节的构成，抑或每个问题的论证都严格遵循了这样一种方式。所以，逻辑分析法是本研究最突出的研究方法。

其二，历史分析法。

历史分析法通常是指对事物的研究要把它放在一定的社会历史的大背

景下，结合时空变化对其产生和发展中的相关问题进行公正客观的、实事求是的分析和说明。历史分析法是马克思主义哲学认识论所倡导的重要方法之一，具有重要的价值。本研究对于逻辑功能的研究，不仅在理论上分析和探讨“逻辑应该有什么功能?”，还结合逻辑发展的历史检视“逻辑在实践中究竟显现了哪些功能?”，把理论分析与实践检验相统一，尽可能保证所得出的结论具有较高的可靠性。所以，历史分析法也是本研究所采用的重要方法。

其三，资料对比法。

资料对比法是指在研究问题时，首先要在阅读大量资料的基础上，把不同资料中关于某问题的观点和论述进行认真细致的比对和分析，找出差异，厘清事实，抛弃那些错误的、不正确的观点，坚持和发展那些正确地反映了客观事物本质及其规律的科学理论的一种研究方法。对于逻辑功能的研究，古今中外已有很多成果，但总体来看，在一定程度上还存在零散化、碎片化的现象，有些观点是相对准确的，而有些观点是值得商榷的。这就需要将散落在不同资料中的各种观点做细致的筛查和比较，取其精华，去其糟粕。所以，资料对比也就成为本研究必不可少的一个重要方法。

其四，文化诠释法。

所谓诠释，就是必须要对相关概念的组成、结构、关系、特征、功能及历史渊源、发展脉络等要素，进行细致、深入和全面的说明。诠释学方法也是中国传统的研究方法，在明清以前就有较大发展。但由于诠释过程往往受诠释者本人的主观影响较大，诠释者在阐释观点时总会有意无意地带有一定倾向性或片面性，所以备受争议。清代以后诠释学方法和校勘方法相结合使诠释学方法得到了进一步发展，之后才渐渐成为人文社会科学的通用方法。

逻辑的功能问题是抽象问题，对它的解答也需要回答一系列抽象问题，诸如“文化视域中的逻辑究竟是什么？它有哪些属性?”“逻辑的创立具有哪些文化追求?”“逻辑思维在文化体系中具有什么地位和作用?”“逻辑功能是如何生成的？对逻辑功能的认知应遵循什么样的原则和方式?”“逻辑具有哪些文化显功能？又有哪些文化潜功能?”等问题。而这些问题不像自然科学那样能通过实验来观察感知，只能通过说明和解释才能让人理解。所以，文化诠释法也就成为我们的必然选择。

四、研究状况述评

（一）国外研究状况述评

世界所公认的逻辑学说有三大源流，除中国古代的名辩逻辑之外，还有古印度正理-因明学说和西方逻辑学说。对逻辑功能的研究，古印度和古希腊的一些思想家早在公元前6世纪左右伴随着逻辑思想的萌芽就已陆续展开，今天我们能够通过逻辑史学的记载看到他们从哲学的角度或者科学的角度对逻辑工具性功能做出的许多解读。但基于文化的视角，用文化学的观点对逻辑及其在人们日常的思维和行为过程中的作用所进行的阐释并不多见。尽管我们也已通过多种检索工具进行了仔细检索，但发现国外与本研究主题完全相同，或在研究的视角、研究的方法上与本研究具有较高相似度的研究不多。当然这或许与西方文化传统中重事实、重科学、重求真，把关注的重点和大量的研究精力集中在逻辑学科的内部，多在完善、健全和发展逻辑自身的系统理论方面钻研而较少在人文关怀方面进行深挖的偏好有关；或许与我们检索的方式和广度也有一定关系。但总体而言，可检索到的与本研究在研究的视角和方法上较为相似的资料相对较少。

在西方逻辑发展史上对逻辑功能研究和论述较多的是把逻辑作为一种思维方法或特殊的思维工具而对其"工具性"功能进行研究。尽管研究的视角和方法不同，但从文化视角而言，这些功能的研究和阐释也均属于"逻辑功能"研究的相关范畴，所以，我们也应该对这些研究的代表人物和他们的主要观点做必要的梳理。在国外，对逻辑功能做过研究的代表人物及主要的观点有：

亚里士多德（Aristotle，公元前384—前322），古希腊人，伟大的哲学家、科学家和教育家，堪称古希腊哲学的集大成者。他首先提出逻辑学的基本理论，并创建了西方逻辑史上第一个完整的形式逻辑体系。他把逻辑的功能主要归纳为：澄清思想、反驳谬误、正确推理、论证或证明，而论证或证明的目的在于认识真理。

安萨里（al-Ghazālī，1058—1111），正统苏非主义的集大成者。他是11—12世纪伊斯兰教权威教义学家、哲学家、法学家、教育家，也是著名的阿拉伯逻辑学家。他认为逻辑很重要，他说："没有什么事物在定义之外能懂得；也没有什么事物不经证明而能研究和想象。"他认为"逻辑就是列出规则，建立没有错误的定义和三段论，以使我们能够区分真假的科学"。

阿尔伯特·马格努斯（Albertus Magnus，约 1200—1280，中世纪欧洲重要的哲学家和神学家）、托马斯·阿奎那（Thomas Aquinas，约 1225—1274，中世纪经院哲学著名哲学家和神学家，他把理性引进神学，用"自然法则"来论证"君权神圣"）、阿威罗伊（Averroës，1126—1198，阿拉伯哲学家），他们认为研究逻辑的目的是探讨科学方法。最能代表他们观点的是托马斯·阿奎那的一句名言："逻辑向我们提供了研究所有科学的程序，逻辑是导引艺术。我们耕耘这门科学的目的不在其本身，而在于用它帮助我们耕耘其他学科。"①

弗兰西斯·培根（Francis Bacon，1561—1626），英国文艺复兴时期的散文家、哲学家、实验科学的创始人，也是近代归纳法的创始人。他把他的逻辑叫作"解释自然的艺术"，他说，"我这种科学的目的不在于争辩，乃在于发明的艺术，在于发明工作的计划和指导"②。培根是把归纳法作为认识世界、认识物质规律的方法，他创建的归纳法主要是用于"求取新知"。

琼金·雍吉厄斯（Joachim Jungius，1587—1657），于 1638 年出版《汉堡逻辑》，该书对逻辑的定义是：逻辑是导引我们的思维活动分清真、假的艺术。

笛卡尔（René Descartes，1596—1650），世界著名的数学家、物理学家，也是 17 世纪欧洲大陆的理性主义哲学家。他反对经院哲学，重视理性思维，提倡将"清晰明白"作为真理性的标准。他认为逻辑是"方法"，是思维法则，是普通科学中的"普遍法则"，主张"用知识代替信仰，用理性代替非理性，用逻辑证明代替对权威的崇拜"。

大阿尔诺（Antoine Arnauld，1612—1694）和皮埃尔·尼科尔（Pierre Nicole，1625—1695），法国巴黎郊外波尔-罗亚尔修道院的修士，他们于 1662 年出版了《波尔-罗亚尔逻辑》（也称《王港逻辑——逻辑或思维的艺术》），该书给逻辑下的定义是："逻辑是在对事物的认识中正确指导

---

① 杨百顺：《西方逻辑史》，四川人民出版社，1984，第 240—241 页。

② 同上书，第 304—305 页。

理性的艺术，它对于教导自己和教导他人是同等重要的。”他们断定“逻辑不只是用来论证宗教教义，不单单是为神学服务，而是为人们认识事物、认识真理服务的，是一门关于指导理性思维的艺术”。

克里斯蒂安·托马修斯（Christian Thomasius，1655—1728）和克里斯蒂安·沃尔夫（Christian Wolff，1679—1754），18 世纪德国逻辑学家，均提倡逻辑是“理性的理论”或“理性的技术”。特别是克里斯蒂安·托马修斯于 1691 年出版了《理性学说导论》和《理性学说应用》这两部书，用文化史的观点来介绍逻辑，引起了广大读者的兴趣。他把逻辑看成是“理性的学说”“理性的工具”①。

亨希利·马耶（Heinrich Maier，1867—1938）。他说：“逻辑的目的在于形成一些思维规范，包括感情色彩的规范。逻辑的任务不在于认识及伦理效用，不能要求逻辑包含真理，而在于感情的逻辑价值。”②

除上述人员之外，埃里金纳、法拉比、彼得·奥纽鲁斯、契尔恩豪森、休谟、康德、黑格尔、莱布尼茨、贝兰特、穆勒、皮尔斯、文德尔班、杜威、斯泰宾、奎因、卡尔纳普、西季威克等著名哲学家、逻辑学家们也都讨论过逻辑的功能问题，但他们的观点与上述人员的观点较为类似或相近，在此不再赘述。

（二）国内研究状况述评

从文化的视角对逻辑及其功能进行研究，在我国逻辑学界有一些学者做过尝试，也取得了一定成就。

张东荪，我国近代颇有建树的哲学家、思想家和政治活动家，也是国内从文化的视角研究逻辑的第一人。他于 1933 年 9 月在《新中华》杂志第一卷发表了《动的逻辑是可能的么?》一文，1936 年 12 月又在《正风》（半月刊）发表了《关于名学之性质》一文，1939 年又发表了《不同的逻辑与文化并论中国理学》和《知识与文化》。他首次从文化的视角解释了什么是逻辑、逻辑从哪里来、逻辑有哪些特性，提出了多元逻辑观，并分析了传统逻辑、数理逻辑、形而上学的逻辑和社会政治思想的逻辑这四种逻辑类型之间的关系。尽管张东荪的逻辑思想存在一定的缺陷，但是，总体而言，他开辟了认识逻辑的新视角，他的多元逻辑观对于中国逻辑学的

---

① 亨利希·肖尔茨：《简明逻辑史》，张家龙译，商务印书馆，1977，第 15 页。

② 杨百顺：《西方逻辑史》，四川人民出版社，1984，第 39 页。

发展起到了一定的推动作用，也有着积极的意义。

殷海光，我国著名逻辑学家、哲学家，也是探讨演绎逻辑的社会文化功能的第一人。他撰写了《思想与方法》《论认知的独立》《中国文化的展望》等多部著作，阐释了逻辑元理论，分析了逻辑与经验、逻辑与语言、逻辑与哲学、逻辑与科学的关系，提出了"逻辑思维在科学理性中居核心地位"的论断，强调了逻辑的工具价值（他认为逻辑是理性的工具，具有运学为思、免除谬误、提高认识能力的价值）和社会文化功能（逻辑具有批判专制政治、争取民主自由的功能），主张把逻辑作为"跟反理性主义、蒙昧主义、偏狭思想和独断教条作毫无保留的奋战"① 之利器。

崔清田，我国著名逻辑学家，先后发表过多篇有关逻辑与文化关系的文章，其代表性作品是 1997 年 5 月发表在《理论与现代化》的《逻辑与中国文化的发展和建设》、2001 年 11 月发表在《云南社会科学》的《逻辑与文化》、2003 年发表在《山东师范大学学报》的《中国逻辑与中国传统伦理思想——儒家诚信思想解读》和 2013 年 6 月发表在《燕山大学学报》的《逻辑与文化关系的探索——崔清田先生访谈录》等。在逻辑与文化关系方面他有深入的研究，不仅较为系统地阐述了逻辑与文化的关系，也阐述了逻辑对于哲学、科学、教育学、史学等学科的影响，还探讨了逻辑对我国文化发展和建设的作用。

孙中原，研究中国逻辑史的专家，曾于 1998 年在中国广播电视出版社出版了《墨学与现代文化》一书，1999 年 5 月在台湾《哲学杂志》发表了《论墨家的人文与科学精神》，2000 年在《自然辩证法研究》增刊发表了《墨家逻辑是求真工具》，2002 年在《信阳师范学院学报》发表了《墨家逻辑的产生与作用机理探析》，2002 年 8 月在《职大学报》发表了《弘扬墨经的科学精神》，2006 年在《中国人民大学学报》第 5 期发表了《墨家智慧与中国文化走向》，同年又在《重庆工学院学报》第 1 期发表了《墨家智慧治国论》，2007 年在《重庆理工学报》第 1 期发表了《从墨辩看逻辑的理论和应用》，2008 年又在《职大学报》发表了《论墨学的人文内涵》，从多个角度探讨了墨家逻辑的人文内涵及其在求真、培育科学精神和文化建设方面的作用。

张建军，逻辑语义学和悖论专家，也是国内大力倡导研究逻辑社会文

① 殷海光著，张建军、从丛编：《殷海光哲学与文化思想论集》，南京大学出版社，2008，第 3 页。

化功能的重要学者。他于 2010 年和王习胜教授合作出版了《逻辑的社会功能》，2013 年 12 月在中国社会科学出版社出版了《在逻辑与哲学之间》，2015 年 4 月又和贾国恒共同翻译出版了美国乔恩·埃尔斯特的《逻辑与社会——矛盾与可能世界》。这些著作不仅多角度地反映了他对于逻辑与宗教、逻辑与社会的关系的理解，还较为深入地阐述了逻辑在社会政治、经济、文化、科技教育中的作用。

王克喜，于 2006 年 12 月在《南京社会科学》发表了题目为《论逻辑与文化》的文章，阐述了逻辑与文化的关系，探讨了逻辑对哲学、史学、自然科学发展的重要影响。

郭桥，于 2003 年 2 月在《中州学刊》发表了《逻辑与思维方式变革——西方逻辑传播对中国传统思维方式的影响》一文，2006 年又出版了《逻辑与文化——中国近代时期西方逻辑传播研究》，系统地介绍了西学东渐的传播过程，以及逻辑传入我国后对几个文化学科（主要是哲学、史学、科学、教育学）中主要人物的思想观念、研究方法及研究领域的影响。他认为逻辑能使人们在认识上更加科学、理性，在方法上能更好地明确概念、建构体系、论证思想，同时能开辟新的研究领域。

曾昭式，于 2009 年 4 月出版了《中国现代文化视野中的逻辑思潮》，首先从现代文化的视角分析了逻辑进入中国的文化基础和学科背景，之后介绍了逻辑进入中国后引起的三次大论争及逻辑传播的成果，接着又谈了逻辑与文化尤其是思维方式和哲学方法论的关系，最后提出在思维方式上要中西融通，在哲学方法上要文明平等。

翟锦程，于 1994 年发表了《从文化发展角度研究和认识名辩学》一文，2004 年 5 月在《南开学报》发表了《近代先秦名学研究的文化意义与价值》一文，2014 年 8 月又在《海岱学刊》发表了《从文化的视阈看尹文子的正形名思想》一文。他认为先秦名学研究直接促进了中国近代文化观念与哲学方法的重建，是实现中西文化交流会通的一个重要媒介，是连接中西文化的桥梁，是先秦名学研究使西方近代文化向中国传统文化的渗透成为可能，并影响到中国近现代哲学与文化的重建。通过文化视角的分析，我们不仅可以理解古代“正名思想”中所包含的政治伦理因素，还可以从中体会先秦逻辑思想求真、求善、求治的时代精神。

张晓芒，于 2011 年 7 月在《南开学报》发表了《逻辑的求善功能》一文，2012 年 4 月在《职大学报》与关兴丽教授共同发表了《理念与方法——和谐社会建设中的墨学资源》一文，2012 年 11 月在《内蒙古民族大学学报》与莫日根巴图合作发表了《试论逻辑文化与民族思维方式》一文，2015 年 10 月在《福建论坛》发表了《逻辑应该是什么——从工具性看逻辑的研究与应用》一文，从多个角度讨论了逻辑在和谐社会建设、民族思维模式的塑造等方面的功能。

杨武金，于 2001 年 9 月在《逻辑研究专辑》发表了《论〈墨经〉逻辑的历史意义和现代价值》，2005 年 3 月在《中国人民大学学报》发表了《弗协调逻辑的理论意义和实践价值》，2007 年 12 月在《宜春学院学报》发表了《论逻辑和批判性思维的作用》，2010 年 3 月在《毕节学院学报》发表了《虞愚墨辩研究中对因明和逻辑的应用》，2012 年 11 月在《中国社会科学报》发表了《逻辑：墨学的批判武器》，2013 年 6 月在《职大学报》发表了《墨学在当今社会建设中的重要作用》，2013 年 9 月在《武汉大学学报》发表了《墨家逻辑的科学地位和当代价值》，2017 年 6 月在《职大学报》上发表了《墨子的科学思想及其当代价值》，也从多个角度讨论了墨家逻辑在社会建设、思想批判、理论建设等方面的作用。

田立刚，于 2012 年 12 月出版了《先秦逻辑范畴研究》，其下篇介绍了“先秦逻辑范畴对传统思维方式的影响”。

晋荣东，于 2015 年 5 月在广西师范大学出版社出版了《逻辑何为——当代中国逻辑的现代性反思》，讨论了中国逻辑史研究的方法论、传统名辩学的现代诠释等问题，分析了逻辑的社会文化功能，并对当代中国逻辑领域存在的问题与不足进行了反思，强调了逻辑在现代性建构与批判方面具有启发民智、转换观念、确立价值导向等作用。

陈爱华，于 2004 年 4 月 27 日在《光明日报》发表了《略论逻辑的真、善、美》一文，提倡人们关注逻辑的求真、臻善、审美的三重功能。

马钦荣，于 2012 年 7 月在《社会科学报》发表了《逻辑有什么用》一文，指出逻辑在科学发现、科学理论验证、理论构造、日常思维中的作用。

吴格明，于 2006 年 10 月在第二届两岸逻辑教学学术会议上发表了《略论逻辑的社会文化功能》一文，提出“逻辑是认知的心灵图式，是民主法制的基石，是知识创新的灯塔”。

孙培福，于 1999 年 9 月在《理论学刊》发表了《传统逻辑功用再思考》一文，指出传统逻辑对人的大脑具有训练作用，具有健脑操的功能。

李曼，于 2007 年 6 月在《理论界》第 6 期发表了《浅谈现代逻辑的社会功能》一文。她也指出了逻辑对知识创新，培养精确思维的意识、定量分析的意识、科学决策的意识，以及建立必然性、系统性、框架构造理念等方面的作用。

程仲棠，先后发表了《逻辑要与中国现代文化接轨》《后现代主义哲学思潮对逻辑的冲击》《文化的终极关怀与逻辑学的命运——兼论中国文化不能产生逻辑学的根本原因》等文章，探讨了逻辑与文化的关系及其相互影响。

刘邦凡，于2003年发表了《逻辑与科学思想——以墨家逻辑对中国传统数学的影响为例》一文，说明了逻辑对中国传统数学以及科学思想的影响。

葛荃，于2003年发表了《逻辑与政治思想——推类逻辑与中国传统政治思维》一文，解析了“推类逻辑”对于中国传统政治文化及政治思维的影响。

吴克峰，于2003年发表了《逻辑与伦理思想——〈周易〉逻辑思想对古代伦理观念的影响》一文，说明了逻辑学在伦理思想建设中的功能。

宁莉娜，于1990年5月在《学术交流》发表了《略论逻辑思维在科学创造活动中的功能》一文，1991年6月在《齐齐哈尔师范学院学报》发表了《逻辑思维与科学决策》一文，1996年4月在《求是学刊》发表了《论逻辑思维的价值取向》一文，1998年1月在《学术交流》发表了《论逻辑思维在理性文明发展中的作用》一文，2011年12月在《光明日报》发表了《探寻逻辑的人文智慧》一文，2012年10月在《学术月刊》发表了《逻辑：生活视界的理性支点》一文，2014年4月12日在《解放日报》发表了《逻辑之于生活的意义》一文，较为系统地探讨了逻辑在实现文化启蒙和革新传统思维方式、激发科学精神、提供获取知识的科学工具、规约公共理性、滋养人文情怀、提升人的幸福自由、推进社会转型变革及融入世界文化大潮中的重要作用。

除此之外，还有部分学者从相近学科（如语言学）的角度研究逻辑在语言、认知、交流、沟通中的作用。这方面的主要代表人物有周礼全、李先焜、王维贤、陈宗明、邹崇理、黄华新、金立等。

周礼全，我国当代著名的逻辑学家、哲学家，不仅在现代逻辑基础理论研究上贡献突出，还是语言逻辑领域的奠基人，被我国哲学界公认为运用逻辑方法研究哲学的典范。其在逻辑学方面的代表性著作是《逻辑——正确思维和成功交际的理论》，这是语言逻辑领域颇有影响的力作。尽管该书主要是提出了以意义、语境、隐含、预设等范畴为骨干的自然语言逻辑体系，但仅从书名就可看出他对逻辑在正确思维和成功交际方面的功能的强调。

李先焜，我国语言逻辑和符号学的奠基人之一，他的代表性著作是1989年与浙江大学王维贤、陈宗明两位教授合著的、由湖北教育出版社出版的《语言逻辑引论》。他也参编了周礼全先生主编的《逻辑——正确思维和成功交际的理论》一书，还创办了名为《逻辑与语言学习》的专刊。他的主要贡献是从逻辑学（符号学）的角度研究中国文化，阐释逻辑在语言及传统文化研究方面的作用。

邹崇理，在自然语言逻辑研究方面有突出贡献的专家，其代表性著作是《自然语言逻辑研究》和《逻辑、语言和信息——逻辑语法研究》。他曾于2001—2003年参与了教育部人文社会科学重大项目“语言逻辑及其在计算机及人工智能领域的应用”，于2001—2005年参加了中国社会科学院重点项目“现代逻辑在哲学、语言学及其人工智能领域的应用”，于2004—2006年又主持了教育部重大招标课题“基于自然语言的知识表达及推理系统研究”，较为深入地探讨了逻辑在哲学、语言学、计算机及人工智能中的作用。

黄华新，从事逻辑语用学、科学逻辑和思维方法研究的著名专家，撰写了《谬误学精华》《真理：科学探索的目标》《逻辑与自然语言理解》等多部著作，深入地研究了逻辑在自然语言的分析、信息处理及探求真理过程中的作用。

金立，主要研究方向是逻辑与交际、逻辑与思维方法，她曾于2003年7月在《哲学研究》发表了《面向信息处理的汉语逻辑研究》一文，2008年1月在《哲学研究》又发表了《指称理论的语用维度》一文。她认为：一方面，语言是牢笼，是不够用的，是模糊的，需要澄清和规范；另一方面，语言会超越思想，产生言外之意，我们必须拥有一种健康的逻辑。在她的观念中，逻辑是我们拥有一个幸福、正确的人生的开始。

当然，除此之外，还有一大批学者，比如中国逻辑学会之下的各专业委员会，如法律逻辑专业委员会、经济逻辑专业委员会、应用逻辑专业委员会等组织中的学者们，也从相对应的角度结合实际工作研究了逻辑在这些专业领域的活动中所发挥的作用。因他们的观点针对的是某些具体、单一的专业，故而不在此一一列举。

另外，早在1990年由苏越主编的由北京师范大学出版社出版的“逻辑应用多视角”丛书和2005年刘培育主编的由北京大学出版社出版的

“逻辑时空”丛书，也在一定程度上探讨了逻辑在不同领域的应用及其所体现出的具体功能，这些都是对逻辑功能理论的丰富和发展。由于篇幅所限，不再一一细述。

从我国学界对逻辑及其功能研究的总体情况来看，有如下两个特点：一是伴随着逻辑学科的发展，人们对逻辑及其功能问题的研究不断深入。改革开放以来，人们的思想禁锢被打开以后，逻辑事业在我国开始快速发展。首先是以金岳霖、周礼全、王宪钧、温公颐、江天骥、方华、傅季重、倪鼎夫、莫绍揆、章沛、沈有鼎、郁慕镛、马玉珂、马佩、苏天辅、李匡武、林铭钧、张尚水、吴家国、诸葛殷同、崔清田、彭漪涟、李先焜、孙中原、周山、周云之、周文英、朱志凯、苏越、张巨青、张家龙、刘培育等为代表的老一辈逻辑学家们在普及逻辑知识的同时不断加大研究的力度，使得我国逻辑学的研究无论是在深度还是在广度上都有了很大拓展，开辟了许多新领域。世纪之交，又有一批承前启后的中青年学者，在继承前人成果的基础上，进一步加大了对逻辑研究的力度，不仅使我国逻辑的研究扩展到了多个方面，在研究深度上也迅速缩短了与西方国家的差距，甚至在少数方面还取得了新的、重大的突破。比如在逻辑语义学、逻辑语用学、认知逻辑、文化逻辑、逻辑的社会功能、逻辑与人工智能等方面的研究就形成了很多成果。与此同时，也涌现出了一大批有突出贡献的专家，如王路、陈波、鞠实儿、蔡曙山、邹崇理、何向东、张建军、黄华新、冯棉、赵总宽、刘壮虎、周北海、任晓明、张晓芒、唐晓嘉、宁莉娜等。进入21世纪以来，随着我国逻辑教育逐步走上正轨，和世界学术交流的增多，一大批经过严格训练、理论功底扎实且有过留学访学经历，具有较强交往能力、能与世界发达国家的学者们熟练进行学术交流的，涉及多个领域的优秀中青年学者迅速涌现出来，如潘天群、王克喜、刘晓力、杨武金、翟锦程、李娜、刘奋荣、熊明辉、刘虎、曾昭式、郭桥、马明辉、刘新文、余俊伟、郭美云、金立、廖备水、郭佳宏、晋荣东、熊卫、赵希顺、张燕京、王彦晶等，使我国的逻辑事业呈现出从未有过的繁荣之势，真正实现了与世界接轨。这些优秀的学者不仅是我们逻辑学界的骄傲，他们取得的众多成果也是我们从事逻辑问题研究、推动逻辑事业发展的重要基础。尤其是伴随着逻辑学科的快速发展，从文化的视角对逻辑及其功能进行的研究也不断增多，也已形成了数个重要基地和一系列成果。比如以崔清田教授为核心的南开大学团队、以张建军教授为核心的南京大学团队和以鞠实儿教授为核心的中山大学团队等，都是这方面的典型代表。

二是从文化的视角对逻辑及其功能的研究也一步步地深入，文化功能理论也渐渐趋于完善。张东荪是从文化的视角研究逻辑的第一人，他回答了“什么是逻辑?”及“逻辑从哪里来?”的问题，但他没有对逻辑与其他文化现象之间的关系及逻辑具有什么文化功能做太多阐释。殷海光在此基础上向前迈进了一步，阐释了逻辑与经验、逻辑与语言、逻辑与哲学、逻辑与科学的关系，并提出了逻辑思维在科学理性中的核心地位，这实际上是对逻辑与文化关系的初步探索。他强调了逻辑的个别文化功能，如理性精神的培养；但相对而言，还不够深入，也不够全面（他的思想得到了一部分学者的认可，因此被一些学者比如张建军教授、张斌峰教授等认为是研究逻辑的社会文化功能的第一人。不过他的思想中也存在明显缺陷，如他不承认逻辑具有建构功能，其实他的导师金岳霖先生用西方逻辑重建中国哲学史就是建构功能的最好证明）。崔清田、王克喜、曾昭式、郭桥、刘邦凡等学者在张东荪和殷海光的研究的基础上又进一步深化，他们正式提出了“逻辑与文化的关系”的系统理论，阐释了逻辑对于变革人们的观念、优化人们的思维方式、培养科学理性精神的作用，以及逻辑对于多种文化学科，诸如哲学、科学、教育学、历史学、数学等学科，在体系建构、理论论证、研究领域拓展和对于多种文化实践的影响等。他们的观点中实际上既包含了逻辑对人的精神作用，也包含了逻辑在多种学科建设上所体现的工具性显功能。之后，其他一些学者如张建军、宁莉娜、翟锦程等，在此基础上又从多个具体领域，探讨了逻辑在科学决策、社会转型、民主政治建设、经济建设、培养科学精神、提升社会理性和开展思想批判等多方面的作用，这些实际上均是对逻辑工具性功能的补充和拓展。

从国内研究的总体情况来看，随着研究的不断深入，逻辑的文化功能理论逐步完善，体系也逐渐趋于成熟。迄今为止，已基本解决了从文化视角看“逻辑是什么?”“逻辑和文化之间有什么样的关系?”“逻辑对人的观念和思维方式有什么影响?”“逻辑对文化学科的建设和发展有什么样的作用?”等问题。

但是，与此同时，我们也能够发现：现有的逻辑的功能理论在内容上还不够系统和完善，某些观点在表述上还不够细致和清晰，也还存在一些值得我们继续研究和深入探讨的方面。比如：在文化视域中逻辑究竟是什么？逻辑具有哪些文化属性？逻辑具有什么样的文化追求？逻辑能否对人的意识产生影响？逻辑能否对人的行为产生影响？逻辑在人们日常的行为过程中是如何存在的？它对人们意识、观念、思维方式的影响是如何形成的？在日常生活中它能帮助我们完成哪些任务？逻辑对人的精神状态会产生什么样的影响？等等。这些问题还有待我们继续深入研究，并做出完整、清晰、准确的解读。

第一章　逻辑的文化定位

在文化视域中对逻辑进行解读，就是要把逻辑放在文化的生态系统中，用文化学的一系列观点和理论对“逻辑是什么?”“逻辑从哪里来?”“逻辑有哪些属性?”“逻辑有什么样的精神追求?”“逻辑应研究什么?”“逻辑学科应包含哪些内容?”等一系列问题做出明确的解答。

那么，怎么样才能完成这个任务？这就需要我们首先对“逻辑”一词进行溯源，看看它起源于哪里，最初是什么含义，在历史上又是如何被人们认识和理解的，在此基础上再回答在文化视域中究竟应该如何认识逻辑。

1.1　逻辑的起源及多重词义辨析

“逻辑”是个外来词，它来自拉丁语系的一个词语，在古希腊语中被书写为“logos”(音为逻各斯)；后期逐渐发展成为英文中的“logic”、德文中的“Logik”和法文中的“logique”。[①] “逻辑”一词在清朝末期进入我国，著名启蒙思想家、教育家、翻译家严复先生根据其发音翻译成中文“逻辑”。[②]

“logos”的本义是指语言、说明、比例、尺度等，以后逐步引申出“理智”“理性”等含义。由于其本身的含义就不是十分清晰和明确，后期也一直没有形成一种固定指谓，所以在不同的语境中它也被人们用来指代不同的对象。迄今为止，“逻辑”一词至少有四种意义指代。第一种是指代“规律”，亦即事物运动变化发展的一般规律，如“社会发展的逻辑”

---

① 王路：《逻辑的观念》，商务印书馆，2000，第3页。

② 宁莉娜：《严复逻辑观的语用分析》，《学术交流》2010年第3期。

“经济建设的逻辑”等，实际上是指“社会发展的规律”“经济建设的规律”。第二种是指代“事物构成的机理或结构模式，或认识事物的某种方法”，比如说“这里的仪器尽管功能不同，有些甚至截然相反，但每台仪器都是非常精密的，都有其自身的科学逻辑”，这里的“逻辑”实际上是指“构成模式和运行机理”。再比如说“这是霸权主义逻辑、强盗逻辑”，这里的“逻辑”实际上是指“认识事物的思维方式”。第三种是指代“法则、规则”，比如说“你讲话一定要合乎逻辑”，这里的“逻辑”实际上是指“某些语言规则或思维规则”。第四种是指代“逻辑学”这门学科。比如说“某人是教授逻辑的”“某人学的是逻辑专业”“逻辑导论”“逻辑引论”等，这里的“逻辑”一词实际上指的就是“逻辑学”。

1.2 逻辑学家们对逻辑的不同理解

1.2.1 西方逻辑学家们对逻辑的理解

作为学科名称的“逻辑”，据考证是源于公元 2 世纪古罗马帝国的阿普列尤斯（约 123—约 180）和古罗马帝国的医生盖仑（129—200）所著的两本《逻辑导论》（另一种说法是盖仑的著作名称为《逻辑原理》）。[①] 之后是 13 世纪西班牙彼得的《逻辑大全》和英国奥卡姆的《逻辑大全》。大约与他们同时期，英国希雷斯伍德的威廉也著成了《逻辑引论》。自此以后，“逻辑”作为学科名称被广泛使用开来。

随着逻辑学科的不断发展壮大，逻辑的类型不断增多，逐渐出现了形式逻辑、数理逻辑、辩证逻辑、归纳逻辑、现代逻辑等多种包含“逻辑”字眼的逻辑类型名称。尽管这些不同的逻辑类型都使用了“逻辑”一词，然而，它们的使用者们在“逻辑”词义的理解上是不完全相同的，甚至还有较大差异。

亚里士多德是古希腊逻辑的创始人，他的逻辑思想主要反映在他著名的六篇著作，即《范畴篇》《解释篇》《前分析篇》《后分析篇》《论辩篇》《辩谬篇》，以及另一部著作《形而上学》中。尽管在亚里士多德的著作中没有提到“逻辑”一词，但从其六篇的名称来看，他的逻辑重点强调的是

① 马玉珂：《西方逻辑史》，中国人民大学出版社，1985，第 139 页。

如何“明确范畴、做出解释、进行分析、完成论辩和辨识谬误”。这显然说明，在他的观念中，“逻辑”一词不仅包含“准确定义、正确推理、有效论证”，至少还包含“思维的形式”，以及思维规律，即同一律、矛盾律和排中律。所以，我们推测亚里士多德的逻辑观应是一种“广义逻辑观”。

培根是归纳逻辑的创始人，他撰写了著名的《新工具》。尽管在他的时代，他所提出的仅是一种用于确定因果联系的方法（称为“三表法”），之后经密尔的扩充（1843 年出版《逻辑体系》，提出“因果五法”）和对“逻辑”一词的强调才最终成为一种被人们逐渐认可的逻辑类型，但从他的书名来看，该书与亚里士多德的《工具论》（后人安德罗尼科根据亚里士多德的六篇汇集整理而成）仅有一字之别，而且从他对亚里士多德逻辑的批判（他认为：“一是在亚里士多德那里，三段论与客观自然没有关系……不足以穷自然之奥秘……没有把握事物；二是他认为亚里士多德逻辑是从一般到特殊……结论不能超出前提……不能获得新知。”①）和对自身“新工具”的作用的论述（他更多地强调的是“概括性总结”和从众多有因果联系的判断中做出新的“推断”，通过使用他的新工具可获得新知并由此揭示事物的本质）中我们可以看出，他把“逻辑”理解为一种“求取新知的方法”和“探求事物本质的方法”，是一种“认知工具”。他的这种逻辑观显然也不是一种狭义逻辑观。

弗雷格是第一个建立起初步自足的逻辑演算和量词理论的逻辑学家，从他开始逻辑才真正走上数理演算的道路。在弗雷格的观念里，数理逻辑就是“用数学方法或符号方法研究推理、证明等逻辑问题和数学问题的科学”，因此有人将之称为“逻辑斯蒂”②。从他对数理逻辑的定义可以看出在他的观念中逻辑就是研究“推理”和“证明”的科学。所以，他所持有的应是典型的狭义逻辑观。

罗素在弗雷格的基础上发展了数理逻辑，他曾将数理逻辑定义为“符号逻辑或形式逻辑”，并认为“逻辑是研究种种演绎的一般类型”。这说明，在他看来，逻辑就是研究演绎推理的。因此，他所持有的实际上也是一种狭义逻辑观。

黑格尔是辩证逻辑的奠基者，但黑格尔自己并没有使用“辩证逻辑”一词。恩格斯在《自然辩证法》中谈到黑格尔的逻辑时用这个词来修饰，

① 江天骥主编：《西方逻辑史研究》，人民出版社，1984，第 182 页。
② 杨百顺：《西方逻辑史》，四川人民出版社，1984，第 455 页。

从此才有了"辩证逻辑"的新名称。黑格尔于1812—1813年发表了《逻辑学》，他在其中对逻辑做了定义，即逻辑学是研究思想、思想形式和法则的科学。他认为逻辑学乃是"思想的思想"①。他把逻辑学分为知性的逻辑即形式逻辑和理性的逻辑即辩证法，他反对把逻辑形式仅仅理解为与内容无关的外部形式。他曾说："辩证法包含着此前的逻辑和形而上学，保存有同样的思维形式、定律和对象，但同时用较为深广的范畴给以发挥、改造。"从他的话语中我们可以看出：黑格尔对形式逻辑的理解就是"思维的形式和定律"；他对"理性逻辑"的理解就是"从思维形式、思维规律与客体相吻合的角度研究思维形式"②。"逻辑"一词在黑格尔的理解中有着更加广泛的内涵。

除他们之外，一些逻辑学家也持有独特的逻辑观，比如，著名的逻辑学家奎因，他在后期就只承认"经典一阶逻辑是逻辑，除此之外，其他均不是逻辑"③。著名逻辑学家、方法论家波普尔也只承认演绎逻辑和归纳逻辑是逻辑，不承认辩证逻辑是逻辑。④

综上所述，我们可以看出，关于"逻辑学"一词所指谓的对象在西方逻辑学界一直是存在争议的。不仅是在两千多年的西方逻辑发展历程中未曾达成共识，就是到今天为止也尚无定论，在西方逻辑学界仍存在"狭义逻辑观"与"广义逻辑观"之争。

1.2.2 我国逻辑学家们对逻辑的不同理解

(1) 逻辑观念的论争。

对于"逻辑是什么?"、"逻辑学科应该包含哪些内容?"和"逻辑的研究对象应该是什么?"的问题，在我国逻辑学界同样一直存在不同的理解，而不同的理解也就直接导致了两次较长时间的论争。第一次论争的核心是关于形式逻辑与数理逻辑的关系；第二次论争相关于广义逻辑观（或"大逻辑观"）与狭义逻辑观（或"小逻辑观"）。

第一次论争始于20世纪50—60年代，结束于90年代初。论争的焦

① 杨百顺：《西方逻辑史》，四川人民出版社，1984，第385页。

② 冯契：《智慧的探索》，华东师范大学出版社，1994，第13页。

③ 张建军：《走向一种层级分明的"大逻辑观"——"逻辑观"两大论争的回顾与反思》，《学术月刊》2011年第12期。

④ 埃尔斯特：《逻辑与社会——矛盾与可能世界》，贾国恒、张建军译，南京大学出版社，2015，第267页。

点是数理逻辑和形式逻辑是不是两门不同学科的问题。之所以产生这样的论争，是因为在当时特殊的社会背景下，我国逻辑学界沿袭了苏联对形式逻辑与辩证逻辑的大讨论后的一些错误认知，把数理逻辑与形式逻辑视为两门不同的学科。

在论争的过程中，以金岳霖、杜岫石和林邦谨为代表的多数哲学家和逻辑学家认为数理逻辑与形式逻辑是两门不同的学科。金岳霖先生的观点主要体现在其主持编写的高校文科教材《形式逻辑》中，即“形式逻辑、数理逻辑和辩证逻辑是不同的但又有联系的三门学科”，“如果把数理逻辑中的一套硬搬到形式逻辑中来，甚至用数理逻辑来代替形式逻辑，则是错误的”①。杜岫石和林邦谨的观点主要体现在1986年杜岫石在《社会科学战线》发表的《形式逻辑的永恒性及其发展的定向性》② 一文和林邦谨1985年在《社会科学战线》发表的《形式逻辑和数理逻辑是两门不同的学科》③ 一文中。在这两篇文章中他们分别从自然语言与人工语言的不同之处、经典数理逻辑运用于实际思维产生的“蕴涵怪论”、形式逻辑为“推出新知”服务的诉求立论、数理逻辑不能“归化”形式逻辑的一些内容等几个角度来论证“数理逻辑与形式逻辑分属不同学科”。

但与此同时，也有一些学者，如康宏逵、张尚水、王宪钧、胡世华、莫绍揆、张建军等，则明确主张形式逻辑和数理逻辑就是同一门学科。康宏逵说，“数理逻辑就是形式逻辑的现代阶段”，他指出，“在许多人心目中，形式逻辑就是（当时）学校里讲授的那种逻辑，这是误解。严格说来，后者并不是一门有统一对象和方法的科学，而是由多种逻辑知识综合而成的一门课程。这样一门课程，基本上是17世纪以后由各派逻辑学说混合成的传统逻辑的缩写本”，而“数理逻辑的研究对象也是思维形式、思维的形式规律和规则。在这个根本点上，它和古典形式逻辑是一样的。所不同的是数理逻辑对自己的研究对象的认识比以往的形式逻辑要丰富得多、准确得多”④。张尚水也指出，“在考察形式逻辑的研究对象时，不应当仅根据对传统形式逻辑研究问题的分析来概括，而必须研究形式逻辑的现代发展。只有研究比传统形式逻辑处于更高的科学发展水平上的数理逻

① 金岳霖：《形式逻辑》，人民出版社，2005，第7—9页。

② 杜岫石：《形式逻辑的永恒性及其发展的定向性》，《社会科学战线》1986年第1期。

③ 林邦谨：《形式逻辑和数理逻辑是两门不同的学科》，《社会科学战线》1985年第1期。

④ 张建军：《走向一种层级分明的“大逻辑观”——“逻辑观”两大论争的回顾与反思》，《学术月刊》2011年第12期。

辑，才有可能更深刻地认识形式逻辑的对象，并做出科学的概括”[①]。王宪钧在 1978 年第一次全国逻辑学讨论会上也提出“数理逻辑和传统演绎逻辑不是对立的，而是传统演绎法的继续深入和发展”，“因为数理逻辑是演绎法在 20 世纪的新发展，它本身就是演绎逻辑”[②]。张建军教授也于 1988 年在《河北大学学报》发表了《也谈传统演绎逻辑与经典逻辑演算的关系》[③] 一文，于 1990 年在《争鸣》发表了《再谈传统逻辑与数理逻辑的关系》[④] 一文，针对杜岫石和林邦谨的观点连续进行了反驳。

第二次论争是关于大小逻辑观的，实际上也就是关于“逻辑是什么?”和“逻辑应该包含哪些内容?”的论争。这次论争始于 20 世纪的 40—50 年代，高潮出现在 20 世纪 90 年代至 21 世纪初，近些年论争的声音逐渐减弱，但分歧尚未消除。之所以产生这样的论争，一方面是与国际逻辑学界大小逻辑观的分歧对我国逻辑学界的影响有关，另一方面也与国内学者自身的研究有关。

小逻辑观源于我国现代逻辑事业的奠基人金岳霖先生，他在 20 世纪 50 年代之前持有小逻辑观，即只承认演绎逻辑是逻辑，而不承认归纳逻辑是逻辑。但 50 年代之后，金岳霖先生改变了自己的看法，明确承认归纳逻辑和辩证逻辑也是逻辑家族的基本成员。[⑤]

清华大学的王路教授是小逻辑观的典型代表。他的小逻辑观是在 1986 年于承德召开的逻辑讨论会上首次提出的，当时招致许多人反对。1994 年在桂林召开的学术会议上，他在“关于逻辑史的研究应该注意现代逻辑”的报告中再次提出小逻辑观，同样引起了强烈反响。2008 年，王路教授经过较长时间的研究后在商务印书馆出版了《逻辑的观念》一书，该书从“逻辑”名称的起源、不同逻辑类型的创始人对“逻辑”的理解和使用、不同的西方逻辑史教材所包含的内容，及逻辑学科的内在机制等多个角度详细分析论证了“逻辑”的含义，最后得出：归纳逻辑和辩证逻辑不仅不是逻辑的名称、逻辑的教材和逻辑史著作所包含的共同内容，而且也不符合逻辑的内在机制，因此它们不属于逻辑学科。至今为止，王

---

① 张尚水：《联系数理逻辑来考察形式逻辑的对象和作用问题》，《光明日报》1961 年 10 月 20 日。

② 王宪钧：《数理逻辑与形式逻辑》，载《逻辑学文集》，吉林人民出版社，1979，第 132—133 页。

③ 张建军：《也谈传统演绎逻辑与经典逻辑演算的关系》，《河北大学学报》1988 年第 1 期。

④ 张建军：《再谈传统逻辑与数理逻辑的关系》，《争鸣》1990 年第 1 期。

⑤ 张盛彬：《评逻辑研究中的极左干扰》，《安徽师范大学学报》2001 年第 3 期。

路教授仍是小逻辑观的坚定持有者。

诸葛殷同在某种意义上也算是小逻辑观的持有者，他否认辩证逻辑是逻辑。他于1991年5月在《哲学动态》发表了《辩证逻辑究竟是不是逻辑?》一文，1991年11月在《哲学研究》发表了《关于中国逻辑史研究的几点看法》一文，2006年11月又在《哲学动态》发表《再谈辩证逻辑》一文，多次否认辩证逻辑是逻辑。另外，他在其《形式逻辑原理》中也强调："形式逻辑不研究思维的形成和发展过程及其规律；不研究思维如何反映现实以达到真理的问题；不研究思维的生理基础和心理过程及规律；也不研究思维的具体内容及其真假问题，所有这些都是哲学、心理学及其他各门具体科学的任务。形式逻辑主要是研究思维形式的科学，也可以说形式逻辑主要是研究推理形式和证明形式的科学。"① 这些均是其小逻辑观的典型例证。

此外，张尚水先生、李小五教授也都是小逻辑观的持有者。张尚水先生2005年在他编撰的"台湾大百科智库"中"形式逻辑"的中文词条中说："形式逻辑是研究演绎推理（形式）及其规律的科学，包括对于词项和命题形式和逻辑性质的研究。"② 李小五教授于1997年10月在《哲学研究》发表了《什么是逻辑?》一文，2009年6月又在《社会科学战线》发表了名为《再论什么是逻辑》的文章，不但表达了和王路教授类似的观点，而且还更进一步说："逻辑就是对形式正确的推理关系进行可靠且完全刻画的形式推演系统。"③ 这都是他们对小逻辑观的明确表达。

不过绝大部分学者持有大逻辑观。除我国著名的逻辑学家金岳霖先生在20世纪50年代后期持大逻辑观外，我国著名的逻辑学家周礼全先生一直坚持大逻辑观。他在《中国大百科全书·哲学卷》中所撰写的"逻辑"总条中的表述是："逻辑是一门以推理形式为主要研究对象的科学。……逻辑作为一门科学，不仅研究个别的正确推理形式，而且还研究各种正确推理形式之间的关系和提出关于正确推理形式的系统理论。"④ 他在1994年出版的《逻辑百科辞典》所主持撰写的"逻辑"词条中，也阐述了不同逻辑类型的历史发展，现代（狭义）数理逻辑、哲学逻辑、语言逻辑、归纳逻辑、辩证逻辑，以及逻辑学与哲学、数学、计算机科学、语言学的互

---

① 诸葛殷同等：《形式逻辑原理》，人民出版社，1982，第8页。

② 周云之主编：《中国逻辑史》，山西教育出版社，2004，第4页。

③ 李小五：《什么是逻辑?》，《哲学研究》1997年第10期。

④ 周云之主编：《中国逻辑史》，山西教育出版社，2004。

动关联，这是其广义逻辑观的一次系统论述。

马佩教授也持有大逻辑观。他于1991年10月在《哲学动态》发表了《对〈辩证逻辑究竟是不是逻辑?〉的答复》一文，1993年6月在《1993年逻辑学研究专辑》发表了《不要用普通逻辑否定辩证逻辑》一文，1999年10月在《西南大学学报》发表了《也谈我国的逻辑教学——与王路先生商榷》一文，2001年1月又在《河南大学学报》发表了《要提倡大逻辑观，反对狭隘的小逻辑观——评王路先生的〈逻辑的观念〉》一文，多次与持小逻辑观的学者们展开论辩。

吴家国研究员也持有大逻辑观。他于2002年3月在《湘潭师范学院学报》发表了《我的逻辑观》① 一文，表明了其大逻辑的观念；2004年12月又在《社会科学论坛》发表了《逻辑学的民本思考》②，再次表述了其大逻辑的观念。

冯契教授也坚持大逻辑的观念。他主编的《哲学大辞典》中“形式逻辑”一条也提到形式逻辑是研究思维的形式结构及规律的科学，他说：“形式逻辑在撇开思维的个别的具体内容的条件下研究各种不同种类的判断、推理的形式结构及其正确联系的规律。”③ 除此之外，他还多次讨论了辩证逻辑问题，特别是对辩证逻辑的规律做了较为深入的探讨。④ 他的诸多论述都表明了其大逻辑的观念。

张建军教授也持有大逻辑观。他于2011年11月在《学术月刊》发表了《走向一种层级分明的“大逻辑观”——“逻辑观”两大论争的回顾与反思》⑤ 一文，也表达了他的大逻辑观点。

另外，陈波教授、黄华新教授、胡泽洪教授也都持某种广义的逻辑观。陈波教授于2000年出版的《逻辑哲学导论》，把逻辑分为基础逻辑、应用逻辑（指扩充性哲学逻辑）、广义逻辑（逻辑的边缘交叉学科）三大类。⑥ 黄华新教授于2001年9月在《2001年逻辑学研究专辑》上发表《逻辑的内在机制与研究对象——兼评〈逻辑的观念〉》一文，强调逻辑的内在机制与研究对象并不完全一致，前者是“必然地得出”，由此决定了

---

① 吴家国：《我的逻辑观》，《湘潭师范学院学报》（社会科学版）2002年第2期。

② 吴家国：《逻辑学的民本思考》，《社会科学论坛》2004年第12期。

③ 冯契：《哲学大辞典》，上海辞书出版社，1985，第12页。

④ 金顺福：《辩证逻辑》，中国社会出版社，2003，第249页。

⑤ 张建军：《走向一种层级分明的“大逻辑观”——“逻辑观”两大论争的回顾与反思》，《学术月刊》2011年第12期。

⑥ 陈波：《逻辑哲学导论》，中国人民大学出版社，2000，第26—27页。

必然性推理是逻辑学研究的核心，以此为研究对象的一阶逻辑是最重要的逻辑，也是逻辑学发展的立足点；但逻辑学还必须研究非“必然地得出”的推理，因此，归纳逻辑等同样属于逻辑。同时，必须把一阶逻辑应用到一切可应用的领域，以形成各种应用逻辑。[①] 胡泽洪教授于 2004 年出版的《逻辑的哲学反思》一书也基于逻辑发展的多层面性，以不同的划分标准把逻辑学领域分别划分为传统逻辑、经典逻辑和非经典逻辑，元逻辑、理论逻辑和应用逻辑，外延逻辑、内涵逻辑和语言逻辑，这也体现了他的大逻辑观。[②]

当然，即便是同样持“广义逻辑观”的学者，也存在对逻辑“广义”范围的不同把握，具体表现为：一是有的学者承认归纳逻辑是逻辑，但不承认辩证逻辑是逻辑；二是对演绎逻辑在广义逻辑中的地位存在不同意见。例如，吴家国认为，尽管绝不能把演绎逻辑视为逻辑的全部，但也应承认演绎逻辑在逻辑科学群体中的“主体、主流地位”；黄华新则赞成关于“必然地得出”是逻辑发展的“内在机制”的观点，但认为逻辑的内在机制与其研究对象并不完全一致，逻辑学还必须研究并非“必然地得出”的推理，同时“必须把演绎逻辑应用到一切可应用的领域，以形成各种应用逻辑”。这些逻辑观上的广义把握，对于中国逻辑研究在广度与深度上的发展是非常有益的。

（2）逻辑研究方向上的不同倡导。

21 世纪以来，随着中国逻辑研究与国际学界的逐步接轨，中国逻辑学界出现了三种研究转向的趋势。一是中山大学鞠实儿教授考虑到自 20 世纪后期以来，计算机科学与人工智能的发展成为当代逻辑科学发展的主要动力之一，提出了“逻辑认知转向”的观点。他认为当代逻辑科学的研究重心应定位于给出知识获取、知识表达以及知识扩展与修正的认知模型和方法，主要目的在于为计算机科学与人工智能服务。这是因为 20 世纪后期以来，计算机科学进入了知识处理和智能模拟阶段，构造逻辑系统描述高级认知过程、模拟知识表达与处理和研制新型软件，已成为逻辑领域的主流方向，这一切使得人类有可能运用心理学实验技术研究思维（即高级认知过程）的形式与规律。相应于以上两方面，作为新的逻辑

---

① 黄华新：《逻辑的内在机制与研究对象——兼评〈逻辑的观念〉》，《2001 年逻辑学研究专辑》，2001，第 66—68 页。

② 胡泽洪：《逻辑的哲学反思》，中央编译出版社，2004，第 66—69 页。

类型的“认知逻辑”（cognitive logic）可分为两个主要方向：一是“认识逻辑”（epistemic logic），指在对认识论进行概念分析和对认识过程进行直观理解的基础上建构逻辑系统；二是心理（心智）逻辑，主要指在人类高级思维心理学研究基础上建立起来的逻辑系统。①

与此同时，20 世纪后期以来在西方学术界兴起的“非形式逻辑”研究也在中国逻辑学界逐步产生了回响。陈慕泽教授据此提出了逻辑研究“非形式转向”的观点，他认为当代逻辑研究重心应定位于“有效地发挥逻辑在素质教育中的作用”。具体地说，就是侧重于研究如何提高社会成员“评价日常推理和论证的逻辑思维能力”。他的研究诉求分为相互关联的两个方面：一是对批判性思维的逻辑机制的把握，二是非形式论证的建构与评估，统称为“非形式逻辑”研究。②

这两种转向论均引起了逻辑学界较为广泛的关注与讨论。受这两种转向论的启发，张建军教授借鉴西方学术界关于逻辑研究的“应用转向”的理论，又提出了一种狭义的“应用逻辑”概念，试图涵盖上述两种“转向”的共同实质。③ 他认为当代逻辑科学已逐步形成了一个“应用逻辑学科群”，这个学科群既与逻辑基础理论学科群及逻辑应用研究相区别，又构成后二者相互作用的重要平台，在总体上已逐步成为当代逻辑科学的研究重心，所以逻辑研究应以实用为目标。

实际上无论是“认知转向”，还是“非形式转向”，抑或“应用转向”的提出，三者背后均存在一个共同的基础，那就是对“推理”、“形式”及“推理形式”怀有与过去弗雷格等人不同的理解，人们不再仅仅认为“推理”就是简单地、单一地“寻求思想之间的真值关联”，而是一种“思想者的心智产品的生产过程”；也不再仅仅把“形式”理解为“语句、命题、结构之间的关联意义上的形式”，而是“依据一套规则、体系而展开的一个程序或过程意义上的形式”。④ 而这种转变实际上也反映出这些观点的持有者对“逻辑是什么”和“逻辑研究对象”的新认知。当然，这种认知不是对原有认知的一种简单否定，而是在原有基础上的扩展和修正，与亚里士多德、弗雷格等人的思想具有继承和发展的关系。

综合我国逻辑学界两次逻辑观的论争和三种研究转向上的不同倡导，

---

① 鞠实儿：《论逻辑学发展的方向》，《中山大学学报》2003 年第 S1 期。

② 陈慕泽：《逻辑的非形式转向》，《河池学院学报》（哲学社会科学版）2006 年第 1 期。

③ 张建军：《当代逻辑科学“应用转向”探纲》，《江海学刊》2007 年第 6 期。

④ 同上。

我们可以看出，至今为止，就国内而言，人们对“逻辑应该是什么?”或“逻辑学研究的对象应该是什么?”及“逻辑学应包含哪些内容?”的认识也还是有较大分歧的。“当然这种分歧和争论，不会减损逻辑本体在现实生活中的作用，但是这些分歧的存在，可能影响人们对逻辑功能的认知，甚至更长远地讲，也可能会在一定程度上影响整个学科的发展。”[①] 能否转换角度，对逻辑及其功能做出新的审视和解读，彰显逻辑在人们现实生活中最普遍的思维和行为过程中的作用? 这值得我们反思。正是基于这种考量，本研究提出了在文化视域中对逻辑功能进行再次解读的设想。

1.3　文化视域中的逻辑解读

在文化视域中对逻辑进行解读，核心的问题实际上也就是要回答“在文化视域中逻辑是什么?”和“在文化视域中逻辑学科应包含哪些内容?”。

按照文化研究的惯例和通常做法，我们要对这两个问题进行解读，那么首先就要从历史源头上看看逻辑究竟是如何产生的，它又有哪些属性，以及有什么样的追求，之后再对此做出回答。建立在对历史的审视与精神追求反思基础上的概括和总结才会更有说服力。

1.3.1　逻辑是人类长期筹划和劳作的产物

逻辑从哪里来? 它究竟是“经验的”还是“先验的”? 学界也曾有很长时间的争论。为何如此? 其实主要问题还是人们对“逻辑”一词究竟是何种意义上的指谓不够清楚。如果要是把逻辑看成“人类正确思维所必须遵循的形式和规律”，那么它自然应该是不以人的意志为转移的客观存在，不是人类所能创造的，只能是由人类发现的。但如果要把逻辑理解为“关于正确思维的形式和规律的理论或学说”，那它无疑就是人类后天创造的。

从文化学的角度看逻辑，看到的是作为理论形态的逻辑，通俗地说也就是逻辑的思想、理论和学说。那么，逻辑的思想和理论又是如何产生的? 我们不妨重新走进历史，对逻辑理论诞生的过程再次审视和反思。西方逻辑学的正式诞生时间在一般的史料记载中都是公元前 4 世纪，代表人

① 张建军:《走向一种层级分明的“大逻辑观”——“逻辑观”两大论争的回顾与反思》,《学术月刊》2011 年第 12 期。

物是亚里士多德。但其实早在公元前 7 世纪左右，逻辑的思想就已经萌芽，早期的许多思想家为之做出了突出的贡献。不说那些没有被文献记载的一般人和他们的观点，有史料记载的人物就有很多。比如：芝诺发明了论辩术；普罗蒂克从事于同义词和近义词问题的研究；普罗塔哥拉发现了二难推理；高尔吉亚提出了反证法；毕达哥拉斯发明了几何体的定理证明，提出了归谬法和数学的抽象概念；欧几里得写成了《几何原本》；苏格拉底发明了普遍定义和原始的归纳推理；柏拉图探讨了语句的组成，提出了组合和划分的方法，阐述了逻辑学科的对象和性质，并研究了同一律和排中律、定义问题、有效推理问题、真假问题等。这些都是亚里士多德正式创立古典形式逻辑体系前的必要准备。没有古希腊先贤们在这些方面的丰富积累，亚里士多德也很难在那个时代建立起人类的第一个形式逻辑体系。①

中国古代最早的名学思想和辩学思想起始于公元前 6 世纪左右，名辩学的系统理论正式诞生于公元前 4 世纪，墨子是大家所公认的代表人物。但除了墨子，邓析、子产、孔子、荀子，以及公孙龙、韩非子等人实际上都有一些论述。比如：邓析研究了事物、语言与思维之间的关系；孔子提出了“正名”理论；惠施和公孙龙把社会政治伦理问题和名辩理论的问题分开，使名学和辩学研究走上独立的道路；荀子描绘了名学、辩学体系的大致内容，通过分析辩说产生的背景和目的，提出了包含名、辞、说、辩四种思维形态的相关理论，并分析了这四种不同的思维形态的本质、作用及其相互间的关系，制定了若干名辩的规则；韩非子讨论了刑名问题，把先秦法家的形名研究引向深入，它的“矛盾之说”实际上揭示了思维中的矛盾律。② 这些都是中国古代名辩学产生的基础。

古印度正理-因明的第一个学派是古正理学派，代表人物是正理派的创始人乔达摩，标志性著作是公元 2 世纪问世的《正理经》。但在乔达摩之前的公元前 6 世纪到公元前 5 世纪期间，正理思想已经萌芽——伽那陀著有《胜论经》，伽毗罗著有《数论经》，瑜伽的创始人波颠阇利写了《瑜伽经》，吠檀多的创始人写了《梵经》，散惹耶·毗罗梨子倡导诡辩论，美达悌西·乔达摩写了《卡那伽本集》，这些著作都在不同程度上对论辩的

① 张家龙主编：《逻辑学思想史》，湖南教育出版社，2004，第 297—311 页。

② 周云之主编：《中国逻辑史》，山西教育出版社，2004，第 53—203 页。

类型、作用、论辩的权术及论辩教程等问题做了探讨。① 这些先贤的成果也都是印度正理-因明产生的基础。

从逻辑思想的出现和学说的诞生过程中我们可以看出：第一，逻辑思想的创生绝不是某个时点的事情，而是经历了一个较长的时段。西方逻辑大约持续了三四百年，中国名辩学也有将近三百年的历史，印度因明经历了七百余年的历史，因此说，逻辑思想的形成经历了一个漫长的积累过程。第二，逻辑学科是在众多思想家的持续努力下，汇聚了众多思想成果才创立的。所以说，逻辑是人类长期筹划和劳作的产物。

1.3.2 逻辑具有多种文化属性

对于逻辑的属性问题，过去大家经常强调的是三种属性，即基础性、工具性和人文性。所谓基础性就是指逻辑是一种基础性学科，相对其他学科而言，它具有基础性地位，是其他学科建构和发展所不可缺少的基本条件，这是就逻辑学科的地位而言。这一点已得到世界的广泛认同，1997年联合国教科文组织把逻辑与数、理、化、天、地、生一起定义为七大基础性学科，这是最好也是最直接的例证。逻辑的工具性主要是指逻辑学作为一种有关人类正确思维所必须遵循的形式和规律的学科，为人们提供的是正确的“思维方式”，是人们认识问题、分析问题、解决问题不可或缺的基本工具。关于逻辑的“工具性”，亚里士多德、培根、弗雷格、罗素等不同类型逻辑的创立者都有论述。亚里士多德的逻辑著作名称就是《工具论》，培根的逻辑著作名称是《新工具》，弗雷格和罗素的著作虽然没有把名称定为“工具”“新工具”或类似的带“工具”二字的名称，但他们在不同的文献中多次提到了逻辑是“推理”、“论证”或“分析”的工具。所以，逻辑的工具性其实早已被大家认可。逻辑的人文性是指逻辑不仅是一种人文存在，还有人文内容。人文存在就是指逻辑作为一种思想理论学说，它不是人们与生俱来的，而是在漫长的生活实践中人们有意识地加工和创造产生的；人文内容就是指逻辑的各种理论，如概念理论、判断理论、推理论证理论等均渗透着人的主观因素，如情感、偏好及价值追求等。

其实，在文化的视域中看，逻辑除了上述三个基本特性外，还具有以下几个方面的文化共性：

① 张家龙主编：《逻辑学思想史》，湖南教育出版社，2004，第143—146页。

第一，社会性。逻辑作为人类的认识成果，不仅是在长期的实践中经由一代又一代的先人不断积累才最终产生的，是社会成员的共同创造，而且它也为社会的所有成员所共同拥有，绝非哪一个个体所能独占。世界上不存在某个人或某个团体所专门拥有的广义上的逻辑，因此它具有超个体的特性即社会性。

第二，民族性。无论哪种类型的逻辑都是在特定的时空下产生的，这就决定了无论是逻辑的表现形态、组成结构还是表达方式抑或使用起来的便易程度，均与其创生的地域语言，人们的文化心理、文化习惯、思维方式、表达方式密切相关。所以，逻辑尽管有其为全社会占有和为全社会服务的特性，但同时它的身上也一定带着母体文化的深刻烙印。就目前世界所公认的三大逻辑源流而言，均具备这一特征。即使是后来发展起来的归纳逻辑、现代逻辑以及辩证逻辑也无一例外遵从这一规律。所以，逻辑的民族性是其与生俱来的特性。

第三，连续、积累和发展性。逻辑从无到有，从少到多，不是在某个时点或一个较短的时段快速形成的。其知识体系的形成与内容的不断完善、丰富和扩展，是与人类的进步和社会的不断发展一脉相承的。它从来没有因为历史上那些做出突出贡献者的死亡而自然消亡，也不因为发现者的消亡而停顿；相反它总是被后来一代又一代的人不断传承和发展，后人只要通过前人的相关理论即可习得，而无须重新去发现。所以，连续、积累和发展也是其重要的特征。

第四，价值性。价值性通常是指特定对象对人类所具有的意义和功效。人们之所以去思考、总结、概括、提炼并最终创立逻辑学，最主要的目的就是要解决人类生存和发展中的各种问题，满足实践活动的需求。如果它不能实现人们的目的，解决不了各种问题，它也就失去了存在的理由，不可能得到发展。逻辑之所以能够在两千多年的历史进程中不断发展壮大，根本上在于其有用性。逻辑不仅是人类正确思维所必须遵守的客观规律，也是我们认识世界、改造世界须臾不可缺少的基本工具。没有逻辑，我们的世界可能就是一团乱麻、一片漆黑，难有今日的科技进步与社会文明。所以，价值性也是其最基本的特性之一。

然而，不管是基础性、工具性、人文性，还是社会性，民族性，连续、积累和发展性，价值性，实际上都是逻辑作为一种文化现象所具备的文化属性，只不过是从不同角度、不同侧面所做的分析和概括而已，讨论的目的主要还是想说明：逻辑学具备了这些属性也就充分说明了它所具有的文化本质。这对于我们下一步的论证是有重要意义的。

1.3.3　逻辑具有改善人类思维品质的精神追求

逻辑作为一种特殊的文化现象，表面看来，它没有生命，也不具有生物学意义上的思想意识，也没有类似人的智力活动，无所谓什么精神追求。但作为一种精神劳作的产物，它其实寄托了隐藏在其身后，为逻辑事业而辛勤劳作的人们的精神向往和价值追求。所以，我们所谓“逻辑的精神追求”其实是一种拟人化的讲法，主要是指那些创建逻辑的人所具有的精神追求。

逻辑究竟有什么样的精神追求？这需要我们回顾历史，去审视不同类型的逻辑创建的真实背景，看看那些不同类型的逻辑开创者们的梦想与初心。

最早的古典逻辑是基于古希腊早期的诡辩，因排除谬误的论辩需要而产生的，当然这也是当时古希腊奴隶制民主政治斗争的需要。因为公元前6世纪到公元前5世纪，古希腊工商业迅猛发展，工商业奴隶主逐渐成为一个新的阶层。为促进工商业的发展，获得更大的权利和自由，工商业奴隶主开始反对奴隶主贵族的专制。他们在实行民主政治主张的掩护下，在政治、伦理、法律、宗教、哲学等多个方面与奴隶主贵族展开斗争。这使较多的古希腊自由民也充分获得了参加社会政治和文化活动的机会。在相对较长的一个时期内，古希腊市民能否对政治生活产生影响，不完全取决于其是否出身于贵族，而是常常取决于其在公众会议或法庭上是否善于辞令、能否发表有说服力的演说。于是整个社会“百家争鸣”，论辩之风盛行。不同社会阶层的人为了在社会意识形态领域的斗争中战胜对手，占据有利的社会地位，便不断探索更有说服力的推理和论证。于是，作为说理论证的演说术、雄辩术便应运而生。但是，随着社会的发展，也出现了一些为战胜论辩对手，跻身宫廷或名门望族，改变自身或学生命运，而故意混淆是非、颠倒黑白的诡辩者和专门传授诡辩理论的学者（后期智者）。他们的行为激起了社会的强烈反对（苏格拉底就是因为这些诡辩者的行为而被古希腊议会处死）。为了进行科学论辩，反对谬误并平息这种激烈的政治斗争，亚里士多德在系统归纳、总结前人成果的基础上，首次提出并建立了第一个完整的形式逻辑体系，逻辑从此正式诞生。由此我们看出，亚里士多德之所以创建其逻辑体系，目的就是要使人们明确概念、恰当判断、正确推理、有力论证，进而实现“求真辩谬”。

归纳逻辑的第一个理论系统是英国的弗兰西斯·培根创立的。当时的状况是哲学、天文学、物理学、生物学、自然科学等都已得到了快速发展，许多落后保守的观念已被打破，人类探索自然和其他未知领域的欲望不断增强，而传统的逻辑方法——演绎法，已越来越不能满足科学发现和获取未知世界真实情况的需要。在不同学科领域都已出现了一些新的观察、实验、解析的方法，而且在这些方法的指引下已取得了一大批科学成果，科学研究和科学发现急切呼唤新的方法来指引。在这种情况下，弗兰西斯·培根概括了前人的成果，总结了这些方法和原则，创立了归纳法，从而为归纳逻辑的产生奠定了坚实的基础。因此，可以说培根创立归纳逻辑的目的主要是使人们具有更好的思维方法，从而“探求事物的本质，获取真知”。

数理逻辑的最初设计者和奠基者是莱布尼茨。他创造性地继承了卢禄关于“概念组合术”、笛卡尔关于“普遍语言”“普遍数学”和霍布斯关于“思维就是计算”的重要设想，第一个在原则上并且也在某种程度上较为详尽地证明了笛卡尔所提出的吸取古典逻辑的优点、以新的代数和几何解析方法改革逻辑的可能性，并提出了较前人更为系统的符号演算体系，从而推动了形式逻辑进一步形式化。尽管莱布尼茨因受当时科学研究水平的限制和亚里士多德古典逻辑的主谓式结构纠结于内涵逻辑，在构建较为完全的符号逻辑体系方面未能取得完全成功，但无论他在形式逻辑形式化的设想上，还是从演绎符号体系的结构上来说，莱布尼茨的逻辑均具有里程碑式的重大意义。莱布尼茨之所以产生这样的想法，最主要的目的实际上是把自然语言所含有的歧义、冗赘拖沓的语义解释以及可能牵扯到的逻辑以外的影响，如语法特质、社会政治伦理因素、褒贬含义等消除或减少。通俗地说，也就是想要使新的符号逻辑比传统逻辑有“更加清晰准确的表达和更加严谨的论证”。弗雷格和罗素在莱布尼茨的基础上通过调整方法及思路，最终使莱布尼茨等人的理想得以顺利实现。虽然他们的方法与前人有所不同，但对逻辑更加清晰和准确的精神追求从未改变。

辩证逻辑是建立在黑格尔的辩证法基础之上的。黑格尔首先提出了唯心主义的辩证法，他在借鉴康德先验逻辑和东方辩证思维方法的基础上，从事物运动发展的角度提出一种能够反映事物运动、变化、发展的认识理论。但由于他的理论建立在唯心主义的基础上，无法真正解决事物的本原问题，马克思、恩格斯对之进行合理改造，创立了唯物辩证法，并运用于资本主义社会的剖析和共产国际运动的实践中。列宁在马克思、恩格斯的基础上又做了发挥和演绎，最后才发展成为辩证逻辑。“辩证逻辑”尽管至今为止尚未形式化，还无法用形式语言来准确刻画，但我们无法否认这也是一种“科学有效的思维方式”，在我们“正确思维”“正确认识事物”的过程中不可或缺。辩证逻辑之所以产生，完全是为了消除人们认识上的局限，更有效、更科学地思维。只不过这种思维方式是从事物动态发展的过程来强调正确认识事物所应遵循的原则和方法而已。

中国古代逻辑的产生与西方逻辑有极为相似的状况。在大约公元前6世纪的春秋时期，当时社会发生了大的变动，周王朝衰弱，诸侯国失控，出现了许多“名实相悖”“名不符实”的现象。一些思想家认为社会乱而不治与名实相悖有极大的关系，这就引起了一些思想家对名实关系的讨论，由此形成了最早的名学思想。然而，“名实相悖”仅是对于社会动乱的表层思考，动乱的本质实际上在于不同阶级和不同利益集团的利益纷争。那么，如何解决这种动乱？许多思想流派，如名家、儒家、法家、墨家等纷纷提出自己解决社会动乱的原则和办法。由于利益不同，观点不同，所以形成了“百家争鸣”的局面。而想要在争鸣中战胜别人，确立起自己的观点，就必须对别人的观点进行有效的反驳。在这种情况下，墨家创始人墨子在全面总结前人思想成果的基础上，提出了许多指导人们进行正确论辩的思想，墨子的后人根据墨子的思想整理汇编出了中国历史上第一部辩学著作——《墨经》，建立了第一个辩学体系。从中国“名辩学”创生的动机来看，就是要使人们能够按照一定的思维规则思考和认识问题，进而通过辩论实现：明是非，审治乱，别同异，察名实，处利害，决嫌疑。

印度“正理-因明”学说产生于公元前7世纪至公元前6世纪（约公元前650年）。它的产生有三个基础：一是古印度带有宗教性质的哲学在早期有较为充分的发展，使古印度历史上流行的各教派，如婆罗门教、印度教、佛教、耆那教等都有各自的哲学理论体系，哲学思想较为活跃。二是等级森严的种姓制度及对业报轮回和解脱途径的不同宗教见解导致了社会思想的对立与论争。不同阶层的人民代表不同的利益和不同的宗教思想，发表不同的见解，这使得印度当时的社会出现了婆罗门教所代表的正统思潮和非婆罗门教的沙门思潮。正统思潮代表的是印度婆罗门和刹帝利等统治阶级的思想观点，而沙门思想通常反映的却是中下层民众的呼声和愿望。尽管这两种思潮表面上是宗教观点的差异，但同时也是社会政治意识和观念上的分歧。三是对论辩精神的崇尚导致了论辩之风的盛行和论究学的分化。正是在这样的氛围中，人们为了赢得对其他宗教派别的胜利，占据更加有利的地位，加快了论辩艺术的研究，从而催生了印度逻辑。所以，古代印度的因明既是教派斗争的需要，也是种姓制度下社会伦理实践的需要。[①] 因此，创建因明的目的概括而言也就是：要使表达更加清晰，推理更加严密，说理更加有力。

综合以上的分析，我们最后可以得出这样的结论：从传统形式逻辑到归纳逻辑，再到数理逻辑和现代逻辑，及至辩证逻辑的产生，一路走来，逻辑学科取得了很大发展。尽管这些不同的逻辑所表现出来的形态不同，所采用的方式不同，但有着贯穿始终的精神追求，那就是它们都希望人类的思维方式更加合理优化，思维更加精准深刻。具体地说，就是表达要更加清晰，推理要更加严密，说理要更加有力。

1.3.4 逻辑学科应包含有关正确思维的形式与规律的一切文明成果

弄清了逻辑学科建立的历史，懂得了它有什么样的精神追求，以及人们为这样的追求所付出的艰苦努力，我们也就可以对“逻辑是什么?”、“逻辑应研究什么?”以及“逻辑学科应包含哪些内容?”有一个较为清晰的认识。

逻辑究竟是什么？从文化视域来看，可以说，长久以来人们所理解的“逻辑”，就应该是“正确思维所应遵循的形式与规律”。

逻辑学是什么？文化视域中的逻辑学本质上就是“研究人类正确思维所应遵循的形式与规律的特殊的文化现象”。

逻辑学科为什么能够持续不断地发展？是因为人类有着提高思维品质的不懈追求。

正是基于上述几个前提，我们很自然地就能够得出：文化视域中的逻辑学科理应包含使“认识更加明确、表达更加清晰、推理更加严密、论证更加有力”的各种逻辑研究成果。也就是说，无论是哪种具体的逻辑类型，还是相关的基础理论和应用理论，如概念理论、论证理论、逻辑史学理论和逻辑哲学理论等，因为它们均是为人类更加正确、更加有效地思维所服务的，所以均应该纳入逻辑学科体系的范畴。

对于逻辑的学科体系架构，以张建军教授、陈波教授、王习胜教授为

① 张家龙主编：《逻辑学思想史》，湖南教育出版社，2004，第 161—162 页。

代表的部分学者经过长期研究，已给出了一个新的较为完整的架构图式（也被人们称为逻辑地图），包括了基础逻辑、应用逻辑、逻辑应用理论、逻辑思想史和逻辑发展史、逻辑哲学等五大部分，向我们展示了一幅完整的逻辑全景图。[①] 在文化视域中来看，这是值得肯定的。

① 王习胜、张建军：《逻辑的社会功能》，北京大学出版社，2010，第 49 页。

第二章　逻辑与文化的关系

在文化视域中对逻辑的解读，回答了“逻辑是什么?”及“逻辑学科应包含哪些内容?”的问题，为我们开展对逻辑功能的研究奠定了坚实的基础。接下来就需要我们回答“逻辑与其他文化现象之间究竟有什么样的关系?”。因为，只有明确了逻辑与其他文化现象之间的关系，懂得了逻辑与其他文化现象之间的互动和关联，才能理解为什么逻辑会有多种功能，我们也才能讨论“逻辑的功能究竟是如何形成的?”。否则，静态地看逻辑是难以阐释其功能的。

探讨逻辑与其他文化现象之间的关系，实际上也就是要回答三个方面的问题：一是逻辑在整个文化体系中处于什么样的地位，起什么样的作用；二是逻辑的产生与其他文化现象之间有什么样的关联；三是逻辑与其他文化现象之间是如何相互作用和相互影响的。下面我们就按此顺序展开分析。

2.1　逻辑在文化体系中的地位和作用

2.1.1　逻辑在文化体系中处于核心地位

文化是个大范畴，不同学科对文化有不同的认知，也相应地有不同的定义和划分。仅就社会学和文化人类学的角度而言，对于文化的类型和结构就有多种划分：有物质文化与精神文化两分说；有物质、制度、精神三分说；也有物质、行为、制度、精神文化四分说；还有物质、社会关系、精神、艺术、语言符号、风俗习惯六分说；等等。

当前社会上占主流的观点是三分说和四分说。法国作家、哲学家、人类学家列维-斯特劳斯是最早提出文化三分说的人，他把所有文化还原为可比较的结构模型，所以文化学界也随之出现了席卷世界的“结构主义”思潮。美国社会心理学教授艾德佳·沙因（Edgar H. Schein）也将文化的层次进行了三分，并提出著名的“睡莲”模型说。我国现代哲学家、哲学史家张岱年、程宜山（合著有《中国文化精神》）也认同文化三分说。具体而言，第一层次是精神文化层，包括思想、意识、观念等。在该层次中最重要的有两个方面，一是价值观念，二是思维方式，这是首要的部分。第二层次是制度、行为文化层，是思想观念所凝结成的制度、法律、规章、教示等。这是由于自然环境和生存方式的差异，以及观念、信仰、兴趣、行为、习惯、智力发展方向和心理性格不同而形成的具有相似文化特征或文化素质的地理单元。第三层次是物质文化层，即表现文化的实在之物，它既包括像哲学著作、文学艺术作品一类的“物”，也包括科学技术物化形态的“物”，即人工改造过的物质，这是形态上可视的文化。①

三层次理论模型如下：

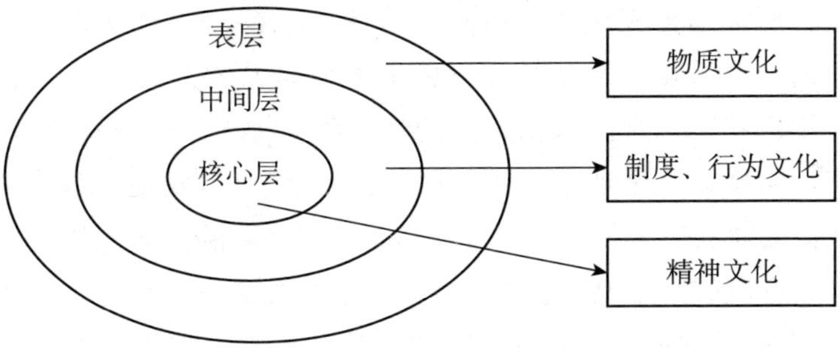

也有一部分学者认可的是四层次理论。第一层次是精神文化层。包括人类在社会实践和意识活动中长期传承或总结认识而形成的意识、观念、情趣、思维方式等。这是文化体系结构中最核心的部分。第二层次是制度文化层，包括人类在社会实践中创建的各种法律制度和社会规范等。第三层次是行为文化层，包括人类在社会实践，尤其是在人际交往中约定俗成的习惯性行为或行为定式。它通常以民风民俗形态出现，见于日常生活起居的行为过程之中，具有鲜明的民族和地域特色。第四层次是物质文化层，包括由人类创制的各种器物，即由“物化的知识力量”构成的。它是

① 陈华文主编：《文化学概论新编》，首都经济贸易大学出版社，2009，第48页。

人类物质生产活动及其产品的总和，构成整个文化创造的基础。物质文化以满足人类最基本的生存需要——衣、食、住、行为目标，直接反映人与自然的关系，反映人类对自然界认识、把握、利用、改造的深入程度，反映社会生产力的发展水平。

四层次理论模型如下：

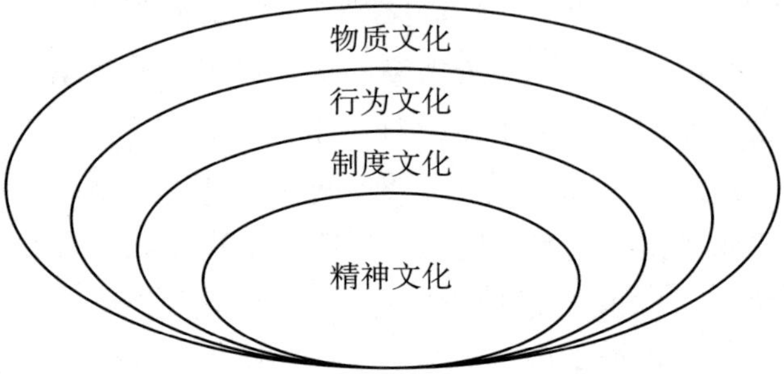

对于精神文化，过去尚未形成一致认可的定义，对其所包含的内容也没有清晰、明确、规范的表述，仍停留在粗线条的概念描述阶段。通常的表述是：所谓精神文化就是指属于精神、思想、观念范畴的文化，是代表一定的民族特点，反映其理论思维水平的思维方式、价值取向、伦理观念、心理状态、理想人格、审美情趣等精神成果的总和。

其实，细致研究精神文化的生成过程，我们可以发现，精神文化从无到有，从低级向高级阶段的发展过程是有一定顺序的，即大致遵循这样一个过程：无意识或潜意识→意识→观念→思维方式→行为方式（风格、精神）。而以上表述中的伦理观念、理想人格、审美情趣等从严格意义上讲都应是观念的范畴。而心理实际上是一个模糊概念，既有意识成分，也有观念成分。所以，对于精神文化而言，简明地说，实际上大致也就是四个层次，即意识、观念、思维方式和行为方式。意识是尚未形成观念的初始心理状态；观念是对事理有了明确判断的一种清醒的意识持存状态；思维方式是在清晰的意识和观念基础之上又进一步对意识（信息）和观念进行综合加工的程式；行为方式是指在特定的思维方式导引下而表现出来的某些行为特征。

那么，是否也可比照文化的四层次理论为精神文化的体系结构构建一个相类似的模型呢？我们觉得也可以将精神文化的内部结构表示为以下模型：

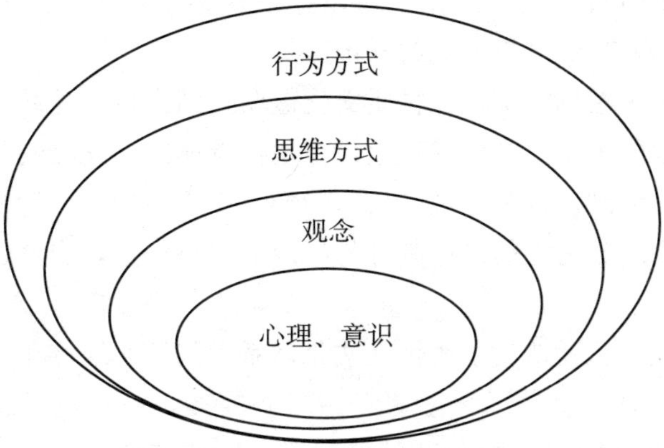

精神文化最核心的是心理、意识，第二层的是观念，第三层的是思维方式，最外层的是行为方式。当然，精神文化的各个要素之间是有相互关联的，不是彼此独立的。一般是从里向外逐渐影响，亦即社会文化意识影响观念，观念又影响思维方式，思维方式又影响行为方式。

这样的分类和表述也许尚待商榷，但我们认为是值得尝试的。

逻辑学自从创建以来，一直被人们视为一门有关思维方式的独立学科，因为无论其研究对象还是研究范围均与思维方式密切相关。也正因为如此，这也就决定了作为研究思维形式与规律的逻辑在整个文化体系结构中自然就归属于精神文化的范畴，在整个文化体系结构中居于重要的、相对核心的地位。

2.1.2　逻辑对其他文化要素起统率作用

逻辑作为思维形式，与心理、意识、观念等要素同属于精神文化，其在文化体系结构中所处的特殊地位决定了它对其他文化要素起统率作用。

逻辑的统率作用，包含以下两层含义：

首先，它对人的精神要素具有统率作用。逻辑不仅是使人们认识得以清晰、思想得以澄明的重要工具，它也是连通理论与实践的重要纽带和桥梁。正是因为有了逻辑的参与，人们才能更好地认识世界、改造世界，从而实现更好的生存和更快的发展。如果没有逻辑的参与，没有依照逻辑规范对信息材料的整理、规范和有机加工，再多、再细、再好的信息也只能是杂乱无章的东西，既形不成体系，也变不成行动的方案和建设蓝图，对人类的生存和社会的发展没有任何价值。如果没有逻辑进行有效的说服和动员，我们也很难组织社会的有生力量来参与并创造人类生存和发展所需要的一切物质财富和精神财富。所以，在现实生活中，人们的心理、意识、观念都是要受到逻辑的规约和统御的。

其次，逻辑对制度文化、物质文化等要素同样也起着统率作用。特定的制度是特定的思想和观念的理论化体现，具体的文化器物又是人类特定思想的物态化体现。因为思想和认识的形成受逻辑的重要影响，那么在这些思想和观念基础之上的具体制度与特定的器物创造，自然也就难以摆脱逻辑的影响。

正因如此，也就造就了逻辑在文化体系中的核心地位和主导作用。

过去人们对观念之于文化的作用强调较多，而轻视了思维方式（逻辑），其实思维方式才是更加重要的。我们应该充分认识到逻辑在文化体系中非同寻常的作用。

2.2　逻辑受多种文化因素的影响和制约

2.2.1　逻辑是多种文化要素发展到一定程度时的产物

（1）逻辑思想是在科学技术发展到一定程度时才产生的。

关于这一点，我们只要走进历史，认真审视一下不同的逻辑类型产生的背景，就可得出这样的结论。

西方古典形式逻辑诞生于公元前 4 世纪。在当时的古希腊，科学技术已经有了相当深厚的基础，哲学、数学、几何学、生物学、医学、力学、光学、声学、建筑学都已发展到了一定水平，也涌现出了一大批卓越的哲学家和科学家，如泰勒斯、阿那克西曼德、阿那克西米尼、毕达哥拉斯、赫拉克利特、巴门尼德、芝诺、恩培多克勒、阿那克萨哥拉、欧几里得、希波克拉底、阿基米德、普罗塔哥拉、高尔吉亚、苏格拉底、柏拉图等。在理论研究方面，人们已经开始研究数学的抽象概念，完成了一系列几何体的定理（证明），研究了动物的繁衍问题，提出了体液学说。在生活实践中，人们已能够测量金字塔，计算航行距离，解剖各种动物，建造较为复杂的皇家建筑。尽管这个时期哲学、逻辑学和各门具体学科仍混杂在一起，但实际上这些实践活动已为人们提供了抽象思考问题的方法，如分析与综合、归纳与演绎，能够让人们定义概念、证明定理并在此基础上建构系统，这些理论、方法及广泛的实践经验都是古典形式逻辑创建的必要准备。

归纳逻辑是16世纪诞生的。人们通常把弗兰西斯·培根看作归纳逻辑的奠基人，这是因为是他第一个创建了比较系统、完整的归纳法理论。但是在他之前，苏格拉底、德谟克里特、柏拉图、亚里士多德、伊壁鸠鲁等人都提出过归纳的思想。亚里士多德提出归纳三段论、简单枚举归纳法、直觉归纳法、例证法等；伊壁鸠鲁及其学派提出了包含观察、类比、假说等方法原则在内的归纳理论；尤其是13世纪的罗吉尔·培根就强调了实验方法在认识自然中的重要性，把实验与归纳过程有机结合起来。此外，哥白尼出版了《天体运行论》，开普勒提出了著名的三大定律，伽利略提出了自由落体定律、抛物线定律，维萨里出版了《论人体的构造》，塞尔维特利用解剖方法对心脏进行观察，等等。① 这些众多的科学成果中所渗透和包含的探求事物之间因果关联的方法及系统理论建构的方法都是归纳逻辑创生的基础。没有这些思想和方法的积累，培根也难以创造出归纳逻辑。

数理逻辑主要是建立在逻辑学和数学发展的基础上的。首先是17世纪德国数学家、逻辑学家莱布尼茨提出了思维演算的思想；之后布尔发明了布尔代数，德·摩根建立了关系逻辑；再之后又经过弗雷格、罗素、怀特海等人的发展，最终建立起了比较完备的数理逻辑系统。但是，除数学和前期逻辑学科已有成果的直接影响外，当时社会的政治、经济、文化、科技的影响也是非常重要的。对此，张家龙先生曾在其《逻辑学思想史》一书中说："如果没有当时的资产阶级革命而取得的'教育对迷信的胜利、进取精神对游侠怠惰的胜利、资产阶级法权对中世纪特权的胜利'，没有当时科学技术如水利、航海、机械、力学的发展及（由它们所推动的）认识方法的发展，（数理逻辑的诞生）是不可能的。"② 所以说，数理逻辑的产生，是有其深刻的社会历史条件和科学文化基础的。

辩证逻辑是由世界著名哲学家黑格尔首创，经过马克思、恩格斯的阐发和列宁的解读逐步发展成为一种逻辑类型。尽管至今仍有一部分逻辑学者并不认同辩证逻辑的逻辑学科属性，仅把它看作哲学的一部分，但多数学者还是接受了辩证逻辑是逻辑的观点。尤其是20世纪80年代以来，我国有一大批知名的哲学家、逻辑学者对此展开了研究，也出版了将近100

① 张家龙主编：《逻辑学思想史》，湖南教育出版社，2004，第553—556页。

② 同上书，第593页。

本有关辩证逻辑的专著和写作了大量的学术论文。我国哲学界和逻辑学界的一部分学者研究了辩证逻辑的形式化问题，特别是像赵总宽教授、桂起权教授等已从经典和非经典逻辑的方向提出了一些思路，尽管还尚未得到多数学者的认同，但他们的创新之举具有重大的启迪意义。所以说，尽管辩证逻辑诞生的时间较短，但从其发展历程来看，也是与各种人文社会科学和自然科学的发展分不开的，如哲学、逻辑学、数学、语言学、符号学等，尤其是与哲学本体论、认识论和方法论的高度发展有直接关系。

中国古代名辩学是建立在哲学高度发达的基础上的。中国古代的名学和辩学产生于春秋时期，邓析、子产、孔子、墨子与后人、孟子、荀子以及韩非子等人都有过重要贡献，但集大成者是墨子。墨子的《墨经》被公认为中国名辩学的代表作。名学和辩学产生的原因，逻辑史学家们主要将其归结于当时朴素的辩证思维和类推思想，而较少谈到科技发展的支撑。其实，中国名学和辩学能够在当时产生，也是与当时社会的科学技术已发展到一定水平密不可分的。比如当时在天文（历法、阴阳五行学说）、算术、农业、医学及医疗、冶金（炼铁青铜工艺）、机械制造（造车、军械、乐器）、土木工程（水利工程）、采矿、生物学、光学、纺织、皮毛加工等方面都有较高水平，这些自然科学实际上和我国古代哲学、名辩学等学科是交相辉映、共同繁荣的。尤其是《墨经》一书就记载了许多光学实验，包括小孔成像和凹面镜、凸面镜、平面镜的成像实验，其所使用的方法和最终所得出的结论与近代光学实验十分相似。这些学科为自然哲学的本体论、认识论、方法论都打下了一定基础，也对人的思想解放有了很大促进。①

关于古印度因明的产生，在逻辑史学的记载中，通常会介绍三个重要的背景：一是宗教哲学背景，二是社会伦理背景，三是论辩背景（论辩之风盛行，论究学非常发达），而很少对科学技术的贡献进行分析。其实，古代印度的科学技术也是比较发达的。比如天文学（精确祭祀仪式的时间）、数学（祭坛构筑物面积计算）、医学（药物、解剖等）、化学（炼丹中蒸馏煅烧提纯、炼铁防生锈）、物理学（物质由原子构成、光和热是同一物质、宝石鉴定）、机械（水轮水钟）。尽管过去很少有人研究和讨论过这些学科和因明的关系，但它们对于因明的支撑作用也是不应该被忽视的。如果没有人们在这些领域中对现象之间因果关系的分析、讨论和说

---

① 申先甲：《中国春秋战国科技史》，人民出版社，1994，第10—65页。

明，没有在这些领域中对若干论证方法的广泛使用，恐怕也难有因明的顺利诞生和不断发展。

从不同逻辑的创生过程中，我们可以看出，科学技术的发展是逻辑产生并发展的重要基础和前提条件，没有科学技术的发展，逻辑就难以创生。无论是古希腊逻辑，还是中国古代的名辩学，抑或古印度因明，均具有这样的特征。

（2）逻辑理论是在人类的认知能力达到一定程度后才产生的。

对于逻辑的起源问题，之前人们较少谈到人的认知能力问题。其实，从文化的视角看，这是不可忽略的问题，因为思维问题实际上是人类对自身的认识能力的“再认识”问题。尽管人类对自身的认知与人类对自然界的认知（科学技术）的发展密切相关，但二者不是齐头并进、均衡发展的。在人类认知能力的发展历史上，对自然界的认知远早于对自身的认知。逻辑在被人们关注、认识和发现之前，“有效思维的规则”或“思维的规律”是处于人类意识之外的黑暗之中的；后期也是因为有了人类理性灵光的照射，它才逐渐清晰地呈现在人们的视野之中。这些思维的规律最初被人类注视和审视的时候，它们就像园子里的杂草一样深埋在人们的头脑中，并与其他思维形式共同生长。即使是在人们已经具有一定逻辑意识的早期，其头脑中的逻辑概念也还不是清晰、明确的，体系也还不是系统、完善的。正是人类有了对信息不断地进行加工、辨析、提炼、概括、归纳和总结的能力，才使原本散乱的人类思维智慧逐渐形成相对完整的体系和独立的学科，也才慢慢作为人类文明的重要成果而日益变得璀璨耀眼。历史上三大逻辑体系的思想基本萌芽于公元前 7 世纪及前 6 世纪左右，初创于公元前 4 世纪左右。为什么在此之前没有创立？一个重要的原因恐怕就是先前人类的文明程度尚未达到能够透过事物的表面现象和具体内容，而思考潜藏在它们背后的正确思维所必须遵循的形式和规律。简明地说，就是因为当时人类的认知能力还不足以认识自身的思维。

当然，人的认知能力是基于知识的不断扩充、认知实践活动的不断丰富和认知经验的不断积累而提升的。科学技术的发展是人的认知能力提升的重要基础，科学理论的诞生为思维理论的形成提供了必要的知识储备，科学实践活动也为人类认识自身积累了大量的经验，但逻辑的诞生最主要的原因还是人类有了认识自身思维的意识和能力。如果人类对自身的认识能力达不到一定程度，即使有再多的科学成果也绝不可能有逻辑理论的产生。

(3) 逻辑学说是在社会需求达到一定程度时才产生的。

恩格斯曾经说过，“由于社会需要而推动科学前进的力量胜过十所大学”①，这是至理名言。正是有强烈的社会需要，存在着不得不认真研究和解决的社会问题，才有力地推动了这些学科的成长。逻辑学的发展也遵循着这样的规律。

最早的古典逻辑是古希腊早期出于辨识诡辩、排除谬误的论辩需要产生的；归纳逻辑是在科学研究和科学发现的急切呼唤中产生的；辩证逻辑是基于当时对社会发展规律的认知和对资本主义社会制度的剖析，及对国际共产主义运动实践的指导而产生的；中国古代名辩学是在春秋战国时期社会动乱、“百家争鸣”的背景下为推行不同的政治伦理主张产生的；印度“正理-因明”是人们为了赢得对其他宗教派别的胜利，占据更加有力的社会地位而产生的。从不同类型的逻辑产生的情况来看，均可充分说明：逻辑学说产生的最直接的动力均是社会需求。

2.2.2 逻辑的生存和发展受多种文化因素的影响和制约

逻辑不是独立存在的，它的生存和发展受多种文化因素的影响和制约。文化因素对逻辑的影响表现在以下几个方面：

(1) 特定的文化背景影响逻辑的形态和特征。

逻辑的形态和特征是与构成逻辑的要素和方式密切相关的，而构成要素和构成方式是要靠语言文字和符号来表达的，这就决定了逻辑首先要与语言学相关联；然而，语言学只是文化的一种外在的表现，深藏于其后的是一个社会的哲学（社会共同的文化心理、观念、思维方式）、科学和文化习惯。所以，逻辑自从产生之日起，就与哲学、科学、政治学、伦理学、语言学、心理学、数学等多种学科结下了不解之缘。

西方逻辑与中国古代名辩学和古印度因明相比，有以下几个突出的特点：一是形式化。西方逻辑从一开始就走上了形式化、公理化的道路，不涉及具体思维内容，只以思维形式为其研究对象。二是以工具性为其价值主体，较少考虑政治伦理。三是持续发展。从最早的三段论起，发展到现在的人工符号、智能系统，几乎从未间断。②

为什么西方逻辑具有这样的特点？按照周礼全教授的观点：一方面，

① 张家龙主编：《逻辑学思想史》，湖南教育出版社，2004，第162页。

② 赵发海：《西方逻辑发展的特点及其文化探因》，《枣庄师范专科学校学报》2001年第6期。

是受西方语言中居于金字塔尖的系词"是"的影响。他说："对于逻辑学意义上的逻辑来说，语言中直到出现了系词'是'才可能充当具有形式意义的逻辑来说，在日常语言中纯形式地使思想通过语言保持抽象统一性……由此可见，系词'是'对于形式化的逻辑是至关重要的。"① 另一方面，亚里士多德逻辑也深受古希腊数学发展的影响，古希腊数学坚持一切数学结果必须依据明确规定的公理和用演绎法推出的信息，这也为亚里士多德逻辑对"有效性"的追求提供了前提。亚里士多德把这些形式整理成绝对正确的规则，因而他实际上成为在数学领域之外用数学方法写出思维规则的第一人。

中国古代逻辑与西方逻辑有很大不同。一是中国古代名辩学完全使用自然语言，没有形式化，也没有形成公理化的系统。二是中国古代名辩学经常与政治伦理的内容交织在一起，没有成为独立的科学。三是中国古代名辩学混合了形式逻辑和辩证逻辑的内容。既有与形式逻辑相当的思想理论，也有辩证逻辑思想的内容和片段。四是中国古代名辩学中，没有创造出亚里士多德的形式逻辑那样的严密体系。②

中国古代之所以没有孕育出同亚里士多德逻辑体系相类似的东西，同样也是中华文化的影响所致。第一，中国传统文化提倡"天人合一"，把对政治、伦理的关注放在了最高位置，而不以探索世界本质、获取科学真理为基本追求。第二，在思维方式上，重视整体思维，缺乏对于事物的精确分析和研究；推崇直觉，忽视缜密的论证。第三，在认识方式上表现为主体用主观认识去观照现实，而不是自觉地遵从客观事实；不是让主体适应客体，而是让客体适应主体；用一种对现实的想当然的"改造"来代替纯客观的反映。第四，"以己度物"和"想象性的类概念"，总爱用"已知"去比附"未知"，从个别具体的对象出发去寻找外界事物相同或相似的特点，具有强烈的具象性特征。第五，强调思维的辩证统一，追求协调和平衡，而不是是非对错。第六，使用古汉语作为工具，象形和多义增加了意象干扰，使判断具有歧义。这种文化特质直接导致了在中国古代未能产生独立的逻辑，并使之获得充分完善的发展。③

---

① 王克喜：《"汉语'是'的形而上之谜"之谜》，《昆明师范高等专科学校学报》2004 年第 3 期。

② 崔清田、王东浩：《逻辑与文化关系的探索——崔清田先生访谈录》，《燕山大学学报》(哲学社会科学版) 2013 年第 2 期。

③ 程仲棠：《文化的终极关怀与逻辑学的命运——兼论中国文化不能产生逻辑学的根本原因》，《中国哲学史》2008 年第 1 期。

印度因明的特点是：第一，运用因、喻、能立，证成所立宗义，没有建立像西方逻辑一样的形式系统。第二，语言载体是日常生活语言。第三，重视立破，辨别真伪，以真能立为主。第四，有真立破及似立破四法悟他，真现比及似现比四法自悟，以悟他为目的。在似能立中有三十三种过失。第五，运用归纳和演绎综合推理。

印度逻辑之所以有其特殊的形态，也是与其文化背景密切相关的：其一，印度逻辑主要是为宗教辩论和论证教义服务，因此强调“立己破他”和“自悟他悟”。其二，运用自然语言，使中道逻辑无法抽象化、符号化。其三，论辩中经常会遇到涉及从普遍到特殊和从个别到一般的论证，所以经常把归纳和演绎推理放在一起使用。①

（2）特定的社会文化环境决定了逻辑所发挥作用的大小。

世界三大逻辑体系创建于不同的文化环境中，也曾发挥了各自的作用，满足了不同的社会需求。但相较而言，作用的大小有很大差异。西方逻辑创立后，最初是为说理、论辩服务；中世纪为宗教服务，被用来论证教义的合理性和上帝的存在；文艺复兴时期为政治斗争和思想的解放（人性、自由）服务；近现代为教育、经济尤其是科学技术等方面服务，可以说它所发挥的作用是多角度、全方位的。中国古代名辩学尽管在历史上也曾被人们阐释为“明是非，审治乱，别同异，察名实，处利害，决嫌疑”的工具，但实际上主要是用来为政治和伦理服务。而印度因明则作为佛教理论的附属物，主要是为论辩和论证教义服务。

为什么三种逻辑源流同样都是“逻辑”，所起的作用竟会有如此大的差异？总体而言，是文化环境不同。如果再做深入研究，其实可以发现这是与多种文化因素相关的。

首先，是受文化价值观念的影响。关于这一点，无论是中国古代名辩学，还是古希腊逻辑和古印度因明都有很突出的表现。中国古代很早就产生了逻辑思想，儒家、墨家、名家在许多著作中都提出过很多关于概念（名）、判断（辞）、推理（说）、论证（辩）的思想。可是为什么在中国古代没有形成像西方逻辑学一样的系统理论和有效的形式体系？为什么中国没有产生现代意义上的自然科学（李约瑟难题）？主要原因就是古代统治阶级的目标是维护专制和皇权统治，一切文化都为他们所提倡的政治秩序

① 袁野：《印度因明的对象、性质、特点及其意义简论》，《北华大学学报》（社会科学版）1983 年第 1 期。

和伦理思想服务。对人民大众，他们实行的是“愚民”和“奴化”的政策，采取的是用圣人、先贤的思想和言论对人民进行的灌输式教育和“八股”式考试、选拔、用人的方式。逻辑作为“求真”和“说理”的工具，不符合统治者的统治需要。所以，两千多年来逻辑在中国一直受到打压和排斥，根本没有生存余地，其诸多功能也根本无法发挥。古印度因明创立的时间也很早，也有强大的功能，但腐朽的宗教统治剥夺了人们求真的思想自觉，使因明仅仅局限在狭小的宗教领域，除了论证教义之外，其他功能均无法体现。当然，西方逻辑的发展史上有正面的经验，也有反面的教训。当它被罗马帝国当成威胁之时，便被赶出罗马，失去了全部功能；而当中世纪后期人们重新认识到它的价值时，它便得到了迅猛的发展。

其次，是受社会共同的心理和价值追求的影响。社会的认同是逻辑能否被接纳和受到重视的前提。对真理和强权的不同信仰，会导致逻辑截然不同的命运。一个社会如果信仰的是真理，那么逻辑就会被用来为真理服务，它的强大功能就会得以呈现，自身也会得到快速发展。但是，如果一个社会崇拜强权或上帝，那么人们的一切行为就会围绕强权和上帝展开，相信并接受强权和上帝的安排，依照强权和上帝的旨意行事，而不再进行自我反思，逻辑也就只能用于服务强权和上帝，功能也就受到局限，发展也就只能停滞。三种不同体系的逻辑发展的历史都充分证明了这一点。西方逻辑在亚里士多德时代前后的发展是迅速的，因为那是一个思想相对自由的历史阶段，亚里士多德及之后的斯多葛学派正是在这种相对宽松的环境下初创并发展了逻辑。但进入中世纪之后，人们被强迫信仰上帝，一切行为要完全按照上帝的旨意进行，尽管逻辑本身是求真的工具，然而却被神学家们扭曲成论证宗教教义和“上帝存在”的工具。逻辑不仅在人们心目中的认知发生了错位，功能受到局限，发展也几乎处于停滞状态。在文艺复兴之后，人性得到解放，人们获得了心灵的自由，把逻辑当成正确认识事物和促进科学发展的工具，逻辑又受到了社会的普遍重视并以前所未有的速度向前发展，其强大功能也得到了完美的展现。古印度因明是在古印度全社会普遍崇尚论辩、向往论辩能力的背景下产生并快速发展的，但当它被严格限制于论证宗教教义时却慢慢失去了活力，最终随着宗教的灭亡而渐渐消亡。中国古代逻辑是在春秋战国时期诸子百家自由争鸣的社会环境下产生的，并在这一时期得到了快速发展。但随着秦始皇统一中国，劳动人民的思想自由被剥夺，人们只能屈从于强权，中国古代逻辑也就到了几乎无用的地步，发展也基本停滞。

这些共同的经历和正反两方面的不同经验都充分说明了逻辑作用的发挥是受到社会文化心理和精神追求的巨大影响的。

（3）特殊的文化环境影响逻辑的发展状况和最终结局。

逻辑是在特定的文化环境中生存和发展的，特定的文化环境中不同的文化要素（意识、观念、思维方式、行为方式等）都会对逻辑产生不同的作用。正是因为这些文化要素对逻辑的不同作用和影响，导致了不同的文化背景下的人们对逻辑认识和依赖程度的不同，从而形成了不同逻辑类型在发展方向、发展状况和最终结局上的不同。

西方逻辑是世界三大逻辑体系中发展最为充分、生命力最强的理论学说。至今为止，它不仅依然呈现出蓬勃发展的强劲势头，而且渐渐取代了中国名辩逻辑和印度因明在人们心目中的地位。为什么西方逻辑会有如此强大的竞争力？一方面是西方以"求真"为终极追求使然，另一方面也与西方"重事实、轻感情"的文化传统相关。特别是自文艺复兴以来，整个社会普遍接受了"科学""自由""民主"的思想洗礼之后，社会形成了对"理性"的崇尚，这为逻辑学的发展提供了特殊的生存土壤。

为什么中国名辩逻辑发展不像西方逻辑那样顺利？这与它的文化环境和背景密切相关。中国古代逻辑创立于先秦春秋时期，使用的是繁难而带有歧义的繁体汉字，思维的形式是名、辞、说、辩，尽管它也系统地研究了许多逻辑问题（名、辞、说、辩实际上对应的是西方逻辑的概念、判断、推理、论证等内容），并且也达到了较高水平。但由于本身比较复杂、抽象、不易理解，再加上在汉代经学、魏晋玄学、隋唐佛学、宋明理学的冲击下，发展速度极为缓慢。先秦之后，名学和辩学已不再是"显学"。虽然东汉王充、西晋鲁胜、唐代玄奘、明朝的李之藻等人也曾深入地研究逻辑问题，一定程度上推动了中国古代逻辑的发展，但自先秦之后的两千多年里，中国没有出现什么有影响的逻辑学家和重要的逻辑论著。即便到今天它的研究者也寥寥无几，在现实生活中也几乎无人使用。[①] 程仲棠教授曾在《文化的终极关怀与逻辑学的命运——兼论中国文化不能产生逻辑学的根本原因》一文中分析了"为什么中国古代的逻辑思维不能发展为逻辑学"，他通过对文化的比较发现，文化的终极关怀对逻辑学的命运有决

① 刘邦凡、张朦：《略论中国古代逻辑的存在、特点与成因》，《贵州民族大学学报》（哲学社会科学版）2015 年第 6 期。

定性影响，中国文化之所以不能产生逻辑学的根本原因在于以“内圣外王之道”作为终极关怀。具体如下：第一，中国名辩学在“内圣外王之道”的支配下，由道德和政治结成的价值体系的霸权与逻辑学的价值中立的本性不相容。第二，在“内圣外王之道”的支配下，逻辑思维没有充分发展的余地。① 这实际上说明了不同的文化观念、不同的政治和伦理思想对逻辑的发展方向、发展速度是有重要影响的。西南大学的冯颜利教授和周芬在《自然辩证法研究》2007 年第 9 期发表的《中国古代逻辑为何未能进一步发展》一文中也分析了古代中国名辩学并未像西方逻辑一样得到长足发展的原因。他们认为“中国方块文字的整体结构特点和语言表述上的特点，以及中国汉字的自我完善性，致使中国古代逻辑不易引入符号，缺乏符号阻碍了逻辑的发展，这可能是中国古代逻辑未能进一步发展的主要原因”②。这是从语言文字角度讲文化对逻辑的影响。除此之外，王克喜教授早在 1997 年曾发表《名学略说——为何中国古代未产生亚里士多德式的传统逻辑》一文，也从社会背景、文化背景、语言背景、哲学背景等多个角度分析了文化因素对逻辑学的影响。③

印度因明的状况更为惨淡。为何如此？因为它产生在宗教文化环境里，主要为宗教服务，较少关注社会现实，所以自佛教在印度本土衰落直至消亡，它也几乎再没有任何新的发展。今天除了在中国、日本的极个别佛教研究者为了研究佛教理论而研究因明外，在现实生活中，方法论意义上的因明已没有人再去使用。

其实，无论是文化观念，还是政治伦理，抑或语言和哲学背景，它们都是文化范畴。正是因为它们之间存在一定的差异，才导致了不同的逻辑类型有不同的发展状况和最终结局。

2.3　逻辑对其他多种文化要素和文化活动具有反作用

逻辑与其他文化要素和文化活动之间的关系是双向互动的，其他文化

① 程仲棠：《文化的终极关怀与逻辑学的命运——兼论中国文化不能产生逻辑学的根本原因》，《中国哲学史》2008 年第 1 期。

② 冯颜利、周芬：《中国古代逻辑为何未能进一步发展》，《自然辩证法研究》2007 年第 9 期。

③ 王克喜：《名学略说——为何中国古代未产生亚里士多德式的传统逻辑》，《徐州师范大学学报》1997 年第 1 期。

要素和文化活动对逻辑有重要作用，逻辑反过来对其他文化要素和文化活动也有重要的反作用。

2.3.1　逻辑能够对人的精神诸要素产生作用

人的精神要素包括意识（心理）、观念、思维方式和行为方式。逻辑对人的精神诸要素的作用主要就是指逻辑对人的意识、观念、思维方式、行为方式所产生的影响。

（1）逻辑能够影响人的意识。

“意识”是个多义词，不同的学科对此有不同的理解。文化学里的“意识”、哲学里的“意识”和心理学里的“意识”是不同的。文化学里的“意识”不像哲学里是与“物质”相对应的“精神”的代名词，而是指人的“意念”和“心理”。具体说，也就是指人处于对事物尚未觉知或已觉知但还未对事物的本质形成清晰判断或观念的阶段。文化学的“意识”概念与心理学的“意识”概念较为接近，但文化学的“意识”不像心理学的划分和界定那么清晰。为了便于更加清晰地分析和说明逻辑对意识的作用及机理，下面拟采用心理学意义上的“意识”指谓。

按照著名的心理学家弗洛伊德的观点，人类意识共分三层，包括意识、前意识和潜意识。意识是最高层，是指现在正被个人觉知到的心理现象，是人们对自身和周围环境的感知状态可通过言语及行动来表达，能随时想到和清楚觉察到的主观经验；意识有逻辑性、时空规定性和现实性。前意识是不能即刻回想起来，但经过努力可以进入意识领域的主观经验。潜意识就是指人类心理活动中不能认知或没有认知到的部分，是“已经发生但并未达到意识状态的心理活动过程”，它是原始的冲动和各种本能、通过遗传得到的人类早期经验以及个人遗忘了的童年时期的经验和创伤性经验、不合伦理的各种欲望和感情。我们是无法觉察潜意识的，但它影响意识体验的方式却是最基本的。它最直接地表现在：如何看待自己和他人？如何看待我们生活中日常活动的意义？如何看待我们做出关乎生死的快速判断和决定的能力及我们本能体验中所采取的行动？三种意识好像一座冰山，露出水面的只是一小部分意识，但隐藏在水下的绝大部分前意识和潜意识却对人的行为产生重要影响。潜意识所完成的工作是人类生存和进化过程中不可或缺的一部分。人的精神活动，包括欲望、冲动、思维、幻想、判断、决定、情感等会在不同的意识层次里发生和进行。①

逻辑与意识是有关联的，我们应该理性地看待二者的关系。逻辑与意识的关系，在很早之前是混合在一起的，二者没有明确的边界。但自从弗雷格创立第一个较为自足的形式逻辑系统开始，在人们的观念里“逻辑”与“意识”成为分属不同领域的两个无关词汇，“逻辑”是逻辑学的范畴，“意识”是心理学的范畴，逻辑学与心理学无关。时至今日，仍有许多逻辑学界的同仁甚至还不敢在逻辑学的学术语境中谈论心理学的概念，好像一谈到心理学的逻辑就是“伪科学”、“伪逻辑”或“不懂逻辑”。其实这是20世纪初胡塞尔、弗雷格等人反心理主义思想的延续，也是逻辑主义思想的延伸。事实上，在19世纪末20世纪初西方轰轰烈烈地反心理主义的同时，中华民族的仁人志士们正在掀起一场声势浩大的“文化革新”运动，意图通过引进西方的先进文化实现中华民族的救亡图存。在这场运动中，逻辑学正式进入我国，并承担了“改变国人的心智模式”的重要使命。那么，什么是“心智”？其中除了观念和思维模式之外，最重要的就是个人意识和社会心理。

一方面，逻辑对人的“清醒意识”有明显的影响。“清醒意识”是心理学上的一个词语，是与“潜意识”相对而言的、表征人处于清醒的、能够进行正常思维的一种智力存在状态。一个人是否处于清醒意识的状态，人们通常依据两条基本标准进行衡量，一是是否能对周围环境和自身基本状况进行认知，二是认识的结果是否清晰与准确。“清醒意识”在某种程度上讲，实际上也就等同于我们平常所说的“认知能力”。

逻辑作为一种认知的工具，它能够对人的“清醒意识”产生重要影响。这是因为：第一，逻辑教给了人们全方位透视和解析事物的知识。亚里士多德在创建逻辑学说的同时，就写出了著名的《范畴篇》。《范畴篇》最大的贡献就是提出了十个范畴并对其进行了讨论，使它们成为认识事物本来面目的基本要素，这就是实体、数量、关系、性质、活动、遭受、姿态、时间、地点、状态。“十范畴”理论的建立，使人们在事物认知的过程中能够对事物进行全方位、多视角的分析、概括和总结，把事物立体、清晰地展示出来。第二，逻辑教给了人们正确的分析和综合、演绎和归纳、具体和抽象的思维方法。人们学会了从概念开始，研究概念的内涵和外延，研究事物之间的关系，解决了“如何区分和判定一事物是该事物而

① 弗洛伊德：《弗洛伊德心理哲学》，杨韶刚等译，九州出版社，2007，第19—20页。

不是他事物?”“它有什么本质属性?”“它有哪些形态和类别?”“它和另一事物有什么因果关系?”“它在什么条件下可以发展转化为什么状态?”等一系列问题，从而使科学的分析、推理与随意的猜测、臆想相分离，使科学的论证与混淆是非、颠倒黑白的诡辩相分离，人们从此远离了原始的印象和渗透，远离了模糊和笼统。所以，一个人一旦具备了逻辑思维，他就不但可以改变自身对事物认知的高度、深度、广度和速度，同时也能使自身对事物认识的清晰度和准确度大大提升。正是基于这种机理，我们也就可以说，逻辑能够对人的清醒意识产生重要影响。

逻辑对人的“清醒意识”的影响在现实生活中有许多表现。比如长期学习和研究逻辑的人，经常地、反复地受逻辑的熏陶，就会在不知不觉中形成较为强烈的“规矩意识”“程序意识”，表现在具体的思维和行为过程中就是总爱“按规矩”“按原则”“按程序”说话和办事。这其实就是逻辑的“程式”和“规则”对人们的清醒意识产生的影响。

另一方面，逻辑对潜意识有影响。人的潜意识通常包括尚未觉察的对某些事物的本能反应、情感偏好和趋利避害的心态。本能问题实际上多与生理需求问题相关；情感偏好问题一般来说与价值偏好相关；趋利避害的心态实际上又与人的安全、社交、尊严以及自我价值实现的需求等问题相关。大量的实验证明，潜意识的强弱和日常受外界刺激的频率及刺激强度相关。刺激频率高的东西一般在潜意识中留存的时间就长，影响也就相对较强，反之则弱；同理，刺激强度大的东西在潜意识中留存的相对时间就长，影响也就较强，反之则弱。

逻辑对人的潜意识的影响，心理学上有许多著名的实验（心理学上一般称为训练开发潜意识的储蓄、记忆功能）可以例证。如台湾“中央”大学认知神经科学研究所所长洪兰教授曾做过一个著名的实验，就是让一组幼儿园的学生选择自己的任课老师。选择之前，学校先安排给每个幼儿一个画册，画册里边有好人，也有坏人；在看完画册后，由他们选择长相与画册中人物类似的备选老师；结果证明凡是长相跟坏人相似的老师无人选择，而长相和好人相似的老师几乎全被选中。这个实验说明，人潜意识中的偏好是与他内心的是非、善恶、美丑的标准有关的。另外，美国的历史上也曾经发生过一个著名的事件：可口可乐公司为了提高其产品的销量，在人们经常浏览或观看的电视剧中植入多个时间很短、人们未清晰感知到的可口可乐的画面，结果销售量翻倍增长，以至于最后联邦法院不得不通过裁决终止，并由议会颁布法令，禁止在电视剧中植入广告。这个事例说明，人的潜意识是与日常事物的刺激强度和刺激频率密切相关的。1960年美国著名演讲家麦克斯威尔·马尔茨博士出版过一本在全球销量超过3 000万册的书，名为《心理控制术：改变自我意向，改变你的人生》。全书的核心思想就是“要唤醒你体内的自我意象，运用理性思考的力量获得成功”，也是讲逻辑对潜意识的影响，从而使人内心深处的情感和渴望与其信念和行为相伴，进而产生不竭动力走向成功。①

既然人的潜意识与日常事物的刺激有关，那么“逻辑的理性选择行为”自然就可以通过它在日常生活中的反复对人的潜意识进行渗透。那么，这种渗透又是通过哪些途径、何种方式来实现的呢？这就需要我们剖析逻辑与不同种类的潜意识之间的关系。根据心理学的潜意识分类，人的潜意识通常包含生理需求方面的潜意识、兴趣价值偏好方面的潜意识和安全方面趋利避害的潜意识。逻辑对人们生理需求方面的潜意识的影响不是直接的，效果相对其他两种影响也不是非常明显。逻辑对生理需求方面的潜意识的影响只能是借助于人们在清醒的状态下，通过理性的分析和认知而尽可能遏制多余的、不合伦理道德法规的欲望的生成并减少其留存的时间，弱化那些非理性的、不合法规或不合伦理及现实场景的生理需求呈现的频率和强度，从而减少这种东西在人们潜意识中的残留程度。逻辑对价值偏好的影响是明显的、直接的，它能通过在人清醒状态下的理性选择而不断强化“是非对错”和“善恶美丑”，从而使某些偏好在潜意识中深存、久存，而某些偏好少存、不存，久而久之，人的潜在偏好将被改变。逻辑对人们趋利避害心态的影响实际上也是间接的，它是通过提升人们对事物的理性认知能力，评判能力，及预测、解决问题的能力来产生影响的。它一般是通过对事理的分析、推理和论证，使人们在准确认识事物自身的状态和所处环境的基础上，提出解决问题的思路和对策，进而尽可能减少不合理的预期与过分的担心和焦虑，使人的心理压力缓解，情绪趋于稳定，心态趋于平和。

对于逻辑与潜意识的关系问题，泰勒、弗雷泽、列维-布留尔、博厄斯、列维-斯特劳斯等人都有过研究，尽管列维-斯特劳斯之前一直没有形成定论，但为逻辑和潜意识的关系问题奠定了基础。列维-斯特劳斯在前人的基础上有了重大突破。他在关于人类思维深层结构的研究中不仅承认

① 麦克斯威尔·马尔茨：《心理控制术：改变自我意向，改变你的人生》，洪友译，群言出版社，2007。

潜意识在人类思维中的价值，而且明确提出“人类的潜意识也存在逻辑结构”[①]。在我国有逻辑学界的部分学者在20世纪90年代初期（1990—1993年）也有过研究，杰出的代表是凌立坤、于永萱、高帆和王曦。凌立坤和于永萱写过《潜逻辑学研究》的专著，高帆也写过名为《潜逻辑初探》[②]的文章并发表于《中国人民大学学报》1990年第1期，他们也都提出了类似列维-斯特劳斯的观点。

（2）逻辑能够审验并修正人们的观念。

观念是在长期的生活中直接和间接形成的，潜藏或根植于人们内心深处的某些包含着是非善恶美丑的道德规范、行为的价值判断标准以及对某些事理的观点和信念，如“天道酬勤”“天才出于勤奋”“善有善报，恶有恶报”“勿以善小而不为，勿以恶小而为之”“失败是成功之母”等。本质上，所有观念回答的都是关于人与自我（上帝、灵魂）、人与自然、人与社会的关系问题。从文化的范畴上讲，观念是属于精神文化的范畴，也是文化体系结构中最核心的东西。

人的观念不是先天就有的，而是后天形成的，是在人成长的过程中，在不同的场所如家庭、学校、社会，从不同的社会成员如父母、亲人、老师、朋友、同事等那里通过直接和间接经验而形成的。观念具有相对稳定性，一旦进入人脑会潜藏较长时间，没有强烈的外部因素刺激，它不会发生较大变化。但它也绝对不是一成不变的，它经常也会在外界环境变化或外界因素的刺激下不断反思和调整，尤其是外界环境条件一旦和已经形成的观念发生较大冲突的时候，人们自然就会不断地反思、分析、论证。比如，我们会思考一个社会的道德标准是否具有生命力、某种信念是否适合当下的环境条件、已有信念是先进的还是落后的等类似的问题。当然，一旦发现我们原有的观念与现实不符时，调整也就会随之发生。

逻辑对人们的观念调整具有重要作用。它之所以能够对人们的观念进行调整，是因为它能够对人们的观念进行审验和修正。具体地说，第一，逻辑能够在人们认识事物的本来面目和本质规律的过程中，帮助人们从根本上厘清“某种事物本质上究竟是什么?”“衡量和评价它的标准又应该是什么?”等问题。第二，逻辑能够帮助人们运用有效的推理，来分析和预

① 杨增和：《潜逻辑：列维·斯特劳斯对神话思维的深层拓展》，《零陵师范高等专科学报》2000年第2期。

② 高帆：《潜逻辑初探》，《中国人民大学学报》1990年第1期。

测它是否符合现实情况或社会发展的方向。即在特定的文化背景下我们对事物的判定哪些是对的、哪些又是错的，哪些是善的、哪些又是恶的，哪些是美的、哪些又是丑的等基本问题。尽管这些问题尤其是有关道德和审美的问题，在不同社会阶层、不同主体和不同角度来看均有不同评价，但通过逻辑的分析能够帮助我们正本清源，从而消除概念和评价标准上的含糊。第三，当我们一旦发现原有的观念与现实发生冲突时，能够运用逻辑分析和论证确立起更加适宜现状的新观念。当代认知逻辑研究中有一个重要的研究方向，就是用现代逻辑的方法来表征和处理观念修正问题，这是对逻辑对观念修正能力的最好证明。

逻辑对人的观念的调整作用，在现实生活中有许多典型事例。比如金岳霖先生在20世纪50年代早期持有“小逻辑观”，但随着他对逻辑研究的深入逐渐转向了“大逻辑观”，为什么他会转向？这是与他用逻辑的方法重新对“逻辑研究对象”的反思和审视分不开的。张东荪先生在早期坚持“一元逻辑观”，到后期转向了“多元逻辑观”，作为一个逻辑学者，他的观念转变难道与逻辑无关？否认逻辑对其观念转变的影响恐怕是难以让人信服的。还有维特根斯坦，他的思想前期和后期也发生了巨大变化。前期他解构哲学，坚持让哲学成为语言学问题，提出哲学必须直面语言，“凡是能够说的事情，都能够说清楚，而凡是不能说的事情，就应该沉默”，他认为哲学无非是把问题讲清楚。后期他又主张让哲学回归哲学，在解构之后又是建构，他认为创造一套严格的、可以表述哲学的语言是不可能的，因为日常生活的语言是生生不息的，这是哲学的基础和源泉，所以哲学的本质问题应该在日常生活中解决，在“游戏”中理解游戏。维特根斯坦前后期思想观念发生了巨大变化，他的观念变化源于他自己长期的独立思考，思考焦点在于如何成为一个“形而上学的自我”，一个可与世界不断进行信息交流的自我。维特根斯坦是世界著名的逻辑学家，促成他观念转变的绝非感性的臆断，恰恰相反，背后支撑他转变的正是逻辑理性。河南大学的郭桥教授在《逻辑与文化——中国近代时期西方逻辑传播研究》一书中，曾详细介绍了近代逻辑的引入对中国哲学家、教育学家、历史学家及科学家，如梁启超、王国维、胡適、竺可桢、张君劢、丁文江、胡明复、任鸿隽、王星拱、严复、孙中山、徐特立等人的思想观念的影响，这些都是很好的例证。

资产阶级启蒙运动的代表卢梭曾说，“历史的实践证明，人类社会的进步和科技的发展，每一次思想的进步，都离不开人们对过去的反思，而反思的工具，正是逻辑”①。有人曾说“十七世纪笛卡尔的思辨哲学是对长久统治人们思想的中世纪神学笼罩的反省，也是对世界存在的真实性的反思。……厘清与摧毁那些欺骗与诱惑人心的假信念，是他对人类所做出的重要贡献”②，而笛卡尔所使用的最重要的手段就是理性的、逻辑的反思。

（3）逻辑能够变革人的思维方式。

“思维方式”是人们日常使用频率较高、应用领域较广的名词。但正因如此，人们对它的理解和使用也出现了很多差异，迄今为止，不仅在其概念的定义上不同的学科有不同的说法，就是在类型的划分上也是标准不一、内容繁多。从哲学上讲，思维方式就是指思考问题的途径、程序、步骤。从传统心理学的角度看，思维方式是指人们用来处理信息和感知周围世界的一种思维习惯。从文化学的角度看，思维方式就是指处于文化结构中最核心的，联系人类心理、意识、价值观念和外部行为的，并使人的思想转化为行动的精神文化。角度不同，所体现的含义和性质也各有差异。

思维方式有很多种类，按不同的标准划分会有不同的结论。江苏省委党校梁作民教授等人编写的《当代思维哲学》把思维的类型划分为：抽象思维与形象思维，经验思维与理论思维，情感思维与理智思维，常规思维与非常规思维，情感思维与直觉、顿悟和意志。这实际上是以经验还是理性、情感还是理智、常规还是非常规、长久的情感还是短暂的直觉顿悟等为标准划分的。华中科技大学刘家俊教授著的《超越逻辑的思维》，把逻辑思维之外的思维分为超逻辑的思维和反逻辑的思维，其中超逻辑的思维又包括直觉思维、灵感性思维、形象性思维、体悟性思维，反逻辑的思维又包括智辩性思维和幽默性思维、悖论性思维和背反性思维。除此之外，还有很多按照思考对象、思维原则等进行划分的思维类型，比如经济思维、科学思维、数学思维，以及战略思维、底线思维、系统思维、辩证思维等。这些实际上都不是严格意义上的思维方法，大多只是意识、精神、心理的代名词。

逻辑思维是抽象思维、理论思维，是用概念、判断、推理、论证等思维形态进行信息处理的思维类型，它遵循由简单到复杂、由模糊到清晰、由现象到本质、由已知到未知的一个不断上升的认识过程。

逻辑学对人类的思维方式有很强的规范作用。最明显和最直接的表现

① 卢梭：《卢梭民主哲学》，陈惟和等译，九州出版社，2004，第135—137页。

② 笛卡尔：《笛卡尔思辨哲学》，尚新建等译，九州出版社，2004，第66页。

就是：它一旦被人们学会并灵活掌握之后，人们就会自觉不自觉地运用逻辑思维的形态如概念、判断、推理、论证，以及逻辑思考的方法如程序、路径和步骤思考问题；与此同时，其他思维方式将很快被它统摄、调整和修正。在这个方面有许多例证，比如冯友兰在学习逻辑之后用逻辑重建中国哲学体系；梁启超在学习逻辑之后开辟了中国逻辑史研究的新方式；蔡元培在学习逻辑学之后经常使用归纳与演绎法，并大力倡导在科学研究中要用归纳与演绎法；竺可桢在学习逻辑之后不仅在科学研究和理论著作撰写中广泛使用逻辑方法，在实践中也自觉用演绎、归纳、类比等不同方法来解决具体问题；张君劢在学习逻辑之后不仅用逻辑方法论证思想、撰写著作，还用逻辑二分法对科学进行分类；丁文江在学习逻辑之后不仅用逻辑写成《科学化的建设》一文，还在其中强调在科学研究中必须使用逻辑方法。19 世纪末 20 世纪初我国进行的规模空前的、以引进西方先进文化为主要内容之一的“救亡图存”和“文化革新”运动，主要目的就是“变革国人的思维模式”。由此可见，人们对逻辑在变革思维方式中的重要作用是早有认识的。

逻辑之所以能够对人的思维方式产生影响，主要基于三个方面的原因。一是逻辑思维方式为人们提供了由浅入深、由简单到复杂的多种思维形态，如概念、判断、推理、论证。而这些思维形态一旦被人们熟知并灵活运用，就将成为人们在每个具体的思维过程中所不可或缺的东西。离开这些思维形态，人们的思想也就丧失了承载它的媒介，思维过程就难以展开，人们对事物的认知也就难以实现，更不用说认识的深度、高度、广度。二是逻辑思维为人们提供了一种科学、合理的思维运行程序。逻辑思维对事物的思考首先是从概念开始的，然后由概念形成判断（命题），再由判断（命题）构成推理，再由推理形成论证。正是在这样一种特殊的程序带领和导引下，人们的认识才由表及里、由浅入深、由模糊到清晰、由现象到本质、由已知到未知，实现了层层递进。如果没有这套程序，逻辑思维也就难保有序运行。而这种程序具有很强的规约性，一经掌握，人们就很容易发现其相对于其他思维所具有的优越性和科学合理性，也就再也不会像原来那样让思维在无秩序中跳跃。三是逻辑的内在机理保证了推理论证过程的严密性，保证了逻辑推理结果的可靠性，能对人产生强大的吸引力。演绎逻辑讲求的是“必然得出”；归纳逻辑虽然难以做到“必然得出”，但强调前提和结论之间的“因果关联”；辩证逻辑虽不同于演绎逻辑和归纳逻辑，但它坚持用对立统一、质量互变、否定之否定的规律去认识和分析问题，能使我们对事物的认识更加系统和全面。这些品质较好地保证了逻辑思维的科学性，而这些也正是其他非逻辑思维所没有的。因此，逻辑思维获得了其他非逻辑思维所没有的吸引力，人们会不由自主地去拥抱逻辑。

正因为逻辑思维具有这些明确的思维形态，并有特定的思维流程和多种机理的规约，人们思维的速度更快、质量更好、效率更高；而其他思维模式无论从清晰准确的程度，还是从最终思维结果的可靠性、满意度上都难以与之匹敌。所以，逻辑对人的思维模式的变革也就自然形成了。

当然，逻辑对人们思维的规范不是说逻辑思维就会完全地、绝对地取代其他思维。取代论的观点是既不符合事实，也不符合人类思维的规律的。人类在漫长的生存繁衍的历史中，在和大自然的和谐发展中，已学会并拥有了多种思维方式，即便是对每个个体而言，其在家庭、学校、社会的不同环境里学习和传承的也不止一种思维方式，人们在不同的环境中，面对不同问题可能还会用其他种类的思维方式去分析和处理问题；但无论如何，在绝大多数的情况下，尤其是在需要理性思维、抽象思维和理论思维的情况下，人们最主要的思维方式还是逻辑思维。

（4）逻辑能够调整人的行为模式。

人的行为模式是指人在认识问题和处理问题时经常表现出来的行为动作的程序、步骤、力度、节奏的综合式样。行为模式通常强调两个重要的方面，一是行为动作的流程和步骤，二是行为中持久、稳定地表现出来的个人风格（与他人的差异）和独有的特点。非稳定和非持久的习惯均不能构成所谓模式。

行为模式包含许多方面的表现。比如人的说话方式、走路方式、吃饭方式、睡觉方式，甚至笑的方式、哭的方式都属于行为模式。行为模式一般不包含人在做事时的精神风貌和个人气质，那些属于人的精神特征的范畴。凡是有行为能力的主体，都具有特定的行为模式。大到一个民族、一个国家、一个社会群体，小到每个个体，其行为都是具有一定模式的。

行为模式的形成是受社会文化环境等多方面的因素影响的，但最主要的、对其起决定性作用的内在因素是人的价值观念和思维模式。有什么样的价值观念和思维模式，就会有什么样的行为模式。凡是具有相同价值观念和思维模式的人通常会具有相近或相同的行为模式，而具有不同价值观念和思维模式的人一般具有不同的行为模式。现实中我们常常能够发现，世界上不同地区、不同国家和不同民族的人们具有不同的行为模式，而同一地区和同一民族的人们又有相同的行为模式，其中最主要的原因就是人类的行为是由内在机制决定的，即受一定的观念和思维程式支配的。

人的行为模式不是一成不变的，而是受环境的影响而不断变化的。华生是美国行为主义心理学的创始人，他有一段话很著名："请给我十几个健康而没有缺陷的婴儿，让我在我的特殊世界中教养，那么我可以担保，在这十几个婴儿之中，我随便拿出一个来，都可以训练他成为任何一个专家——无论他的能力、嗜好、趋向、才能、职业及种族是怎样的，我都能够训练他成为一个医生或一个律师或一个艺术家，或一个商界首领，或者甚至也可以训练他成为一个乞丐或窃贼。"① 他的这段话一直被人们公认为环境决定论的最典型的体现。他认为人的行为模式与遗传的因素有关，但主要是后天的影响形成的。② 而后天因素是什么？同样身为美国心理学家的马斯洛做了直观明了的回答：一个是观念，另一个就是思维方式。③

逻辑作为一种理性的思维模式能够调整人的行为模式。这是因为人的行为实际上就是思维的外化。在人们运用逻辑思维来建构应对和处理问题的方案或行动计划时，实际上已把这种思维路径、程序和步骤融入了其中。在具体的行为过程中，人们先做什么，后做什么，甚至每步如何做，做到什么程度，动作之间如何相互衔接，等等问题，都将随着个体思维的运行模式渗透到一个个具体事件的处理过程中。久而久之，这些带有逻辑思维特征的东西也就呈现在人的行为中并成为表征人的行为模式的重要内容。所以，如果承认逻辑变革人的思维模式，自然也就必须承认逻辑对人的行为模式的调整。

逻辑对人的行为模式的影响在许多逻辑学人的身上有明显体现，尤其是那些著名的逻辑学家，他们的行为受逻辑的影响要比常人更加突出。因为行为模式是思维方式的外在表现，二者具有内在关联，我们在前文中对逻辑变革人的思维方式做过例证，在此不再赘述。

2.3.2　逻辑能够影响文化理论与实践的发展和创新

相对于精神要素而言，文化理论的创立和文化理论指导下的各种社会活动均是可观感的实践性行为，考察逻辑在文化理论与文化实践过程中的

① 叶浩生：《西方心理学的历史与体系》(第二版)，人民教育出版社，2014，第 199—207 页。

② John Broadus Watson, *Behavior: An Introduction to Comparative Psychology*, New York, Henry Holt, 1914.

③ 马斯洛：《马斯洛人本哲学》，成明编译，九州出版社，2004，第 71 页。

作用也就等于是从实践维度考察和证明逻辑对文化具有反作用。

（1）逻辑能够影响各种文化理论的创新及人文社会科学的发展。

文化理论的创新就是指人们在文化理论的高度、深度、广度等多个方面的拓展或范式的更新。文化创新的内容十分广泛，形式丰富多彩。但通常来说，文化理论的创新是和自然科学及人文社会科学的发展密不可分的，尤其人文社会科学是文化思想在各个具体学科领域的直观反映。一个国家人文社会科学建设和发展的状态直接反映着该国文化发展和建设的总体状态。人文社会科学的界定和研究越是明确和精细，文化就越是发达和先进。可以说，人文社会科学是文化建设的晴雨表。

逻辑对人文社会科学的影响不是直接的，它是通过影响人们对各个人文学科的观念、认知方式和建构方式来进行的。这是由逻辑对文化产生作用的内在机制决定的。逻辑对文化产生作用，具体的对象是人的意识、观念、思维方式和行为方式；机理是在特定的主体和特定的环境下，逻辑首先影响人的意识、潜意识、观念、思维方式、行为方式等精神要素，之后通过它们之间的相互作用，使主体确立具体的行动目标，设计具体行动方案并依据方案持续努力，在主体一步步实现其行动目标的过程中完成并体现其作用。从本质上来说，这个过程是抽象的，其作用也是难以直观感受的。但当这个过程一旦结合了具体、明确的承载实体，逻辑的作用就会通过实体前后不同状态的对比而被凸显出来。

各个人文社会科学在逻辑的作用下所发生的变化是逻辑对文化具有反作用的外在的、具体的表现。近代中国人文学科的变迁就是所说的这个典型事例。中国是文明古国，有着深厚的文化底蕴，有许多优秀文化值得中华儿女世代传承。但由于传统观念和思维方式的落后，再加上古代语言晦涩难懂，使得我国古代多个人文学科如哲学、伦理学、政治学、社会学、教育学的思想混杂在一起。不仅各个学科之间的界限缺乏严格的界定，学科对象也不明确，而且内容体系不完整，概念思想不清晰，推理论证不可靠。零散、粗浅、含混的状况，严重影响了各个人文学科的发展。西学东渐以来，冯友兰、王国维、陈寅恪、胡適、蔡元培、金岳霖等一大批仁人志士把逻辑方法引入各个学科，明确了学科研究的对象，厘清了研究范围，重构了学术体系，重修了学科内容，更新了研究手段，论证了科学思想，使中国哲学、史学、教育学、文学、政治学、伦理学、社会学、艺术学等一大批学科以崭新的面貌呈现在世人面前，极大地加快了我国各个人文学科的发展。① 这是逻辑对文化理论的创新和文化学科的发展能够产生重要影响的有力证明。

（2）逻辑能够影响多种文化实践的状态和水平。

文化实践，从广义上讲，包括人类在生产、生活过程中改造自然、社会和人自身的一切物质活动；从狭义上讲，主要指人们在政治、经济、文化、科技、社会事务管理等方面的活动。文化实践活动表面看来，似乎与逻辑没有直接关联，但如果要仔细分析，我们就会发现，逻辑与文化实践之间具有十分密切的关系。一个国家的政治是否民主、经济是否繁荣、文化是否先进、科技是否发达、国力是否强盛以及各种社会管理工作是否完善等都是离不开逻辑的支撑的。逻辑不仅是民主政治建设的基石，也是经济建设的基本保障，更是科技文化的有力支撑。

逻辑之所以能够对文化实践产生重大影响，主要是因为，首先它能够帮助人们正确认识实践对象的本来面目和本质规律。比如什么是科学发现、科学发现的本质是什么、科学发现有什么特点和规律、科学发现的评价标准是什么等等。其次它能够帮助人们立足现实，权衡利弊，确立实践的目标，制定行动的方案，明确实践的途径、程序、步骤。比如我们现在搞海洋科考行动，每次科考都要确定科考的目标是什么、科考的方案是如何设计的，以及它要通过哪些途径、哪些程序和步骤等。最后它还能够帮助人们预测到实践行为最终可能出现的结果，并给出评价实践是非好坏和成败得失的标准。比如生态建设是当前世界性的热门话题，我们的生态建设规划也已实施很多年，那么建设的成效究竟如何？还存在哪些问题？是否已达到预想目标？要搞清这些问题，就需要逻辑的支撑。

人类有记载的文明已有数千年，逻辑产生也已有 2 500 年左右，逻辑对人类的生存和发展及人类社会的文明进步做出了巨大贡献。今天无论是我们生存的空间还是可活动的范围，无论是我们的衣、食、住、行等基本生活条件还是学习、工作、生活、交往的基本方式，和过去相比都已发生了翻天覆地的变化，许多方面是我们远古的祖先们无论如何也难以想象到的。而之所以能有这样的变化，直观看来是科技、文化的快速发展，但潜藏在其背后最重要的东西其实是人类思维方式的变革。然而，在众多的思维方式中，逻辑思维才是真正的主导和核心。

---

① 郭桥：《逻辑与文化——中国近代时期西方逻辑传播研究》，人民出版社，2006，第122—287 页。

第三章　逻辑文化功能的生成过程及机理

在文化视域中对逻辑与其他文化现象之间的关系进行了辨析，我们就懂得了逻辑不是被动存在的，它也会对人的精神文化要素和其他文化现象产生作用，这也就从另一个角度说明逻辑是具有一定功能的，那么，接下来就需要讨论文化视域中的逻辑功能究竟是如何形成的。

要讨论逻辑功能是如何形成的，就需要弄清“逻辑功能”本身有什么含义、它的形成又与哪些因素有关，不同逻辑类型的功能又是经过哪些过程、依据什么样的机理生成的等一系列问题。下面就对这些问题逐一展开分析。

3.1　文化视域中对逻辑功能的解读

3.1.1　功能的定义和分类

“功能”一词，通俗地讲，就是指一事物能够完成某些特定任务、满足某些特定需求或能够帮助人们实现某种愿望所显示出来的有用性。功能包含多种类型。从不同角度按照不同的标准，能够划分出很多功能类型。

按照功能的性质，可把功能划分为满足物质需要的功能和满足精神需要的功能。满足物质需要的功能就是指某种事物具有的能够满足主体对特定物质的需求而体现出来的功能，如食品、衣物可满足人们进食和取暖的需求，这种功能就是物质性功能（或称工具性功能）。满足精神需要的功能就是指某种事物所体现出来的能够满足主体在精神意念方面的需求的功能，如某些证书、某种荣誉称号等可使获得者得到一定程度的精神满足，这种与获得者的精神偏好或主观意识相关联的功能，就是精神性功能。

按照主体的需求意向，可把功能划分为必备功能和非必备功能。必备功能通常是指为满足使用者的需求而要求事物必须具备的功能。比如钢笔必须能够用来写字，手机必须能够通话等，这些功能就是它们的必备功能。非必备功能是指对于特定使用者而言可有可无的功能。比如钢笔可以作为装饰品，也可不用于装饰；手机可以用来计时，也可不用于计时；等等。这些功能就是非必备功能。

按照事物本身的构成及运行结果所形成的功能，可把功能划分为主体功能和辅助功能。主体功能主要是指与客体对象存在的主要目的直接相关的、与其他事物相区分的功能，这是某种特定事物之所以能够存在的主要依据。辅助功能就是指为更好地实现主体功能而不得不附带产生的、能够完成其他次要服务的功能。比如餐桌可以为吃饭服务，也可以用来放置杂物。方便吃饭就是其主体功能，而放置杂物就是其辅助功能。

按照事物产生作用的方式，可把功能划分为直接功能和间接功能。直接功能就是指某种事物所具备的、能够通过直接作用满足特定对象在物质或精神方面的需求所体现出来的功能。间接功能就是指事物通过间接作用而体现出来的能够满足特定对象在物质或精神方面的需求功能。比如美食可以充饥，也可让人产生饱腹之后的愉悦，饱腹就是其直接功能，愉悦就是其间接功能。

按照可认知的清晰程度和明确程度，可把功能划分为显功能和潜功能。显功能通常是指那些较为明显的、易于被人们普遍认知的功能。而潜功能通常则是指那些不太明显的、平常又不易被人们认知的功能。显功能大家容易理解，但对于潜功能可能感受不深。实际上，潜功能问题在日常生活中也普遍存在。就比如我们每天都在使用手机和电脑，人们能够普遍感受到手机和电脑的好处——可通过它们实现即时通话、信息查询、网上购物等，这都是其显功能。但同时，它们也给我们带来了好多问题——让我们很容易在不知不觉中形成依赖，让我们每天在海量的碎片化信息包围中失去深度思考，让我们沉迷于某些娱乐游戏浪费时光，等等，这些功能虽然不易察觉，但都是客观存在的，这就是它们的潜功能。

按照事物对评价客体的目标效用，可把功能划分为正功能和负功能。正功能通常是指有助于正面目标达成所体现出来的正面功能。负功能则是指有悖于目标达成所体现出来的负面功能。正功能和负功能较容易理解，在日常生活中我们经常能够感受到。比如我们在生病之时会经常吃某些药品，这些药品能够治疗某种疾病，这就是药品的正功能；但与此同时，它也会相应地在一定程度上损伤胃、肝、肾等器官，这就是其负功能。

对特定事物所具有的功能进行描述，人们常常会根据不同场域和不同需求做出不同选择。有时使用的是某个方面的功能，有时是多个方面的功能组合进行的。

3.1.2 功能和作用的区别与联系

“功能”和“作用”这两个词汇，人们常常是在含混不清的状态中使用的，经常会把功能说成作用，也经常把作用讲成功能。其实，功能和作用不是相互等同的概念，二者既有联系也有区别。

功能和作用的区别主要在于：“功能”是内生的，或者说是事物与生俱来的东西，通常是指“它本身能干什么”，这是由其构成要素、构成方式、运行过程、运行机理及在场的方式决定的。一个事物本身一旦具有了特定的构成要素、构成方式、运动过程和运行机理，就决定了其功用性，亦即其所具有的功能。例如电脑是用来处理数据的，水杯是用来盛水的，台灯是用来照明的，等等。而“作用”是外在的，是相对于特定主体而言，指某种特定的事物是否具有某种效用，“作用”通常是指“能够用来干什么”。一个事物是否有用、有什么用、有多大的作用，这些问题不完全取决于我们所要研究的特定对象本身，还与使用者和评价者有关，甚至在很大程度上取决于评价主体要从哪个角度、以哪种标准以及用来做什么而定。因此，就作用而言，即使是某一特定事物，对于不同主体的作用常常是不一致的，有时甚至是有较大差异的。有时候对某些主体有用的东西对于其他主体而言可能是无用的；有时候对于某些主体是正面作用，但对于另外一些主体却可能是负面作用。比如一张书桌，对于有的人来说可能是用来读书写字的，但对于另外一些人来说可能是用来摆放东西的。对于一个读书写作的人而言，它是必不可少的，但对于一个从不看书写字的人来说是可有可无的，甚至对于一个居住空间狭小的人来说可能还要嫌弃它白白占用了一些摆放空间。

但是，功能和作用也有联系，有时候二者是一致的。这种情况主要是发生在行为主体使用该事物并发挥了其自身的主体功能，或者评价者言说该事物的作用是以其主体功能为依据的时候。比如：我们问，电脑的功能是什么？电脑有处理文字的功能。那么我们再问，电脑有什么用？我们同时也会说电脑有处理文字的作用。这种情况下，答案是一致的，原因就是你在谈到电脑的作用时讲出了电脑的主要功能。那么，电脑的作用是不是就只能用于处理文字？绝对不是。在紧急的情况下我们甚至可能把它拿来支撑某个倾斜的书桌。这时候它起了什么作用？是支撑桌腿以达到桌面平衡的作用。在这种情况下电脑的功能与电脑的作用实际上就产生了差异。为何会有这种差异？就是因为这时的电脑所发挥的作用不是其主要作用而是附加作用。当然，支撑桌子的平衡，是不是电脑具有的功能？也可以说是它的辅助功能，是从其形状、构造而延伸出来的，但不是我们通常意义上的电脑的功能。

3.1.3　影响功能的主要因素

世间万事万物，只要其能够存在，总有其存在的理由。换句话说，也就是在某种意义上讲，它均会具有一定的功能。无论是物质性功能还是精神性功能，是正功能还是负功能，是直接功能抑或间接功能，只要我们去深入研究，就能够发现一旦具备了发挥功能的条件，它就能够完成某些特殊的使命，显示出其存在的独特意义和价值。

那么，事物的功能究竟是如何生成的？它又受哪些因素的影响和制约？这就需要我们从众多的经验材料中找出答案。我们不妨来分析一下：为什么不同的事物会有不同的功能？首先，我们可思考这样一个问题：在做饭炒菜的过程中我们都会用到铁锅和木铲，为什么锅就能用来盛放饭菜、煮饭、炒菜，而木铲就不能用来盛放饭菜、煮饭，只能翻炒东西？主要是因为形状不同，另外是与其材料有关。这就说明功能首先与材质和造型是相关的。其次，我们需要思考，为什么母鸡能下蛋而猴子不能下蛋？这是因为二者构造不同。猴子无能下蛋的身体器官，而母鸡有能下蛋的特殊器官。二者的构造不同、身体构件（或元器械）不同。这也就说明，某事物所具有的功能还与其构成要素密切相关。另外，还有一个例子，我们都知晓，金刚石和石墨两种东西，构成材料相同，而性能和功用却不同，为什么？主要是因为它们所处的环境不同、形成过程不同而最终导致了构成方式的不同。这也就说明，事物所具有的功能还与构成要素的组合方式、构成过程密切关联。综合这些不同的事例，我们可以得出这样的结论：事物所具有的功能本质上是与其构成要素、构成方式、运行过程（或形成过程）、运行机理密切相关的。除此之外，我们很难再找出其他因素。

当然，一个事物本身具备了某种功能，但并不一定总能够得以展现，还要受到环境条件等多种因素的限制。在不具备其功能的情况下，也未必能够体现出来。这实际上已是另外一个问题，我们在此不再做专门讨论。

3.1.4 文化视域中对逻辑功能的阐释

逻辑不是有机体，本身并没有生命学意义上的行为能力，没有人类对它的运用，它自身做不了任何事情。因此，我们所讲的逻辑功能实际上是一种拟人化的、带情感色彩的表达。文化视域中的逻辑功能，就是指逻辑通过被人们使用，从而完成某些任务、实现某些目的，及人类在对逻辑的使用中对人类自身产生了某些影响的综合表达。

因为文化视域中的逻辑功能包含了它被人们使用从而完成某些任务并对人类自身产生了某些影响，所以逻辑功能也就包括了两部分内容：一是它被人们用来处理问题时所表现出来的工具性功能，亦即它能帮助人们做什么的问题；二是它对人类自身产生影响而形成的精神性功能，亦即它对人类有什么影响，或能使人的精神状态发生哪些变化的问题。

从文化学的视角看，逻辑究竟具有什么功能，首先是与逻辑创建者想解决什么问题有关；其次更重要的是，这些不同的逻辑类型究竟能解决什么问题。前者涉及不同时期的社会需求和那些不同类型逻辑的创建者们所怀有的精神追求；后者主要与不同逻辑类型的构成要素、构成方式、运行过程、运行机理有关。今天的我们，尽管也可通过查证不同时期的历史资料来了解他们当时的境遇、肩负的使命及怀有的初心，获得较为精准的认知，但要解决“逻辑究竟能做什么?”“逻辑具有什么功能?”最终还需要回到那些可具象的特定的逻辑类型之中。只有通过对不同逻辑类型的构成要素、构成方式、运行过程、运行机理进行细致的解析，才能透视出其最真实的价值。

所以，逻辑功能的生成本质上是与不同类型逻辑的构成要素、构成方式、运行过程和运行机理密切相关的。

3.2 文化视域中逻辑功能的生成过程

逻辑学科中有多种逻辑类型，如演绎逻辑、归纳逻辑、辩证逻辑、数理逻辑、现代逻辑等。不同的逻辑类型创建于不同的时代，有不同的构成要素和构成方式、不同的运行过程和运行机理，也在不同时期解决了不同的社会问题，进而表现为不同的功能优势。因此，研究逻辑功能的生成过程需要对不同的逻辑类型做不同的分析。

3.2.1　传统形式逻辑功能的生成过程

传统形式逻辑主要是指传统演绎逻辑。作为一种思维模式，它包含了四种思维形态，即概念、判断、推理、论证。概念是名称与事物或事实的联结，是思维的细胞、思想的原子，形成了概念才具备了组成思想运行基本单元的前提。判断是概念与概念之间的联结，是思想的基础和最小单元；没有准确的判断，就没有能把思想的列车向前开动的可能。推理是判断与判断之间的联结，是思维的灵魂，任何有创见的思想都是推理的结晶。[①] 论证是概念、判断、推理的综合运用，是完成特定任务的必经历程；没有论证难以从单个概念、判断转变为有效的方案。四种思维形态既相互独立，各为一个独立的分部，但同时又密切关联。一个完整的思维过程必须是这四种思维形态的有机组合。所以，传统形式逻辑的构成从大的分部来讲就包括这四部分内容（当然，每个分部又有许多规则，我们在此不再细分）。要全面理解传统形式逻辑就必须清晰地了解这四种思维形态，如果只看到其中一种形态而排斥其他形态是有很大局限的。

传统逻辑的形式目前主要包括：概念形式、判断形式及推理形式，因论证问题较为复杂，还尚未形成较为公允的形式化系统。概念通常是用自然语言或文字符号来表达的，如 S、M、P 等。判断通常是由自然语言或字母符号表达的。字母符号的形式一般是“S 是 M”、“M 是 P”或“S 是 P”等形式。推理的形式实际上就是我们经常所说的三段论形式。三段论理论是传统形式逻辑的核心。三段论的构成包括：三个词项——大项、小项、中项；三个判断——两个前提和一个结论。三段论的推理类型，亚里士多德划分了三个格。第一格的结构是：PM，MS，├PS。在这种类型的推理中，中项在两个前提中的位置是一主一谓。第二格的结构是：MP，MS，├PS。在这种类型的推理中，中项在两个前提中的位置均是主词。第三格的结构是：PM，SM，├PS。在这种类型的推理中，中项在两个前提中的位置都是谓词。形式逻辑的结构其实主要也就是亚里士多德讲的三个格的结构。

传统形式逻辑的运行过程实际上就是从逻辑要素的参与开始，帮助人们完成思维过程的不同阶段的发展和转换的过程。一次完整的思维过程或

① 靳金贵：《从功能角度看逻辑在现实中的存在方式》，《湘潭大学学报》（哲学社会科学版）2018 年第 3 期。

一个完整的逻辑运行过程其实就是由信息到概念，再由概念到判断，然后由判断到推理的一次或数次过程的有机组合。每个逻辑过程大约由以下几个阶段构成：第一阶段是形成概念阶段。这个阶段人们主要是通过不同的方式和途径，获得有关事物的多个角度和层面的表象知识，并在此基础上按照“属加种差”的定义方式对事物做出定义，形成概念。这是形式逻辑中“概念理论”部分所要解决的主要问题。第二阶段是由概念到形成判断的阶段。形成概念只是完成了对事物认识的第一步，仅是明确了其之所以区别于它事物的本质规定性，即内涵及外延的对象和范围，但对于事物的性质、状态和与相关事物的关系等问题还未做出任何断言，这是远远不够的。现实生活中我们经常需要对事物的性状关系等问题做出断言，这就需要在概念的基础上加上描述有关事物性质、状态、关系等的词项来形成判断。这个过程就是形成判断的过程。第三阶段是判断加判断推理得出新判断的阶段。有了判断是完成了对事物的某种断言，但每个判断只是一个单独的句子，要想在已有的句子所表达的知识之外，再获得新的知识，就必须要找出句子之间的关联并使其建立关系，从而产生可推导出来的新判断，这就是推理过程。传统形式逻辑的推理，实际上仅是由“一般”推导“个别”的过程。第四阶段是由多个推理过程组合形成论证的阶段。某个或某次推理过程仅是完成了对事物一个方面的推理，建立了一种“因果关系”，但现实中有好多问题不是“一因一果”，经常是“一因多果”、“一果多因”或“多果多因”，这样在分析或说明事物的存在原因之时可能就需要几个推理来进行组合，由此也就产生和形成了论证。论证是较为复杂的思维形式，也是整个思维过程的高级阶段和最后阶段。

每次完成一个由零散的知识到概念，由概念到判断，再由判断到推理，最后再由推理到论证的过程，实际上也就是完成了一次相对完整的逻辑运动过程。现实中的诸多问题往往不是一次逻辑运动就可解决的，可能会需要多个过程的复合。但无论多少次的复合过程，其实本质上都是逻辑运动的有机组合。

3.2.2 归纳逻辑功能的生成过程

归纳逻辑有多种类型，包括枚举推理、统计推理（完全归纳推理、科学归纳推理）、类比推理、因果推理和溯因推理。枚举推理就是通过对若干个体情况的不完全列举，或者说是部分列举，最后得出普遍结论的推理方法。统计推理是以统计资料或数据为前提，以概率理论为基础的一种带有明显数学特征的计算性推理；它是一种现代意义上的归纳推理，经常被用于证明各种统计假说的合理性。研究这种推理是数理统计的任务，但对这种推理做出评价则是归纳逻辑的任务。类比推理是根据事物之间具有某些相同属性、相似结构和相近功能等共同条件，从一事物具有某种性状而推出另一事物也具有同样性状的推理方式。因果推理（或叫密尔排除推理）是根据已知条件寻找某种原因或导致某种结果的推理方式。溯因推理是根据已有结果寻找事物形成这种结果的原因的推理方式。①

归纳逻辑究竟有哪些构成要素？这的确不是一个容易回答的问题。迄今为止，尚未有人做过专门论述。这一方面可能是因为归纳逻辑的类型较多，相互之间又有较大差异，不好找到共性；另一方面可能也是因为归纳过程不像传统形式逻辑那样有明确的思维形态和发展脉络。但不好归纳并不等于不存在，我们坚信只要它是能被人们捕捉到的思维类型，而且又在人类的生活中如此适用且为人们所掌握，就一定可以表达出来。

我们可类比传统形式逻辑的思维过程来做一下解析，看看整个归纳逻辑的发展过程中我们从哪里开始，经过哪些步骤，又到哪里结束。归纳逻辑尽管类型较多，但是它们所要做的基本工作是类似的。第一步必须要进行观察和实验。这是一切归纳逻辑的共同起点，也是归纳推理的前提和基础。第二步就是要进行分析和比对，这是归纳逻辑的核心过程和灵魂，归纳的不同方法主要体现在这个环节之中。第三步就是提出假说，也就是在对比分析的基础上提出初步结论。第四步是验证假说，审验结论的可靠程度或可信度。

那么，第一步取得了什么成果？是取得了实验数据或形成了初步判断。第二步是得到了分析比对结果，第三步是建立了假说，第四步是形成了结论。至此，我们也就基本获得了所要寻找的答案：归纳逻辑是由实验数据（或判断）、分析结果、假说和结论构成的。

按照归纳逻辑的不同推理类型，可分别将其结构描述如下：

（1）枚举推理的结构模型：

S_1 是 P

S_2 是 P

S_3 是 P

…………

① 任晓明、熊立文、黄闪闪等编著：《归纳逻辑教程》，南开大学出版社，2012，第 29 页。

Sn是P

S_1，S_2，S_3，…，Sn是P，且没有遇到相反情况

所以，所有S都是P

（2）统计推理的结构模型：

________%的 A_1 是B

________%的 A_2 是B

所以，A中有________%是B

（3）类比推理的结构模型：

A和B在相关方面类似

B有性质P

所以，A有性质P

因果推理与上述三种推理有较大差别，是另一类使用比较广泛的推理。因果推理又包含契合推理、差异推理、契合差异并用推理、剩余推理、共变推理几种类型。

（1）契合推理的结构模型：

A，B，C———— a，b，c

A，D，E———— a，d，e

…………

所以，A和a有因果关系

（2）差异推理的结构模型：

A，B，C———— a，b，c

B，C———— （无a）b，c

所以，A和a有因果关系

（3）契合差异并用推理的结构模型：

正面场合：A，B，C———— a，b，c

A，D，E———— a，d，e

A，F，G———— a，f，g

反面场合：B，M，N———— （无a）b，m，n

D，Q，P———— （无a）d，q，p

F，Q，R———— （无a）f，q，r

所以，A和a有因果关系

（4）剩余推理的结构模型：

A，B，C———— a，b，c

B———— b

C———— c

所以，剩余部分 a 的原因是 A

（5）共变推理的结构模型：

A_1，B，C———— a_1，b，c

A_2，B，C———— a_2，b，c

A_3，B，C———— a_3，b，c

…………

所以，A 和 a 有因果关系

归纳逻辑包含的类型较多，对归纳逻辑的运行过程进行分析，需要先对不同的归纳方法做一下简单的过程梳理。

枚举推理的过程大致可分为三步。第一步是把事物存在的性状逐一列出；第二步是寻找众多的个别事物的通项或总体概念；第三步是把个别事物具有的某些性状或关系赋予总体概念，得出总体概念（或集合概念、普遍概念）也具有这些性状或关系的判断（结论）。

统计推理和枚举推理有较为类似的过程，也要通过三步来实现，不同的只是枚举推理把个别事物存在的性状部分列出，而完全归纳推理则全部列出。其他程序是相同的。

类比推理与上述情况略有差异。它的过程与枚举推理和完全归纳推理的主要差异是在第二步上它主要强调相类比的两种事物之间的可比性，第一步与第三步完全相同。

因果推理逻辑是一个寻找因果关系的过程。契合推理就是从不同的前提中寻找共同现象或原因。差异推理正好相反，是从前提中寻找差异。剩余推理是从任何现象中减去由于之前的归纳而得知某些先行条件的结果的部分，所剩余的就是其余先行条件的结果。共变推理就是当一种现象以某种方式变化时，以任一方式发生变化的现象就是另一种现象的一个原因或结果，或是因某种因果事实而与之相关。

综合以上分析，对归纳推理的过程可大致概括如下：第一步是陈述各种现象；第二步是分析不同前提条件中的因果变化的同异及非正常变化；第三步是在分析的基础上做出判断性结论。

3.2.3 辩证逻辑功能的生成过程

辩证逻辑是逻辑家族中最年轻的成员，它是在辩证思维由自发向自觉阶段的发展过程中逐步创立的，也是由唯心主义形态向科学形态的转化过程中形成的，是对辩证思维发展成果的理论概括和科学总结。

辩证逻辑的思维形式同传统形式逻辑的思维形式有较高的相似度，但要比形式逻辑的思维形式更复杂。辩证逻辑的思维形式主要包括辩证概念和概念体系、辩证判断、辩证推理、科学理论。辩证概念就是指事物是在矛盾的运动过程中所形成的能够反映事物特性的概念，它的有限度运动形成了不同的概念类型从而构成概念体系。辩证判断是辩证概念内在矛盾的分化与展开，通常表现为附带一定前提条件的判断。辩证推理是概念系统的矛盾蕴涵，是在一定的前提条件下所完成的推理过程。科学理论是一种综合性的思维形式，它是各种思维形式、定律、方法及理论知识与感性知识的综合体，它把多种推理和解释模式辩证地结合起来，使它们在形成理论的网络系统中各自发挥独特的作用而又相互配合地完成理论创建的综合概括。①

辩证逻辑有没有明确的构成方式？能不能被形式化？这一直是逻辑学界争论的大问题。迄今为止，“不能概括出一些特别的推理形式”仍是辩证逻辑所遇到的最主要的责难。为此，一些对辩证逻辑持肯定态度的学者也在这个方面做了很多工作。比如以桂起权教授为代表的弱纲领派，设想用一种特殊的变异型非经典系统来解决辩证逻辑的形式化问题（这也是当代英美学界探索辩证逻辑形式化的道路）。除此之外，还有以赵总宽教授为代表的强纲领派，设想用一种特殊的扩充型非经典系统为基础来描述辩证逻辑（以赵总宽教授于 1995 年出版的《数理辩证逻辑导论》一书为标志）。我国学者柳昌清、罗翊重、张金城等构造的其他辩证逻辑形式化系统大多属于强纲领式。另外，当代西方“分析马克思主义学派运用现代模态逻辑工具对辩证法与辩证逻辑进行‘分析性重构’的努力，也为思想史研究提供了一个新的维度”②。尽管学界对这些成果尚有争议，但这些努力均是人们在认识深化之路上的大胆开拓和积极尝试。

其实，要求辩证逻辑也形式化，这本身就是以形式逻辑的形式化来衡量和评判辩证逻辑的。这是否合理？它们二者是否应在同一个标准下去比较？这值得商榷。不用说二者的适用对象和范围不同，仅就推理过程而言，辩证逻辑与形式逻辑就有较大区别。辩证逻辑的推理过程是分析矛盾的过程，与形式逻辑的思维角度、方式和机理有很大不同。如果辩证逻

---

① 金顺福主编：《辩证逻辑》，中国社会出版社，2003，第 111—218 页。

② 张建军：《论当代中国辩证逻辑研究的历史发展》，《河南社会科学》2011 年第 6 期。

辑、归纳逻辑、形式逻辑都按一样的模式发展，那最终可能也就统合为一种逻辑类型了。辩证逻辑之所以被称为辩证逻辑，就是意味着它是另一种思维的“形式和规律”，而这种“思维形式”也未必就非得使用同样的符号系统。我国著名哲学家冯契不太主张从形式结构上来强求辩证推理，他的一个基本观点是，哲学（他认为辩证逻辑既是哲学又是逻辑，具有二重性）不能从它从属的科学取得研究方法，那样会削足适履，牵强附会。它采用了另一种方法来说明辩证逻辑的运行方式，即从概念、判断、推理中提炼出逻辑范畴，从逻辑范畴的辩证推理来说明概念、判断、推理的矛盾运动。所以，他认为辩证逻辑推理的基本形式其实就是概念、判断的展开，也是逻辑范畴的推演。我国长期从事辩证逻辑研究的金顺福教授也不太主张辩证逻辑形式化。

辩证逻辑也许能够形式化，也许的确无法形式化，我们不能也没必要局限于这种争论。我们的目的是找到一种可以从宏观角度来说明辩证逻辑的运行过程和运行机理进而发现其功能的载体。那么，我们是否可以找到一种能够说明辩证逻辑的结构，哪怕是松散的结构呢？金顺福教授提供了一种较为粗犷的解读，他给出了辩证逻辑的思维模型即构成要素的结合，包括思维目标（具体真理）、运行手段（分析与综合相结合）、运行途径（从抽象上升到具体）、思维形式（范畴）。这实际上是从辩证逻辑的宏观体系上来把握的。

在没有较为成熟的辩证逻辑形式构成理论产生之前，我们不妨姑且把金顺福教授、冯契教授和赵总宽教授在不同视角下的不同表述作为理解辩证逻辑的参照。

辩证思维的运动过程是从概念抽象上升到具体概念的一个辩证思维的运动过程。目前对辩证逻辑运行过程的分析，较为普遍的是比照形式逻辑的运行过程，把辩证逻辑的发展过程也分成辩证概念、辩证判断、辩证推理、理论体系建立四个阶段。

恩格斯曾对辩证逻辑运行中不同辩证思维模式的运行进行了有关阐述。关于辩证概念的运动过程，恩格斯特别强调概念的辩证运动是现实世界辩证运动的反映，是随着现实世界的运动而运动的。他认为“整个逻辑都只是从这些前进的对立中展开的”①。关于辩证判断的运动过程，恩格斯说辩证逻辑的判断是从个别判断到特殊判断再到普遍判断的辩证运动过

① 《马克思恩格斯选集》第三卷，人民出版社，2012，第 892 页。

程。他在《自然辩证法》中以认识“摩擦生热”这一现象的历史过程为例，说明从个别判断到特殊判断再到普遍判断的运动过程。关于辩证推理的运行过程，恩格斯认为辩证推理就是人们对矛盾双方不断互动促进认识更新的过程。他着重分析了归纳与演绎的辩证关系，他认为人们对事物所进行的归纳与演绎是互相联系、互相补充的，二者缺一不可。关于科学理论的形成过程，恩格斯认为但凡能够称之为理论的东西，一定是具有明确清晰的思想观念、系统完整的组织体系和层次分明的篇章结构的相对较为成熟的知识。否则，我们只能说它是一些较为零散的思想或观点。科学理论是反映了事物的本来面目及其运动发展规律的知识体系。科学理论的形成通常来讲是一个从实践经验开始经过感性、理性阶段的诸多阶段不断上升的较为复杂的过程。科学理论的形成一般要经历从假说到实践的检验，再到累进式完善或革命性替换的三个阶段。假说阶段就是在对事物较为充分和细致深入地了解的基础上，提出个人的带有强烈主观愿望和想象的假设。这种假设尽管是想象，但绝不是脱离实际的，而是在现象和事实及其一般规律的基础上的有据构思和假想，是有客观基础的行为。实践的检验就要是把理论和实践相结合，看理论与其所指谓或阐述的对象之间的符合程度，目的是要对理论进行调整和修正。累进式完善就是指在实践检验的基础上，根据验证的结论和偏差程度不断对理论进行调整和修正，使其有更高的真实度、准确度和完整度的行为过程。

我国著名哲学家冯契对辩证逻辑的推理过程也有过阐述，他说，“（辩证推理就是）从最初的简单关系出发，分别考察相互关联的两个方面，又综合起来，把握两个方面的作用和矛盾的解决方式，看它建立了什么新的关系，于是进一步对这种新关系进行分析，通过这样的反复过程，思维就能达到对具体的把握”①。辩证推理所得出的结论是“具体概念”，“具体概念”这一理论形态反映了客观具体的多样性统一；得到了具体概念，也就获得了真理，也就把握了客观具体。② 从冯契先生的论述中可以看出辩证逻辑的推理有这样几个特点：第一，实践是推理的一个环节，并贯穿推理过程的始终。第二，推理的出发点是最简单的关系，也可以称作矛盾胚胎。第三，推理过程是对矛盾的两个方面或关系的两个方面进行分析和综

---

① 冯契：《逻辑思维的辩证法》，华东师范大学出版社，1996，第 269 页。

② 梁庆寅：《冯契对辩证逻辑研究中两个疑难问题的解决》，《华东师范大学学报》（哲学社会科学版）1999 年第 2 期。

合，不断地分析、解决新矛盾，把握新的关系。这个过程表现为概念、判断的展开。第四，推理的结果是得到具体概念，并借助具体概念把握实在的具体。①

对辩证逻辑有过长期研究的金顺福教授对于辩证逻辑的运动过程也做过阐述，他说，“辩证逻辑就是由感性具体经概括而获得的抽象概念是如何逐渐地向概念群、概念系列，乃至向反映事物多样性的统一的概念体系—理论发展的”②。从他的阐述中我们可以看出，辩证逻辑的运行过程实际上大致可分为四个步骤：第一步，获得感性具体；第二步，由感性具体上升为抽象概念；第三步，由抽象概念向概念群、概念系列发展；第四步，由概念群、概念系列按照一定的秩序和隶属关系进行有机整合，形成理论体系。

3.2.4 现代逻辑功能的生成过程

现代逻辑是经典数理逻辑和以它为基础产生和发展起来的各种非经典逻辑演算系统的统称。与传统逻辑相比，现代逻辑的最大特点是使用形式语言，运用形式化的方法，建立了对客体对象有关问题的形式推理系统，并在此基础上对系统的一致性、完全性、可判定性等元逻辑问题展开研究。现代逻辑的形式公理化方法是形式语言学方法与数学方法相结合的研究和表述方法。从传统形式逻辑发展为现代逻辑，尽管仍是演绎逻辑，但实际上已发生了巨大变化，绝不仅仅是在形式上由语言文字转换成了字母、符号和人工语言，而是通过与数学的结合，在形式、体系结构、推理论证过程、运行机理上都发生了较大变化。不仅在表达的准确性上有了很大提高，消除了过去人工语言的歧义；在分析问题的严谨程度上，也比传统形式逻辑更加细致严密；在推理论证的可靠性方面也通过定量化的分析和程序、规范的更强约束变得更加可靠。另外，在适用的范围上也有了很大的拓展，它能处理更多的问题。特别值得强调的是，现代逻辑是从系统、全局的角度分析、论证和说明问题，这使得人们在认识问题、分析问题和解决问题的时候有了更强的系统意识和观念，使得人们的思想认识更具系统性、完整性，从而拓展了理论的视野和高度。所以，现代逻辑相对于传统形式逻辑而言，无论是广度（更大范围）、深度（细致深刻）、高度

① 梁庆寅：《冯契对辩证逻辑研究中两个疑难问题的解决》，《华东师范大学学报》（哲学社会科学版）1999 年第 2 期。

② 金顺福主编：《辩证逻辑》，中国社会出版社，2003，第 156 页。

(系统和全局)，还是规范度（规则保障)、精准度（清晰明确)、可信度(定量化处理)，都有了极大的提高。

当然，我们说现代逻辑有先进性，也并不是说传统形式逻辑就没用了或者说可以被现代逻辑取代。现代逻辑永远不会也不可能取代传统形式逻辑。现代逻辑和传统形式逻辑有不同的运行方式、精细度和可靠程度，各自有不同的适用对象和范围，在遇到不同层次和精细程度的问题时需要不同的逻辑。比如，对于现实生活和日常问题的处理，传统形式逻辑就比现代逻辑更加适用。对此，我们需要理性看待。

现代逻辑研究广泛采用数学方法，主要包括公理化方法、算数方法、函数方法和代数方法。在传统逻辑中只有词项逻辑部分采用了公理化方法，而现代逻辑各分支均采用了公理化方法，建立了严格的形式公理化系统。

现代逻辑由于采用了数学方法，极大地丰富了逻辑学的内容。与传统逻辑相比，首先增加了作为经典逻辑组成部分的类逻辑和关系逻辑；其次是在命题逻辑中引入了真值函项理论。由于增加了量化理论和命题函项理论，从而产生了崭新的谓词逻辑，形成了以命题演算、谓词演算、类演算和关系演算为子系统的经典逻辑系统。此后，随着人们对现代逻辑研究的不断深化，又在经典逻辑的基础上，产生和发展出了几十种非经典逻辑。如内涵逻辑、相干衍推逻辑、多值逻辑、直觉主义逻辑、不协调逻辑、现代归纳逻辑与概率逻辑、模糊逻辑、非单调逻辑、模态逻辑，以及数理辩证逻辑等。

现代逻辑从广义上讲包括现代形式逻辑、现代归纳逻辑和现代辩证逻辑（传统辩证逻辑的现代化尝试)。现代形式逻辑是体现离散思维方式的保真性演绎推理；现代归纳逻辑是体现离散思维方式的可真性有效推理；现代辩证逻辑体现了离散与连续相统一，既可提供保真性有效推理形式，又可提供可真性有效推理形式。

关于现代逻辑的构成要素，我们通常是指现代逻辑的系统构成要素。现代逻辑系统是由传统形式逻辑中的演绎部分经过拓展而成的现代形式，这部分内容的基础和核心是命题演算。在命题演算的基础上随着现代逻辑的发展又出现了谓词逻辑演算；在谓词逻辑演算的基础上又发展出模态逻辑演算；在模态逻辑之后，人们又不断创生了道义逻辑、时态逻辑、偏好逻辑及各种变异逻辑（如弗协调逻辑、相干逻辑）等。但实际上几乎所有现代逻辑的扩展类型的基础和核心都是命题逻辑与谓词逻辑。尽管不同逻辑的深度和可适用的范围有所差异，但构成要素、构成方式及运行的过程和机理基本相同。所以，在此我们主要以命题演算的两个通用系统来进行解析。

现代逻辑的形式公理系统，通常含有三部分基本要素：

其一，初始的逻辑符号构成的形式语言。形式语言包括初始的逻辑符号、合式公式、形成规则和缩写式定义三部分内容。

其二，给出的形式公理集。实质蕴涵公理、蕴涵词分配公理、反证法公理等。

其三，给出的推理规则集。包括代入规则、分离规则、置换规则、概括规则。

现代逻辑的自然推理系统与形式公理系统有所区别，它由形式语言集、推理规则集和结构规则集三部分组成。自然推理系统没有公理，或者说它是公理集为空的形式公理系统。具体组成部分如下：

其一，其形式语言与公理系统相同。

其二，P_N的推理规则包括：自身推出规则、否定消去规则、蕴涵消去规则、蕴涵引入规则、定义置换规则。

其三，P_N的结构规则包括：假设引入规则、假设分层规则、假设重现规则、假设消去规则等。

自然推理系统和形式推理系统作为逻辑语法学的两种基本方法，具有同样强的推理能力。只不过与形式公理化方法相比，自然推理方法更接近数学推理和日常推理，使系统内的定理证明更容易，更有规律可循；而形式公理化方法比自然推理方法更便于证明形式系统整体性质的有关定理，也就是更便于证明形式系统的语法定理或元定理。

现代逻辑最基本的系统是形式公理化方法的 P 系统和自然推理系统。

P 系统的构成如下：

(1) P 系统的形式语言 Lo：

1) 初始符号

a. 命题变项符号：P_i。

b. 联结词符号：$\neg$ ，$\rightarrow$。

c. 辅助符号：(，)。

2) 合式公式形成规则

a. 命题变项 P_i是合式公式。

b. 如果 A 是合式公式，那么$\neg$ A 是合式公式。

c. 如果 A 和 B 是合式公式，那么 A→B 是合式公式。

d. Lo 的合式公式只依据 a—c 生成。

3）缩写式定义

[$D^{\wedge}$] $A \wedge B = df \neg (A \rightarrow \neg B)$

[$D^{\vee}$] $A \vee B = df \neg A \rightarrow B$

[$D^{\leftrightarrow}$] $A \longleftrightarrow B df (A \rightarrow B) \wedge (B \rightarrow A)$

(2) P 系统的公理模式：

[A1] $\vdash A \rightarrow (B \rightarrow A)$ 实质蕴涵公理

[A2] $\vdash A \rightarrow (B \rightarrow C) \rightarrow (A \rightarrow B) \rightarrow (A \rightarrow C)$ 蕴涵词分配公理

[A3] $\vdash (\neg A \rightarrow \neg B) \rightarrow ((\neg A \rightarrow B) \rightarrow A)$ 反证法公理

(3) P 系统的推理规则（分离规则）：

MP 从 $\vdash A$ 和 $\vdash A \rightarrow B$，可推出 $\vdash B$。

自然推理 P_N 的构成如下：

(1) P_N 的形式语言：

P_N 的形式语言与形式公理系统 P 的形式语言 Lo 相同。

(2) P_N 的推理规则：

a. 自身推出规则（I），即从 A 可推出 A。

b. 否定消去规则（$\neg^{-}$），即从 $\neg A \rightarrow \neg B$ 和 $\neg A \rightarrow B$，可推出 A。

c. 蕴涵消去规则（$\rightarrow^{-}$），即从 A 和 $A \rightarrow B$，可推出 B。

d. 蕴涵引入规则（$\rightarrow^{+}$），即如果从 A_1，A_2，…，An，A 可推出 B，那么从 A_1，A_2，…，An 可推出 $A \rightarrow B$。

e. 定义置换规则（$D^{B/C}$）

从 B=的 dfC 和 A（B），可推出 A（C）。

从 B=的 dfC 和 A（C），可推出 A（B）。

(3) P_N 的结构规则：

a. 假设引入规则（H）。即在推演的任何一步，都可按需要引入结论的任一前提公式作为假设。

b. 假设分层规则（O）。即引入假设时，要按前提公式固有的层次从一层到二层逐层引入。

c. 假设重现规则（R）。即在任一层次出现的假设公式，都可以在随后的层次中重复出现。

d. 假设消去规则（H^{-}）。即任何假设，可用相应的推理规则加以消除。

从以上分析我们可以看出，现代逻辑的运行过程，本质上就是在人工语言符号的基础上，从初始命题或公理出发，按照一定的推理规则，推出某些定理（或结论）的过程。整个过程大致可分为以下五个环节：

其一，分析初始命题或基本理论。

其二，转化人工语言（使用人工语言符号进行表达）。

其三，设计推理的架构，明确推理系统所使用的形式语言、所选择的公理和推理规则。

其四，建构推理系统。

其五，证明所建立的推理系统的一致性、可靠性和完全性。

3.3　文化视域中逻辑功能的生成机理

3.3.1　传统形式逻辑功能的生成机理

传统形式逻辑运行的机理是什么？有很多学者做过阐释，那就是蕴涵和凝聚在其中的“必然地得出”。“必然地得出”是西方逻辑的创始人——亚里士多德所追求的基本原则，也是以三段论为核心的传统形式逻辑的灵魂。对此，亚里士多德本人有较为细致和深入的说明。一处是他在《前分析篇》中说的，“三段论是一种言辞表达，在这种表述中，有些东西被规定下来，由于它们是这样，必然地得出另外一些不同的东西”①。另一处是他在《论辩篇》中说的，“一个推理是一个论证，在这个论证中，有些东西被规定下来，由此必然地得出一些与此不同的东西”②。两处虽然略有差异，但意思基本相同。我国著名学者王路教授曾对此有过专门的研究，他在对此问题的论述中曾说，“‘必然地得出’是逻辑本身具有的内在机制”，“亚里士多德所说的‘必然地得出’并不是思辨的、任意的，而是可以具体操作的。也就是说，这种‘必然地得出’乃是一种可以依据一种能行的方法一步一步进行的……这种推理的必然性不是由内容决定的，而是由形式决定的”③。正是因为有了“必然地得出”的精神凝结，才使得

① 周礼全：《周礼全集》，中国社会科学出版社，2000，第141页。

② 同上书，第142页。

③ 王路：《逻辑方圆》，北京大学出版社，2009，第29—31页。

逻辑成为数千年来人们公允的“求真辩谬”的可靠工具。

3.3.2 归纳逻辑功能的生成机理

尽管归纳逻辑总体上讲是或然性推理或放大性推理，但归纳逻辑的类型不同、推理的对象和最终的目标不同，机理也有所不同。

枚举推理和统计推理均是从众多的“个别”现象开始，经过推理而得出“一般”或“普遍性”结论的过程。其推理之所以能够存在是因为：第一，某一类事物的某些性质、状态与相关事物之间的关系经常是相同的，且是相对稳定和不会轻易改变的；第二，许多关系是可传递的。

类比推理是从“特殊”到“特殊”的推理过程。其之所以能够被人们长期青睐且经久不衰，显示出极其强大的生命力，一个重要的原因就是在性状、结构、功能等某些方面相似的事物之间，通常也会有许多与相同要素相关的方面存在类似之处，人们可由此及彼，推理得知。

因果推理和溯因推理与前三者不同。这两种推理主要是寻求事物或现象之间的因果联系。它们之所以能够存在，主要机理就是：事物的存在和发展通常是符合因果必然联系的，有因必有果，有果必有因，现象和结果之间存在着某些必然的互动与关联。

3.3.3 辩证逻辑功能的生成机理

辩证逻辑的运行机理是指辩证思维运行所必须遵守的原则和准绳，是辩证思维从辩证概念到辩证判断再到辩证推理最后到科学理论形成的核心和关键。辩证思维运行的机理包括对立互补机制、具体整体机制和否定上升机制。

第一，对立互补机制。辩证思维从抽象同一走向具体同一的过程，乃是认识和揭示客观对象内在矛盾的过程。这个过程包括五个环节，即同一（抽象同一）→差异→对立→矛盾→对立互补（具体同一）。辩证思维的对立互补机制贯穿于思维从抽象同一走向具体同一的全部过程中，而这个过程展开的五个环节就是这种机制的具体化。辩证思维以对象的自身同一（抽象同一）为逻辑起点，它在把握对象的自身同一时，又要把握对象的内在差异及其与周围其他对象的差异，而在差异中特别是要把握两极的对立及由此产生的矛盾和矛盾关系，把握矛盾及其对立面的统一即对立统一（具体同一）。思维通过矛盾各环节的展开而达到对矛盾及其对立面的统一把握，就是思维对对象多种规定的综合，亦即对象本质及其在思维中的具体再现。对立互补的前四个环节是根据矛盾的产生和发展过程而概括出来的，而最后一个环节则是根据辩证思维要求把握客观具体真理的总目标而提出来的。所以，辩证思维的对立互补规律既反映了客观事物矛盾发展的规律，也反映了辩证思维自身运动的规律。①

实行对立互补就是从众多矛盾中区分出主要矛盾和次要矛盾，分清和找出矛盾中的主要方面和次要方面及其对立的方式、条件，然后按照矛盾各方的客观条件和方式来把握主要矛盾及矛盾双方的相互作用、相互渗透和相互转化，以及该矛盾与其他矛盾的相互关系。

第二，具体整体机制。辩证思维具体整体机制主要表现在以下三个方面：其一是辩证思维过程具有从部分到整体和从整体到部分的双向运行机制。其二是辩证思维过程既包含着辩证法的要素渗透，也包含着对“分析和综合”方法的运用，是辩证方法与分析和综合方法的综合。辩证思维的分析和综合不仅表现为整体分析和整体综合，而且从思维活动的进程上看，还表现为综合—分析—综合这样一个基本的思维程序。在分析和综合的关系问题上，强调综合对分析具有统摄作用。其三就是将前面所述两个方面统一于从具体到抽象和从抽象到具体的思维过程。

第三，否定上升机制。辩证思维的过程就是从肯定认识向否定认识的转化，或从抽象同一性的认识向揭示内在矛盾性的认识的转化，以及从否定认识向否定之否定认识的转化，或从揭示内在矛盾性的认识向具体同一性的认识的转化。由于客观事物的结构及它与外部世界的关系都使事物处于不断的发展变化中，人要认识事物就必须随着事物的发展而不断发展，对事物的了解就会不断增加，所以这些客观原因和主观原因均使辩证思维呈现出不断螺旋式上升的趋势。

如果用更通俗的话讲对立互补机制、具体整体机制、否定上升机制，其实也就是归纳与演绎相统一、分析与综合相统一、逻辑与历史相统一、抽象与具体相统一，三种机制本质上也就是在另一个层面和意义上对辩证思维机理的不同表达。

3.3.4　现代逻辑功能的生成机理

所谓现代逻辑的运行机理，本质上也就是指在现代逻辑系统中规约逻辑推理发展的内在机制。那么，在逻辑系统发展运行背后指导和规约整个

① 金顺福主编：《辩证逻辑》，中国社会出版社，2003，第45—86页。

推理过程运行的是什么呢？实际上就是现代逻辑的一系列推演规则。

现代逻辑运行的主要规则有：

第一，分离规则。即如果 A 和 A→B 是永真式，那么 B 是永真式。

第二，代入规则。即令 A 是一个给出的命题形式，其中有命题变项 P_1，…，Pn，并且令 A_1，…，An 是任意命题形式。如果 A 是一个永真式，那么用 A 去替换 Pi 的每次出现，所得到的命题形式 B 也是永真式。

第三，置换规则。即令 A、B、C 为任意命题形式，B 为 A 所包含的命题形式，记为 A（B)；C 为 A 所包含的命题形式，记为 A（C)。如果 A 为永真式，C 等值于 B，用 C 替换 A（B）中 B 的一次或多次出现，那么得出的命题形式 A（C）也是永真式。

第四，德·摩根规则。即对于任意命题形式 A 和 B，$\neg(A\wedge B)\longleftrightarrow A\vee\neg B$ 和 $\neg(A\vee B)\longleftrightarrow A\wedge\neg B$ 为永真等值式。

回顾和总结上述我们对四种逻辑类型的组成要素、构成方式、运动过程和运行机理的分析，可得到以下几个结论：第一，逻辑的功能是寓居于逻辑解析事物的行为过程中的，没有对行为过程的解析，是难以准确言说其功能的。第二，功能的实现是一个过程，讨论功能问题必须确立过程观念。第三，现实中的逻辑产生作用的方式是抽象的，并不是以理论上的概念、判断、推理的形态来直接呈现，而是结合了特定对象的具体内容的概念、判断、推理，在抽象与具体之间还存在一定差异，需要我们了解二者的差异并学会转换。

第四章　逻辑文化功能的认知方式

懂得了逻辑功能的生成过程和机理，就等于我们走进了逻辑的殿堂，看到了逻辑的内部世界，但仅至于此还无法形成系统的逻辑功能理论。要从表象的世界上升到理论的世界，尚有一个问题需要解决，那就是逻辑功能的认知问题。表面看来，认知问题似乎不是事关功能有无和强弱的根本性问题，但实际上它在功能理论的形成过程中却有着至关重要的作用，因为从不同的角度和层面去看待逻辑会得到不同的结论。

从文化视域对逻辑功能进行认知，需要符合文化主义的理论范式。所谓文化主义的理论范式就是要把特定的文化现象理解为社会的日常生活，是与社会实践紧密相关的人的主体经验的表达。文化范式特别重视人的社会历史主体性，强调社会意识与社会存在之间的交互作用，强调文化对人类创造历史的实践活动的指引，强调文化对人生与社会意义和价值的能动建构作用。① 所以，从文化视域对逻辑功能的认知就一定要结合人类自身的生存和社会的发展，从逻辑与相关环境要素的互动和交融中进行考察并寻找答案。

下面我们就从文化视域对逻辑功能认知的基本含义、认知的主要内容、认知的基础和前提及认知的原则和方法逐一进行考察。

4.1　逻辑功能认知概述

4.1.1　逻辑功能认知的语义解析

关于“认知”一词的含义，在哲学或逻辑学的视野中，它是一个变动

---

① 陶水平：《英国文化研究的文化主义理论范式及其批评实践》，《社会科学辑刊》2018 年第 2 期。

的概念，在不同的时期，人们对“认知”一词的理解在深度、广度、清晰度、准确度上是有较大差异的。

在古希腊罗马及漫长的中世纪时期，由于社会生产力发展水平比较低，人们的生活方式也比较简单，人们认知事物时所使用的工具主要是亚里士多德逻辑，认知的方式亦即思考问题、表达思想、进行沟通交流所采用的方式就是从概念出发，先对事物的概念给出定义和划分，在明确概念的基础上再对事物的性状做出判断，然后在判断的基础上再遵照亚里士多德三段论的推理模式进行推理并得出新的结论。所以，人们对“认知”一词的理解多停留在对事物本来面目的认知和对运动发展规律的粗放认知上，解决的问题也主要是对事物的基本状况，如实体、数量、关系、性质、地点、时间、姿态、活动、遭受等基本范畴所涉及的内容以及事物发展的一般规律的认知。

在漫长的中世纪，逻辑学有一定的发展，但它被用在了错误的方面，作为哲学论证的工具被用来为宗教统治服务，用以论证“上帝存在”和各种宗教教义。实际上人们对“认知”的理解并没有超越前人。

历史的车轮进入 16 世纪，科学技术有了快速的发展。由于亚里士多德的逻辑体系已不能适应人们对世界发展和变化的认知需要，于是许多人不得不寻求新的、更加适用的认识工具。正是在这样的需求驱使下，弗兰西斯·培根在继承前人成果的基础上于 1620 年写成了《新工具》，提出了完整的“排除归纳法”，标志着归纳逻辑正式产生。归纳逻辑的产生在很大程度上弥补了亚里士多德逻辑的不足，使人类的认知能力得到了很大提升，认知的范围也有了很大拓展，众多的科学发现在这个阶段产生。因此，人们对“认知”的理解也增添了新的内容。培根认为人们从此可以获得事物的“本质”和更多的“新知”。

之后，随着人们对归纳逻辑的不断完善发展，在归纳逻辑逐步走向现代化的同时，用数学思想改造传统演绎逻辑的工作在莱布尼茨（1666 年写出《论组合术》）的倡导下也开始进行。布尔在 1847 年写出了《逻辑的数学分析》，1854 年又写出《思维规律研究》，初步奠立了类代数演算的基础。弗雷格在 1879 年出版《表意符号——一种按算术语言构成的纯思维的符号语言》，第一次在比较严格、比较完全的意义上建构了一个逻辑演算系统。罗素在 1910—1913 年和怀特海共同出版了《数学原理》，建立了较为完备的形式系统。之后，又经希尔伯特（提出了证明论）、塔尔斯基（建立了形式语义学）、哥德尔（提出了完全性定理和不完全性定理）、卢卡西维茨（创建了多值逻辑理论）、刘易斯（建构了模态逻辑形式系统）、克里普克（创建了可能世界语义学）等人的不断发展建立了现代逻辑的各种逻辑类型体系。数理逻辑和现代逻辑的创立，实现了人类认知方式的新突破，开创了人类认知的新局面。在这个阶段，许多在过去难以阐释的哲学问题，如存在问题、分析与综合问题、必然与可能问题、先验后验问题、真理问题、数问题均被解决。尤其是随着人工智能和计算机科学的发展，逻辑在认知中的作用越来越重要，人们对“认知”的理解也越来越具体和深刻。

逻辑学科发展到今天，已出现了继数学转向、语言分析转向之后的第三次转向，即逻辑的认知转向，人们对“认知”一词又有了新的理解。按照鞠实儿教授的解释，现代逻辑视角下的认知就是用逻辑的方法“给出知识获取、知识表达以及知识的扩展和修正”的过程。① 基于现代逻辑基础之上的“认知”，在研究的理念上已与普通的数理逻辑为基础的“认知”有了较大区别，集中表现为：其一，它不仅研究科学知识，更注重研究其他领域的知识处理问题，例如知识的获取、表达和推理；注重研究与知识、表达和推理相关的认识论、心理学和语言学等方面的问题。其二，它不假定对象领域中的逻辑全知者，而是将知识相对于世界的不完全性视为知识的重要特征，关注并研究知识的不确定性和知识的变化方式。其三，它不但不信奉弗雷格的反心理主义的主张并与心理主义划清界限，反而沿着布尔、图灵和希尔伯特的方向继续向前，与认知心理学家结成同盟，在实验基础上研究人类思维的形式与规律。其四，它并不强求在形式公理系统中表达逻辑系统。因为，一方面，形式公理方法在表达智能行为时也具有一系列局限性；另一方面，数学表达方式，例如代数系统，本身也是相当完美的。其五，将逻辑学形式公理系统内句法相对于语义的可靠性（sundness）、非形式公理系统的推理或论证的有效性（validity）和逻辑系统相对于世界的表达恰当性（adequacy）作为评价逻辑系统的主要标准。这也使人们在上述标准得到满足的条件下，愿意接受一个不完全的系统；在“认知”的研究主题上，也有了更多的拓展，已涉及时态认知、群体知识和多主体认知、公开宣告的动态认知和信念修正的动态认知、博弈逻辑、非逻辑全知问题、非单调逻辑和缺省逻辑等多个方面。② 在研究的方

① 鞠实儿：《论逻辑学发展的方向》，《中山大学学报》（社会科学版）2003 年第 S1 期。

② 唐晓嘉、郭美云主编：《现代认知逻辑的理论与应用》，科学出版社，2010，第 143 页。

法上，也做出了新的调整：第一，通过哲学思辨对人类认知过程做直观理解，例如“知道”概念的逻辑结构分析和计算的图灵机模型，或在实验的基础上分析人类思维的逻辑模型。第二，利用逻辑的或数学的方法构造反映认知过程的逻辑系统。第三，构造基于上述逻辑系统的自动推理系统，为研制具有知识表达与处理功能的软件提供方法。①

从文化学的视角看，对“认知”的理解与逻辑的视角没有太大差异。文化视域中的认知也就是指对知识的获取、知识的表征和对知识的扩展与修正。② 因此，文化视域中的“逻辑功能认知”，就是从文化的视角对逻辑所具有的功能进行解析和透视后最终形成的关于逻辑功用的知识体系和表达体系。

4.1.2 文化视域中逻辑功能认知所包含的主要内容

文化视域中逻辑功能的认知既包括“认知”的行为过程，即认知的路径、方法，也包含认知所要达到的状态和程度，即认知的高度、深度、广度、精准度。不过，认知的程度如何来反映？还需要通过语言表达的准确度和功能理论体系的完整度、精细度来综合体现。所以，概括地说，“功能认知”也就是要完成以下任务：第一，搞清认知的具体对象。第二，确定认知所采用的具体方式，即基于何种视角、从哪里出发、要经过哪些阶段、经过哪些流程、最后到哪里结束。第三，系统说明它具有哪些方面的功能及这些功能如何形成。也就是必须要说清楚，就理论层面而言，它应该能做什么，在现实生活中它通常又被用来做什么，我们究竟该从哪些角度和哪些方面来概括其功能，用什么样的语言风格（比如学术语言，或者是生活语言，抑或是政治、经济学语言等）来描述和表征这些功能等。如果能把这些问题理清，那么我们对特定事物的功能认知也就基本清晰了。

4.1.3 文化视域中逻辑功能认知的基础和前提

对逻辑功能的认知是主观见之于客观的过程。站在不同角度，用不同方法来分析和总结，可得到不同结论。因此，对逻辑功能的认知首先需要明确其认知的基础和前提。

文化视域中逻辑功能认知的基础，首先就是要对“逻辑是什么?”有

---

① 鞠实儿：《论逻辑学发展的方向》，《中山大学学报》（社会科学版）2003 年第 S1 期。

② 同上。

明确的界定。前文我们曾讲过：逻辑是一个有歧义的学科总概念，长期以来人们对它有不同的理解，有的人坚持狭义逻辑观，也有的人坚持广义逻辑观。而不同的逻辑观念就会导致对逻辑所包含的内容有不同的理解，相应地也就会形成不同的逻辑功能观。所以，在讨论逻辑的功能之前我们必须首先要对逻辑的概念及其所包含的内容做明确的界定。

文化视域中的逻辑，是指人类创造的、为人类的生存和发展服务的、关于正确思维所必须遵循的形式与规律的思想理论，是广泛意义上的逻辑观。所以，它的范畴就理应涵盖所有在不同时期由不同的逻辑学家们创立的逻辑理论和与人类正确思维相关的文明成果。这也就是说，文化视域中的逻辑既应包含演绎逻辑，也应包含归纳逻辑和辩证逻辑，还应包含与此相关的概念理论、论证理论等基本内容。我们关于逻辑功能的“认知”要在广义逻辑观念的基础上展开。

文化视域中对逻辑功能的认知需要具备两个前提条件。第一，对“逻辑功能”的解读要有明确的视角和层次定位。这是因为逻辑功能是人们对逻辑“有用性”的解读，不同的人在不同的角度和不同的层次上就会对其功能有不同的认识和理解，也会做出不同的概括。比如从社会学的视角去讨论逻辑功能，人们就会说“逻辑是民主政治建设的基石，逻辑是经济决策的保障，逻辑是科技文化的支撑”；而从哲学方法论的视角讨论逻辑功能，人们就会说“逻辑是一切学之学，一切法之法”“逻辑是一切学科之母”“逻辑是哲学的本质”“逻辑是哲学的工具”；而站在科学的角度，人们就会说“逻辑是科学发现的工具”“逻辑是证明的工具”。另外，如果站在某种实用角度，人们可能会说“逻辑能够帮助人们读经求学、寻医问药”。从这些不同的表述中我们可以看出：认知的视角不同，结论就会完全不同。所以，对逻辑功能的解读首先就要明确这种解读所立足的基点和审视的角度。

除视角之外，还有另一个重要问题也会影响认知结论，那就是对事物考察的层次问题。因为着眼于不同的层次，就会有不同的结论。比如，同样是基于哲学方法论的角度，有的人把逻辑功能概括为“下定义、做判断、搞推理”，而有的人却将其表述为“逻辑是一切学问之母”“逻辑是获取新知的工具”。尽管两种表述都是对逻辑功能的正确表达，但很明显，两种表述存在认识层次上的巨大差别，一个较为微观，而另一个较为宏观。所以，要讨论逻辑功能，就必须要明确这种讨论是着眼于什么层次的。否则，就是无的放矢，会引发混乱和误解。

第二，要厘清逻辑的总体功能和部分功能之间的关系。在明确了逻辑功能认知的视角之后，我们还需要进一步厘清逻辑的总体功能和某种单一类型逻辑的功能之间的关系。只有对此进行了明确的回答，才能明确我们的功能理论是建立在何种意义的范畴之上。

文化视域中的“逻辑”是个总概念，逻辑的功能是指由组成逻辑体系的各种要素有机整合所形成的功用总和。它不是讲不同逻辑类型的功能通项和共性，而是讲它们的组合和拓展。总体概念下的逻辑功能至少要等于或大于不同逻辑类型的功能总和。逻辑体系犹如人体结构，是一个有机系统，不同系统如运动系统、呼吸系统、消化系统、循环系统、泌尿系统、内分泌系统、神经系统、生殖系统、免疫系统等九大系统，每个系统都有一种或几种生理功能，按照一定次序有机组合在一起就构成了拥有强大功能的人体。所以，我们不能从某种单一逻辑类型的角度来认识和理解整体概念下的逻辑功能。不同逻辑类型的功能是不同的，各自的功能也不是别的逻辑类型可替代的。比如，归纳逻辑的功能就是现代演绎逻辑所无法替代的，形式逻辑的功能也是无法由辩证逻辑所替代的，等等。所以，我们不能站在某种具体逻辑类型的角度来评价和度量其他类型的逻辑的功能，也不能从局部的常识来主观判定全局的状态。

4.2 逻辑文化功能认知应遵循的基本原则

逻辑作为一种特殊的文化现象，对其功能的审视要结合其创建的社会历史背景、创建的目的、创建的过程和社会实践等多个方面来进行。这也就意味着我们必须坚持以下几项原则。

4.2.1 理论与实践相结合的原则

逻辑的产生和发展与社会历史背景和环境条件密切相关，这是客观事实，但同时人们对逻辑及其功能的认识和理解也带有很浓重的主观色彩和时代烙印。比如西方古代逻辑学家和现代逻辑学家的认识就不完全相同，中国逻辑学家和印度逻辑学家的认识也不完全相同。因此，要想客观、准确地探究逻辑的功能就必须采取理论联系实际的方式，既要从理论上看看逻辑是如何产生的，它为什么产生，应该具有哪些功能，同时又要结合社会历史和人类的实践，看看在历史上它实际上又做了些什么。只有把二者统一起来，我们才能客观、公正、实事求是地了解逻辑的全部功能。如果我们仅仅局限于某一方面，那么无论是基于何种角度都可能会有所偏颇。过分关注实践，可能会丢失精神层面的东西；过分关注理论，可能会脱离实际，变得虚无缥缈。

4.2.2　科学主义与人文主义相结合的原则

对逻辑功能的认知，传统上均是从哲学或科学的角度来切入的。哲学视域中的逻辑就是哲学的工具，就是用来为哲学思想的获得而进行分析和论证的。对此，有许多哲学家和逻辑学家做过阐释。比如，英国著名逻辑学家罗素就曾明确地讲“逻辑是哲学的本质”。除此之外，列宁、梁启超、冯友兰也都有过类似的表述。从科学的视角看，逻辑就是求真的工具，就是要实现“概念明确、判断恰当、推理严密、论证有力”。这两种认识方式均有各自的优势，也都符合逻辑发展的历史需求，能帮助我们对逻辑的功能获得较为深刻的认识和理解。但二者的不足就是虽然它们均把逻辑看作“思维的形式和规律”，但都是就逻辑而论逻辑，就功能而论功能，以至于只看到了其作为具体“思维工具”所呈现出的工具性功能，而忽略了其作为一种特殊的社会文化现象对于人类及社会存在和发展的深远意义，丢弃或遗漏了逻辑的“精神性”功能。

其实，从文化的角度看，任何文明成果的诞生必有其特定的历史文化背景和社会需求，也必有相应的文明条件的支撑，还寄托着人类对它的特殊企盼。逻辑作为一种特殊的文化现象，也同样符合这样的生存规律。因此，对逻辑功能的认知，需要我们从多个维度来进行。不能仅仅从本体论角度讨论“逻辑是什么？人为什么会创建逻辑?”，从方法论的角度讨论“逻辑作为一种思维方式，它能在人们思维行为的过程中为人们认识世界、改造世界提供什么方法?”等问题。还必须从认识论的角度反思“我们究竟该如何认识逻辑？在人们认识世界的本来面目和本质规律的过程中，逻辑理应提供什么?”；从实践论的角度思考“在人类生存和社会发展的历史长河中，在人与自然和谐相处的实践中，逻辑究竟为人类做了什么?”；从价值论的角度思考“逻辑对于人类生存和社会发展的意义究竟是什么?”。只有在宏阔的文化视野中，我们才能认识逻辑理论的文化本质及其文化特征，也才能系统、全面地理解逻辑所具有的物质和精神层面的多重功能，从而客观、公正地展现逻辑的文化功能的全景图。如果失去大文化的视角，人们就无法确立广义的文化逻辑观，也无法采取兼容并包的态度使逻辑学科获得技术和人文的双重关怀，进而无法较为准确地言说逻辑的功能。从大文化的视角出发，把逻辑置于人们的日常生活和社会现实需要中，使逻辑与日常生活和社会现实需要紧密结合，由此逻辑才能真正回归社会和大众，并成为大众生活学习工作中须臾不能离开的重要工具。人们也才能逐步树立起逻辑意识，学习逻辑技能，培养逻辑精神，增强逻辑情怀，进而解决好日常生活学习工作交往中的问题，更好地感悟逻辑的功能！

鞠实儿教授曾在论述逻辑的（转向）问题时倡导“要从科学主义与人文主义相结合的角度看待逻辑”①，这是值得我们学习的。

4.2.3 整体功能与局部功能相统一的原则

对逻辑功能的认知既要确立整体观念，能从全局的高度上来看待问题，同时又要有部分观念，能充分考虑逻辑的家族是由一个个相对独立的、较为完整的逻辑类型构成的。之所以如此，是因为只有我们站在全局的高度，才能不为具体的逻辑类型及其特征所遮蔽，才能不再纠缠于那些细枝末节，从而站在社会发展的历史大背景和文化的大格局中来看待逻辑的本质及学科发展的历史轨迹，充分了解潜藏于逻辑创生背后的人类的初心，和逻辑发展之路上人们对逻辑的种种执着追求与渴望，最终才能对逻辑的功能有系统、完整、深入、透彻的解读。否则可能就会犯盲人摸象式的以偏概全的错误，停留在浅表现象层面。

当然，在坚持全局观的同时，我们也必须充分考虑逻辑学科的独特性。尽管不同逻辑类型之间有共同的东西，但它们之间也有很大的差别；如果只是简单地寻找其间的最大公约数，而完全忽略其构成及运行过程和机理上的差别，也会在不知不觉中丢失应有的功能。

4.2.4 发展与创新的原则

逻辑不是静态的、一成不变的，而是动态的、不断发展变化的。从亚里士多德首创古希腊形式逻辑开始，整个逻辑学科已有了很大变化，其学科体系越来越庞大，家族成员也越来越多。因此，我们对逻辑的功能也就必须坚持用动态和发展的眼光来看待，不能一成不变。没有停滞的逻辑学，也就不会有不发展的逻辑功能研究。

---

① 鞠实儿：《逻辑学的问题与未来》，《中国社会科学》2006年第6期。

对逻辑的某些功能，我们过去关注得不够，认识得也不深刻。比如，逻辑究竟有没有精神性功能？可能会有许多人觉得逻辑只是一门工具性学科，哪里会有精神性文化功能。我们觉得这种结论在一定程度上是带有主观臆断成分的。其实，只要我们认真细致地分析，逻辑的精神性功能的确存在。为什么？这就需要我们对“精神性功能是什么?”和“精神性功能是如何生成的?”这样的问题做细致的剖析。所谓某事物的精神性功能，其实也就是它对人的精神所能产生的影响。那么，什么东西能影响人的意识和观念？总的来说，有两大类要素。一类就是物质性要素，即某种物质会对人的精神产生作用。比如食物，人们在看到食物时就会有想吃或不想吃的反应，这实际上就是物质对精神的影响。另一类就是精神性要素，即某些精神性要素通过对人的意识和观念的影响而产生作用。比如，战场上指挥员用荣誉和爱国之情对士兵的动员，能够让士兵快速产生勇猛杀敌的强大动力，这就是指挥员使用精神性要素对士兵的观念和精神状态产生了影响。当然，除了具体的精神或物质形态的文化内容之外，制度、他人的行为等也能对人的精神产生一定作用，但是实际是介于纯精神和纯物质之间的。那么，物质的东西又是如何对精神产生影响的呢？其过程和机理又是怎么样的呢？我们也可对生活中的一些现象进行分析。“望梅止渴”就是一个较为典型的例证。为什么“望梅”就能“止渴”？主要机理是梅子的味道通常是酸涩的，而酸涩的味道能够促使人们在口腔内快速分泌出一定量的唾液，当人们在极度干渴的情况下吞咽这些唾液，可以滋润喉咙，缓解干渴，进而达到某种止渴效果。其形成过程就是：人们看到了梅子→想到了从前吃梅子时感受到的酸涩，产生了酸涩感→酸涩感促使口腔快速分泌唾液→吞咽了唾液→滋润了喉咙→缓解了干渴，达到了止渴效果。这也就是说，某种东西所具有的精神功能实际上来源于其对人的精神性要素的影响。逻辑作为一种有关思维形式与规律的文化学说，对人的意识、观念、思维方式、行为方式都能产生影响，经常学用逻辑就会不断强化“规矩意识”，建立起“求真观念”，培养出“理性精神”，体现出“严谨细致的作风”，提升“人的自信”，这些都是逻辑的精神性功能。至于这些功能来自哪里，它们又是怎么形成的，我们在后文中都将进行细致分析。总而言之，对逻辑的功能问题，我们还是有必要坚持开放的态度，用发展的眼光来再次审视。

当然，在逻辑功能的研究过程中，我们不仅会遇到正面的观点，也会遇到反面的观点。历史上也曾有不少学派，如古希腊怀疑学派、近现代价值主义、工具主义、综合主义、现象学等学派，不少哲学家，如笛卡尔、康德、黑格尔、胡塞尔、布拉德雷、鲍桑葵、席勒、杜威等都对演绎、归纳或现代形式逻辑有过否定，也都进行过不同程度的批判。但也正是因为有了这些持有不同意见的学派和学者的共同努力，才最终促进了人们认识的深化。所以，我们也应有开放的心态，勇于面对挑战和批评。道理越辩越清，真理越辩越明，真正的学问是能够经得起批判的。

4.3　逻辑文化功能认知的基本方法

有了功能认知的原则，仅是有了对认知行为的宏观考量，并不等于我们就此可以迈开认知的步伐。原则只是“应该怎么做”或者说“能做什么、不能做什么”的问题，而不是“如何做”和“怎样做”的问题。原则的落实，最终还是需要有相应的方法来支撑。

方法是什么？就是方式、路径、程序和步骤。所以对逻辑认知的方法，其实也就是对“站在什么角度?”“从哪里开始?”“经过哪些思维路径?”“按照什么样的程序和步骤?”“要取得什么样的结果?”等一系列问题的回答。

4.3.1　认知的路径

从文化学的视角来审视逻辑的功能，在操作层面上讲，包含两个方面的基本要求。第一是在认知角度上，要基于逻辑在现实生活世界中与人和所要面对的客体对象之间的互动及关联，既分析和了解逻辑作用于客体对象所呈现的工具性功能，又要分析和了解逻辑作用于人所形成的精神性功能。第二是在认知层次上，一定要着眼于它与人类日常思维和行为过程的关联，不能过于微观以至于让人难以感受，又不能过于宏观抽象以至于让人感到虚无缥缈。

因为逻辑的功能包含着工具性功能和精神性功能两方面内容，所以对逻辑功能进行认知的路径，也需要从两个维度分别进行考察。一个维度就是从人们日常思维和行为过程出发，按照思维和行为发展的脉络分析、研究逻辑在其中所起的作用（也可称作工具性功能）。另一个维度就是从人的精神层面来分析逻辑对人的思维和行为的影响（也可称作精神性功能）。

那么，人们日常思维和行为遵循什么样的路径展开？我们不妨做一个简单的模拟来进行推演。当我们进入一个陌生的环境，面对陌生的对象时，我们的第一反应是什么？首先应该想“我现在在哪里？”“我处在一个什么样的环境中？”“我所面对的对象是什么？”，那么相应地，我们的行为就一定是对我们所处的环境或所面对的对象的相关情况进行了解和认知。这实际上也就是要对组成环境的各种问题或所面对的对象的色彩、形状、数量、结构、功能等基本范畴的要素进行分析，通过分析形成对我们所在环境状况或所面对事物的本来面目、本质特征及其运动和发展规律的认知。这可以概括为“认知阶段”。那么，在“认知”完成之后，人们接下来会有什么行为？很显然是需要对事物的有关情况，如“某事物是有害的还是有益的？是可使用的还是不能使用的？它是长久存在的还是暂时的？”等有关“是非、善恶、美丑”的问题做出相对客观和公正的评判。这既是认知的直接目的，也是思维运行的自然延续。这就是“评价过程”。那么，当人们完成评价之后，很容易就会想到接下来的就是“预测”。也就是说，人们要通过一系列的分析、判定和推理，要较为准确地对事物在未来将会往哪里发展、以什么样的方式发展和发展成什么样的状态等问题做出评估和推测。这既是前两个阶段的发展和深化，也是为下一步的行动做好准备，打好基础。所以，“预测”通常应是第三阶段的主要行为。那么，在预测完成之后，第四阶段的行为就是要进行“建构”，人们将完成诸如“图纸方案的设计”、“行动计划的制定”或“理论体系的建构”等，要为下一步的“创造”做好必要的准备。所以，第四阶段的行为应当是“行为建构”。那么，建构行为完成之后，人们就要将所建构的计划、方案、理论等进行必要的解释或说明，目的就是要通过与他人的交流和互动，让他人能够理解与支持我们的想法，或者使他人遵守某些制度或规则，维持某种秩序；或者凝聚必要的社会力量来共同完成我们的任务，进而实现最终目标。这个过程实际上也就是一个“说明”或“说服”的过程。至此，一个完整的行为周期已经完成。

我们对上述几个阶段做一个概括和总结就可以看出，人类日常思维和行为过程其实是按照这一路径展开的，即认知阶段→评价阶段→预测阶段→建构阶段→说服阶段。这也就说明，我们对逻辑功能的工具性功能（即人们用逻辑干什么）的认知应当从这几个方面来切入。

那么，逻辑对人类的精神影响又遵循一个什么样的路径展开呢？我们不妨也按照人类行为发展的过程对精神发展做一分析。因为人的精神状态的变迁通常也不是孤立存在的，而是伴随着具体的行为在不同阶段以不同的内涵（或质性）存在并同步转换迁移的。所以，分析人的行为也就可对应地分析出精神所处的状态。那么，人要行动，首先要有行为的大致方向。而行为的方向确立除受具体环境的影响外，还与人的偏好和价值追求相关。这表现为不同的人即使是处在同一环境条件下，行动也会从不同的方向展开。人的方向从哪里来？需要从逻辑分析推理中得来。在这个阶段，人的精神处于被导引方向的状态。这也就意味着逻辑首要的精神作用就是对人的导引。那么，行为的方向大致形成之后人们需要确定行为目标和方案。在这个过程中，逻辑作为一种思维工具会帮助人们做出分析和决策，完成目标和方案的确定；但同时它在精神层面也表现为促使人们要自觉保持对正确思维规范的遵从。如果人们不去遵从正确的思维规范，恐怕接下来的行为就很难有效进行。所以，这个阶段逻辑的精神作用实际上表现为对人的思维进行规约。这是逻辑的第二个精神作用。那么，当行为目标和行为方案形成后，接下来就是展开行动。很自然，要想使行动具有持久的动力，就需要对行为主体不断地进行激励，这时逻辑的作用就体现为精神激励。这也是逻辑的第三个精神作用。那么，一次又一次的规范和激励不断发生在特定的行为主体身上，会产生什么样的效果？很明显，会使人在行为中表现出某些风格和特征，这实际上就是逻辑对人的行为风格的塑造。这实际上构成了逻辑的第四个精神作用。当然，特定的行为只是具体的过程，而不是最终的目的，行为的最终目的是要实现某种意图。那么一旦这种意图实现，人们便会产生某种愉悦，这也就说明逻辑在某种程度上还具备使人精神愉悦的功能。这是逻辑的第五个精神作用。因此，从逻辑在人类精神发展的不同阶段所承担的任务和最终效果来看，它依次为人们提供了：导引、规范、激励、塑造、愉悦功能。所以，研究逻辑对人的精神作用，需要我们探究逻辑的导引功能、规范功能、激励功能、塑造功能和愉悦功能。

当然，这样的分析仅是带有理想色彩的行为过程推演，在现实生活中不一定所有活动都要经过上述五个阶段，多数时候可能仅涉及其中某一部分或某几部分。但我们能够发现通过以上五种行为的组合，基本上可以完成人们所能想象到的所有不同的任务，能够满足日常生活中各种不同的需求。这自然也就成了我们从文化的视角研究逻辑工具性功能和精神性功能的有效路径。

4.3.2　认知的程序

逻辑功能的认知需要按照科学合理的程序来进行。如果程序不正确，先后顺序倒置或者存在遗漏，都将影响认知的结果。文化视域中对逻辑功能的认知程序通常是：先理论，后实践，再综合，然后提炼、概括和表述，并依此模式不断循环往复，螺旋式上升。

“先理论”就是指对逻辑功能的认知首先要从理论上进行分析。主要内容包括：第一是要弄清什么是逻辑、它包含哪些内容、它在什么社会历史文化背景下产生，人们建构逻辑体系的初衷是什么，逻辑应该有哪些主要的功能。第二是要看看逻辑在发展的过程中又发展出了哪些不同的逻辑类型，每种不同的逻辑类型又是在什么样的背景下创生的，原来的逻辑种类在新的发展时期又存在什么不足，新的逻辑类型又有了哪些发展、增加了哪些功能。之所以要先进行理论分析，除了首先需要搞清楚上述问题外，还有一个原因就是实践需要理论指导。如果我们没有理论做指引就盲目去实践，恐怕不仅找不到实践的目标，就连我们自身也会被搞得晕头转向。

“后实践”就是指在理论分析的基础上，从实践的角度上考察逻辑在人类社会发展的历史上究竟起过哪些作用、体现了哪些功能。实践的过程要以理论为指导，但并不等于是完全教条、僵化地跟着理论转，而是要充分发挥人类认识的主观能动性，从不同的社会历史的实践层面去检视。

“理论与实践的综合”就是要把理论分析的结果和实践结果进行对照，形成相统一的结论。因为有些功能可能是在理论上看应该有，但实践中却没有表现出来；而有些功能是事实上存在，但却还在理论之外。只有把二者统一才能成为既能在理论上成立，又确实在实践中存在，能得到大家共同认可的功能。

“提炼、概括和表述”就是指在理论与实践综合分析的基础上，要通过提炼和概括建立起简洁明了的、精准的、易于被社会大众理解和记忆的理论体系。为什么要特别强调适用于不同层次人群的特色话语体系？这当然也是由文化服务和文化传播的特性所决定的。过去，在逻辑功能的表述上，许多学者使用的是学术语言，而没有使用大众化语言，这也是导致逻辑在我国没有更好地融入社会大众的一个重要方面。今后，我们要想使逻辑的功能更好地获得大众的认可和理解，就必须使用与现实生活相结合的、能够让大众容易理解的语言。

4.3.3 认知的步骤

逻辑功能认知步骤的确定，是建立在我们对整个认知过程的解析和划分的基础之上的。只要把整个认知过程解析清楚了，我们就可以做出合理的划分，认知的步骤自然也就明确了。

那么，文化视域中逻辑的认知过程究竟是什么样的呢？如果我们仔细分析这个认知过程，不难发现一个完整认知的过程实际上大致可分为四个阶段。第一阶段就是对逻辑的本质、构成要素、组织结构、运行过程、运行机理的解析过程，目的主要是获得对逻辑的确定性认识。第二阶段就是对该逻辑创建的初衷、创建的过程及创生后的实际存在状态和运行状况进行考察，主要是要了解该事物理论意义上的功能设计和现实情境中的实际表现。第三阶段就是在前两个阶段，即聚焦定位、理论解读、实践考证的基础上，对事物的功能进行提炼和概括，初步形成关于该事物的功能体系的理论建构。第四阶段是对功能的表征阶段，就是完成对逻辑功能的描述和表达，建立起逻辑功能的话语体系。

根据上述阶段的划分，我们可以将文化视域中逻辑功能的认知过程概括为以下几个步骤：

第一步是进行理论分析。搞清楚在文化视域中逻辑是什么、应包括哪些内容、有哪些特性、有什么样的文化追求，它在现实中如何存在又如何运行，我们应该从什么样的视角并沿着什么样的思维路径来看待它的功能，我们应该在哪种高度上来概述它的功能，它应该具有哪些工具性显功能或文化显功能和哪些精神性潜功能或文化潜功能。

第二步是对照实践进行检验。对照逻辑发展的实际情况，在实践中进行检查和审视，看看逻辑在人类社会发展的不同阶段究竟承担了什么使命，完成了什么任务，发挥了什么作用，在漫长的实践中它究竟呈现出了哪些功能。

第三步是理论与实践相结合，初步形成逻辑功能体系结构的框架。理论上的分析解决的是“应该有什么功能”的问题，而实践过程凸显的是“实际有什么功能”的问题，二者在许多方面可能是统一的，但也可能存在差异，这就需要我们把理论分析和实践检验过程中产生的差异进行对照、分析并最终形成一致的结论。

第四步是形成对逻辑功能的表达。从不同的视角对逻辑的功能进行认知，会有不同的认知方式，也会形成不同的语言表达方式。从文化的视角对逻辑的功能进行阐释就要用大众化的语言和通俗易懂的方式来进行，这与过去用哲学的深奥语言和逻辑的符号语言是有一定区别的。可能会略显哲学味不浓，也没有太多的逻辑符号，但便于大众理解，也体现了文化传播的内在要求。

第五章　逻辑具有的工具性文化显功能

讨论完逻辑文化功能的生成原理和认知范式的问题，接下来就需要我们回答逻辑究竟有哪些文化功能。从本章开始将用两章的篇幅来讨论逻辑的具体功能，本章先讨论逻辑的文化显功能，下一章将讨论逻辑的文化潜功能。

所谓显功能，从字面直观地理解，就是指明显的、清晰的、易于被人们感受和认识到的功能。潜功能就是指那些不明显、不清晰、不易被人们直接感受和认识到的，但又是确实存在而且人们离不开的功能。

显功能和潜功能的提法来自20世纪美国著名社会人类学家默顿的理论。他在探讨社会结构功能的时候曾根据文化对社会起作用的方式、最终效果和易感知的程度，将文化功能分为直接功能和间接功能、正功能和反（负）功能、显功能和潜功能。他所谓“显功能”原本的表述是“人们能观察到的或者能预期到效果的功能”，“潜功能”的表述是“人们既不能认识也不能预期其效果的功能”①，本研究在其表述的基础上略微做了一些调整。

我们之所以要借鉴默顿的理论把逻辑的文化功能分成“显功能”和“潜功能”，并各用专章来讨论，是因为逻辑作为人类思维的基本工具不仅可以帮助我们处理具体的任务，具有我们容易认知的“工具性显功能”，同时它作为特殊的文化现象对人自身的精神要素也有作用，具有我们不易认知的“精神性潜功能”。

对于逻辑的工具性显功能，过去人们讨论得较多，但由于认知的视角和着眼的层次不同，表述各异。本书在前一章讨论逻辑功能认知的文化范式时曾对此问题做了分析，也提出了逻辑的文化显功能应确定为五种功

---

① 罗伯特·K. 默顿：《社会理论和社会结构》，唐少杰、齐心等译，译林出版社，2015，第123—126页。

能，即：正确认知功能、准确评价功能、科学预见功能、合理建构功能和有效说服功能。现就这些功能逐一进行详细论述。

5.1　逻辑具有正确认知的显功能

5.1.1　“正确认知”解析

所谓正确认知，就是指人们在对事物认知的过程中要使用有效的工具，采取正确的方式，实现对事物的本来面目和本质规律的准确把握。正确认知不仅强调“认知工具”的选择要正确，还强调“认知方法”的运用要正确，更强调“认知结果”的真实与可靠。“正确认知”看起来简单，但实践中要达到“正确认知”并非易事。我们之所以要强调“正确认知”，是因为在人类对事物认知的历史上经常出现这样或那样的问题：要么是所使用的工具不正确，要么是所采用的方法不正确，因此导致了许多虚假或错误的认知。比如我们远古的祖先，经常通过原始的思维方式来解释某些现象，或经常通过巫师作法与上天沟通来获得对事物的解答，那样的认知就不是正确的认知。它们不仅没有反映事物的本来面目和本质规律，还经常把人们引向错误和灾难。所以，讨论认知，就必须首先对认知本身有准确的理解。

5.1.2　逻辑在正确认知过程中的存在方式

按照马克思主义认识论的观点，人对事物的认识是一个由表及里、由浅入深、由低到高的不断循环往复和螺旋式上升的过程。认识首先要从事物的外在表象开始，逐步深入本质，再逐步发展到对事物规律性的认识。每个认识过程要经过两个阶段，即感性认识阶段和理性认识阶段。感性认识是认识的第一阶段，包括感觉、知觉、表象；理性认识是认识的第二阶段，包括概念、判断、推理。感觉就是通过感官获得对事物存在的感知。知觉就是在感知的基础上形成的对事物存在的时间、地点、形状、色彩、数量、结构、功能、属性及与周围事物关系等具体方面的认知。表象就是在知觉的基础上，通过对具体方面的综合和归纳形成对事物直观的综合印象。概念就是在对事物充分理解的基础上形成反映事物本质属性的概括。判断就是对事物是什么、不是什么，是否具有某种属性或与其他事物之间的关系等做出评定。推理就是从一个或几个已知的判断推出未知新结论的过程。

感性认识的信息主要是依靠感官的直接感知获得的，尚未经过思维的深度加工，其中经常会包含许多零散、片面、杂乱甚至虚假的认识，所以在这个阶段并不存在真正意义上的逻辑。理性认识是在感性认识的基础上进一步明确事物的本质属性，给出事物的概念，形成对该事物有关性状及与其他事物之间关系的判断，并通过对不同判断的组合形成推理来完成对其规律的认知。

概念、判断、推理是逻辑思维的三种基本形态，也是逻辑学尤其是传统逻辑研究的主要内容。按照传统逻辑的概念理论，概念的形成是在人们对事物的有关情况进行分析与综合的基础上，通过使用“属加种差”的方式经“下定义”的过程而获得的。[①] 在概念的形成过程中需要我们搞清什么是“属”、什么是“种差”。而事实上“属”与“种”又是一种建立在相对的概念划分基础之上的表达。一个概念可能相对于某个集合概念是“种”，但相对于比其等级更低或更小集合范围内的另一个概念它又是“属”；而且我们要获得“属”与“种”的具体内容，需要在大量的观察、实验的基础上对其结果进行分析与综合。因此，从概念的形成过程来看，其中就包含了归纳方法、演绎方法和辩证方法的使用。

判断的形成也是建立在对事物进行大量的观察和实验基础之上的。我们说某事物“具有或不具有某种属性”、“有无某种特点”或“与某物具有某种关系”，只能是要么通过观察，要么进行实验，然后在观察实验的基础上进行分析与综合，最后得出结论。这个过程实际上主要是归纳逻辑的运行过程。

推理结论的形成是在已知前提的基础上按照一定的推理规则得出先前未知的新论断，这正是逻辑学研究的最核心的问题。无论是演绎逻辑还是归纳逻辑，无论是传统逻辑还是现代逻辑，都是为了更加严密地推理而不断完善发展的。逻辑学的发展历史也就是推理更加严谨的历史。

因此，从马克思主义认识论所阐述的认知的整个过程来看，人类获取正确认识的过程本身就是一个从获得原始信息开始，到形成概念再做出判断、进行推理的思维运动过程。在这个过程中，逻辑就是以表征具体事物的“概念”、反映事物的属性或表征与其他事物之间关系的“判断”和由

① 马玉珂主编：《西方逻辑史》，中国人民大学出版社，1985，第 17 页。

已知到未知的“推理”的形式而存在的。而无论是概念（或词项）的形成，还是判断（或命题）的形成，抑或推理过程的完成，都与演绎逻辑、归纳逻辑和辩证逻辑等诸种逻辑思维形式密切相关；人类的认知过程实际上就是不同类型的逻辑按照各自的运行机理和运行规则运转发展的过程。

5.1.3　逻辑在正确认知过程中所发挥的作用

逻辑在认知过程中究竟有什么作用？古今中外的思想家、哲学家和逻辑学家们很早就已经开始研究，许多人也已从不同的角度对此进行了阐述。逻辑在认知中的作用，归结起来可概括为以下几个方面：

第一，逻辑为人们的正确认知提供了可靠的工具。逻辑的第一个形式体系是遵循“必然地得出”的原则建构的。人类历史上的第一个形式体系是亚里士多德创建的传统形式逻辑的三段论。三段论在形式结构上是由三个词项，即大项、小项、中项和三个判断组成的，亦即由两个前提和一个结论组成。三段论就是从第一前提出发，经过第二前提的过渡，最后形成结论的一个完整的推理过程。亚里士多德逻辑学说中的三段论分为诡辩的三段论、辩证的三段论和证明的三段论。诡辩的三段论主要用于揭示诡辩中的谬误，辩证的三段论主要用于正确有效地辩论，证明的三段论主要用于获得科学知识。对于三段论的作用，亚里士多德有很高的评价。他不仅认为“三段论”是一种必然性论证，而且认为三段论是证明的科学。亚里士多德之所以把三段论尤其是证明的三段论，看成人们求真辩谬最重要的工具，主要的原因是他在创建三段论理论的时候就提出了一系列特殊的要求。首先，针对前提，他提出了三个条件，即第一前提必须是真实的，第二前提必须是不证自明的，第三前提在本性上必须是在结论之先的。他的这三个条件实际上就决定了三段论的前提或者是大家共同认可的公理，又或者是事先做出的“定义”或“假设”。除此之外，他还要求证明的三段论的主项和谓项必须要有因果联系。正因为有这样一系列限制，所以也使得亚里士多德的三段论的推断不能随随便便进行，结论也不是随随便便就可以得出，在前提与结论之间必须以“必然地得出”为内在原则。①

在亚里士多德逻辑之后，逻辑学科又先后发展出了归纳逻辑、数理逻辑、辩证逻辑，以及现代的一系列经典、非经典逻辑。归纳逻辑是探求事物因果关联的重要方法，在揭示事物本质和获取新知方面有独特的作用，

① 郭建萍：《逻辑与哲学：真与意义融合与分离之争的探究》，科学出版社，2016，第38页。

几乎在所有的科学发现中都有归纳逻辑的存在。数理逻辑是为了消除自然语言的歧义和人为因素的干扰，实现更精准、更有效的推理而创建的，发展到今天也已成为包含若干个子系统的、具有强大作用的现代逻辑群；它们不仅已被用于计算机和人工智能、自动控制和信息科学的发展上，还被广泛用于语言分析、哲学问题分析和社会问题的分析论证中。辩证逻辑是为了认识事物之间的普遍联系和运动、变化、发展的状况，进而把握其发展规律而产生的；从人类历史的早期，它就与我们的祖先结下了不解之缘，虽然那时还不像今天一样完整、精细，也未上升到"逻辑"的高度，但它在帮助人们获得正确认知方面立下了不朽功勋，帮助人们在探索宇宙奥秘的过程中获得了许多真知。如果没有逻辑所提供的这些工具做保障，也许我们还会同祖先们一样在蒙昧和无知的黑暗世界中痛苦挣扎。

第二，逻辑为人们的正确认知提供了清晰、可靠的行动路线，能够导引着人们实现对事物的正确认知。人类要实现对世界的正确认知，除了有认知的基本工具外，还需要有可以实施认知行动的具体方案；否则，我们就无从下手——既不知道从哪里开始，也不知道要经过哪些程序和步骤，又到哪里结束。逻辑作为一种科学有效的认知工具，从事物最基本的范畴开始，经过定义形成概念，再在概念的基础上形成对事物性状、特征及与其他事物之间关系等有关问题的判断（或命题），然后在判断的基础上通过多种推理得到关于事物更多方面的新知，这里面包含了对事物认知的程序和步骤。

事实上，也正是因为有了逻辑的帮助，人们才越来越清楚地揭示了宇宙的奥秘，走向了更广阔的世界。

金岳霖先生曾对逻辑在认识过程中的作用有过专门论述。他说："如果我们的认识是绝对的和抽象的，则它包含概率和命题系列的关系；如果它是统计的和描述的，则它包含概率计算。无论哪种方式，认识都不能逃避逻辑；它可能包含不同的逻辑种类或不同的逻辑系统，但是没有某种逻辑或某个逻辑系统，认识就不能发生。"① 这是对逻辑在认知过程中具有的重要作用的具体、准确的表达。

5.1.4 逻辑具有正确认知功能的现实表现

逻辑能够帮助人们获取正确认知的事例，在现实生活中随处可见。在

① 郭桥：《逻辑与文化——中国近代时期西方逻辑传播研究》，人民出版社，2006，第162页。

此，我们选择人类对地球形状进行认知的事例来做具体分析。

人类对地球形状的认知，不是在某个时点上偶然形成的，而是经历了相当长的过程并经过数次修正才获得准确认知的。从整个认识过程来看，大致可划分为四个阶段，即天圆地方说阶段、球体说阶段、椭球体说阶段和不规则球体说阶段。

"天圆地方说"源于中国2 000多年前的周朝时期，究竟是何人最先提出这种说法目前已无从考证，但其核心观点就是认为"天像是一个锅，是半圆的，地像一个方形的棋盘，是平的"。这种观点持续了1 000年左右，直到东汉时期才被天文学家张衡的"浑天说"取代。为何我们的先人会形成"天圆地方"的观点？据有关资料的分析，主要是人们通过对天地的简单观察加上一些神话传说的影响而得出的。

"球体说"有两个源流，一个是古希腊的球体说，另一个是中国古代的球体说。古希腊球体说最早源于古希腊数学家毕达哥拉斯，他首先提出"地球的表面是弧形的"。这一认识源于他在海边的发现：远处驶来的帆船，总是先出现桅杆，之后才出现船身。他由此推断"地球的表面是弧形的"。毕达哥拉斯的理论不是完整清晰的，在毕达哥拉斯之后，古希腊思想家亚里士多德又提出了"球体说"。亚里士多德之所以认为地球的形状是一个球体，是因为他在观察月食时发现落在月球上的地球影子是一个圆，他通过对这一现象的分析最后推断出"地球是一个球体或近似球体"。中国古代球体说的提出者是我国东汉时期的天文学家张衡，他认为天体如鸡蛋，地球就像蛋中的蛋黄，天大地小，天里还有水，天包着地。张衡的球体说究竟是如何形成的？现今已无资料可供详考，仅有的粗略表述是他长期进行天文观测所形成的。由于古代科技发展水平的局限，两种球体理论尽管一直均被大家认可，但在相当长的时间里没有得到实践的证明。直到1519年葡萄牙航海家麦哲伦率领他的船队从西班牙出发，一路向西航行，历经3年完成了环球航行，最终才用实践完成了初步证明。

"椭球体说"是17—18世纪英国著名的物理学家、数学家牛顿提出来的。他根据万有引力定律，对地球的运动情况进行了分析。他提出："由于地球绕轴不停地自转，又和其他球体之间相互吸引，因此就不可能是正球体，而只能是一个两极压缩，赤道隆起，像橘子一样的扁球体。"

"不规则球体说"是20世纪50年代后形成的，由于现代发达的科学手段为地球测量开辟了多种途径，所以人们通过实测和分析得到了地球外形的确切数据：地球的平均赤道半径为6 378.38千米，极半径为6 356.89

千米，北极地区约高出 18.9 米，南极地区则低了 24 米～30 米，看起来，地球是一个像橘子一样的、两极稍扁、赤道略鼓的不规则球体。

为什么在不同阶段人们对地球的形状会有不同认识？这与他们使用何种方法来实现认知及该方法本身具有多大程度的科学性有很大关系。在“天圆地方说”阶段，科技十分落后，人们的活动空间狭小，对事物认知只能靠直觉和简单想象，几乎没有逻辑理性的成分，所以难以形成反映事物的本来面目的结论。“球体说”阶段，人类的认知能力有了一定的提升，人们已能够在一定程度上运用逻辑分析和推理的方法来认知事物，尽管结论还不是十分准确，但已基本接近事实。毕达哥拉斯从“先看到桅杆后看到船身”得出“地球表面是弧形的”这一结论，实际上包含着对一系列的逻辑推理方法的运用：“先看到桅杆后看到船身”说明“在某个确定的时刻桅杆与船身不在人与大海及其所构成的同一平面内”，那么，人们在看到桅杆而看不到船身的这一刻，船在哪里？应该在人、海面的对照点和桅杆所组成的视平面以下。如果海面是平直的，只看到桅杆而看不到船身，船身又比桅杆低，那么船身就只能全部淹没在大海里。然而，事实上船身并没有淹没在大海里，而是浮在海面上，这就说明海平面不是平直的；海平面不是平直的，那它就只能是弧形的；海平面是弧形的，而海水又是覆盖在地球表面的，那么地球表面也自然就应该是弧形的。亚里士多德从月食中地球落在月球上的影子是一个圆推出了地球是球形，这个过程也包含着对逻辑推理方法的运用：地球的影子是圆的，影子是太阳照射地球后阴影落到月球表面上所形成的，影子要是圆的说明地球挡住太阳的部分是圆形的，而挡住太阳的部分正是地球的外部形状，所以地球的外形也应该是圆的球体。麦哲伦通过航海的实践证明地球是圆的，也包含着这样的推理：只有在圆球形状的东西上始终按照一个方向前行最终才能回到起点；麦哲伦的航海始终按照一个方向航行，最终回到了起点；所以地球的形状就是圆球体。“椭球体说”阶段，人们运用逻辑推理的能力比以前有了更大的进步，计算和推理更加精细，所以结论也更加接近真实。牛顿本人就是著名的物理学家和数学家，他对逻辑还有一定研究，他之所以能够得出“椭球体”的结论，源于他在地球自转和公转理论的基础上，又遵照万有引力定律，对球体之间的相互影响和地球自转可能产生的后果做了更加细致的分析和一系列的推理，他的分析和论证过程中包含了更多的逻辑因素。最终的“不规则球体说”准确地反映了地球的实际形状，完全是建立在精确测量数据基础上的概括和综合。

所以，从地球形状的全部认知过程来看，人类要想获得正确认知，必须在观察、实验、分析、综合的基础之上，经过准确的判断、严密的推理和有效的论证才能实现，如果没有逻辑方法的参与是难以获得正确认知的。

5.2 逻辑具有准确评价的显功能

5.2.1 “准确评价”解析

通俗地说，评价就是评价者依据一定的评判标准，通过对被评判对象有关方面的分析和比较，最终得出一个结论的过程。

评价包含准确评价和错误评价。准确评价是指秉持客观、公正和理性的态度，运用有效的工具，通过正确的方法和严格的程序，对事物及其发展的状态、结果做出客观、真实、公正的评说和判定的过程；错误评价就是指态度不端正、方法不正确，或结论不真实、不准确、不客观的评价。

准确评价在一定程度上与“科学评价”具有相同的内涵。人们在很多情况下也把准确评价表述成“科学评价”。准确评价包括：正确的评价态度、有效的评价工具、科学的评价方法（包括科学的路径、程序、步骤）、合理的评价规则、公平公正的评价结论。正确的评价态度就是指对评价工作要坚持实事求是、客观公正的原则。这就要求人们：在评价之前不能对评价对象持有偏见，反对预设立场；在评价过程中要实事求是，客观公正，不受政治立场、个人学识、个人经历、个人心理及个人爱好偏向和情感倾向影响；在事后要客观对待评价结果，尊重事实和结论，不能随意扩大或缩小问题。有效的评价工具就是指在评价的过程中所使用的媒介和手段，如测量工具、推理论证工具等要有效、可靠、适用。科学的评价方法就是指评价工作要在测量、计算的基础上，通过分析、归纳、概括、总结和有效的推理得出结论，而不靠意识的渗透或主观的想象得出结论，不靠占卜算卦等方式胡乱联系得出结论，也不靠上级、权威的说法或经典书籍得出结论，更不能依靠多数民众的舆论来得出结论，直觉、天启、渗透、影射、权威、经典都是靠不住的，也不是科学的。合理的评价规则就是对事物的认识和界定必须要真实、客观、公正、具体，理论标准要清晰、明确、完整，理论和实际之间要存在必然的因果关联，不能胡乱比附。公平公正的评价结论要清晰、明了，不能含糊笼统、似是而非或者相互矛盾。

准确评价包括许多类型：其一，自然属性评价。主要是指对物的评价，比如某事物是否具有某种特点？是不是真实、客观意义上的某种东西？对物质自然属性的评价不存在道德和艺术判定，仅是指“是什么、不是什么”或“不完全是什么”的问题。这类评价也就是人们经常讲的定性评价，重点关注的多是事物是否具有某些性质。其二，存在方式或行为方式的评价。主要是指人们在处理事情的时候所遵循或采用的方式方法是否合乎事物本身的规律。比如，某些人在某些事情的处理上，所采用的方式或做法是否符合规定程序，是否存在前后矛盾，等等。其三，程度或状态的评价。主要就是对事物发展速度或严重程度及存在的状态是否符合正常规律等做出评判。这种评价多是定量评价，重点关注的是数量指标；有时候也做一些定性说明，但要求较为翔实、准确。其四，效果评价。主要是指在某项政策措施或办法实施后或某些行为动作完成后，对这些措施、办法或行为动作的变化所引起的效能差异进行评估，如教学效果评价、历史作用评价等。其五，道德评价。这种评价主要是指把当下对某个行为或某些现象及其内含的价值观和信念进行对比，得到是非、优劣、善恶、美丑等结论。这个过程是价值衡量的过程，行为的判定较为复杂，不仅需要判定哪些是表象问题，哪些是本质问题，还要对行为表现进行“对错、美丑、善恶”等判定。行为的判断经常自觉不自觉地渗透阶级立场和时代特征，需要考虑或揭示出这些东西。道德评价的过程既是上一步认识的深化和升华，也是下一步做出行动或反应的基础和前提，直接影响着行为的方向和目标。其六，对事物美丑的评价。“美丑”的评价是根据特定的事物给人的心理上所带来的厌烦不适或愉悦舒适的不同感受所做出的判定，厌烦为丑，愉悦为美。美丑的评价问题属于美学研究的范畴。概括起来，科学评价实际上就是对事物是非、真假、对错的评价，即对好坏、善恶的评价和对美丑的评判。尽管不同种类的评价目标及其所依据的标准和最终得到的结论不同，但从整个行为的运行过程来看，所使用的方法及工具等都是相同的。

逻辑的评价功能就是指逻辑能够帮助人们对事物的是非、真假、好坏、善恶和美丑做出准确评判的功用。

5.2.2 逻辑在准确评价过程中的存在方式

准确评价的过程，大致可划分为四个行为阶段。第一阶段是对评判对象的认知阶段。在该阶段人们要通过对信息数据的分析和加工，形成对事物全面、系统、完整、准确的认知，并对实然之物做出是什么或不是什么，以及有什么或没有什么的判断。第二阶段是对行为的是非、善恶、美丑的评判标准进行确立的阶段，也就是在前一认知阶段的基础上形成对事物性状的应然判断的过程。第三阶段是对实然状态和应然状态的比较阶段，在这个阶段人们要把事物已有的关键性指标与事物应有的指标进行比较并找出差异。第四阶段是做出评价结论的阶段，就是在对应然和实然标准进行比对的基础上最终形成关于当前事物的是非、善恶、美丑等评价。

总而言之，第一阶段是概念和判断的形成过程，逻辑在此阶段是以概念和判断的形态存在。第二阶段是标准确立阶段，逻辑是以判断的形态存在。第三阶段是寻找差异的阶段，逻辑也是以判断的形态存在。第四阶段是形成最终结论的过程，这是以应然和实然判断为前提的推理过程，逻辑在这个阶段以推理的形态存在。

5.2.3　逻辑在准确评价过程中所发挥的作用

逻辑在准确评价的过程中发挥着极其重要的作用，主要体现在以下几个方面：

（1）逻辑能使评价者具备行为理性。

要做到准确评价首先要求我们具有正确的态度，能坚持实事求是和客观公正的原则。具体地说，就是在评价之前不预设个人观点和立场；在评价过程中要实事求是、客观公正，不受个人经验、爱好和情感偏向影响；在事后要客观冷静地对待评价结果，尊重评价结论，既不随意夸大矛盾，也不故意缩小问题。概括而言，也就是科学评价首先必须要保持高度理性。

“理性”一词具有丰富的内涵，一般来说，理性包含工具理性、价值理性和行为理性。工具理性主要是针对方法而言的，通常是指人类在认识问题、分析问题和解决问题时能够以科学理论为指导，通过使用科学的方法来实现最终目标的行为取向。价值理性通常是针对结果而言的，是建立在价值论的基础上、涉及事物存在的意义和价值倾向的行为取向。行为理性主要是指人们在行为过程中能够保持清醒、冷静、理智而不受情感影响，不偏激、不冲动的处事特征。

理性不是人类先天就有的，而是后天形成的；理性的形成不仅需要人们具有丰富的知识和宽广的胸怀，还需要具有处理各种复杂问题的能力和大量的实践经验。而这些东西来源于哪里呢？这与逻辑有密切的关系。逻辑是理性的基础和核心，是理性形成的关键，凡是有理性出现的地方就伴随着逻辑的存在。我们不妨审视周围的一切，哪个知识体系的建立不需要逻辑？哪种处理问题的科学方法不是源于逻辑？哪个复杂问题的解析不需要借助逻辑？理性要脱开逻辑，就成了无源之水、无本之木。

（2）逻辑能为准确评价提供明确的标准和依据。

对事物的评价实际上就是要对事物的是非、对错、好坏、善恶、美丑等相关问题做出评判。评价的内容包含真、善、美等多个方面。在现实生活中，有时候我们可能仅仅是完成某个方面的单一评价，有时候又可能要完成多个方面的综合评价。但无论任务的多寡，实际上做出评价所用的方法均是相同的。只不过简单问题仅需要从某个角度、用较少的推断就能完成，而较为复杂的问题需要从多个角度、多个层次不断进行综合论证才能得出最终结论。那么要做出评价，从哪里开始？首先必须要有评判的标准才行，没有标准就无法进行评判。而评判的标准来源于哪里？它又是如何得来的呢？它就来源于人们对事物的逻辑加工。“是非”问题是事物本身的质的规定性问题，有则为是，无则为非；“善恶”问题是事物对于人的损益问题，益者为善，损者为恶；“美丑”问题是事物对于人的心理愉悦与厌烦问题，愉悦为美，厌烦为丑。而这些衡量标准都来自逻辑的细致分析和准确的定义。如果没有逻辑的加工就不会有这些标准，我们也就无法区分事物。所以，评价的标准都与逻辑密切相关。

（3）逻辑能保证评价方法的正确和结果的客观公正。

评价的结果能否客观和公正，取决于评价的方法是否科学，亦即是否选择了恰当的路径，遵循了正确的程序，实施了正确的步骤。方法正确，评价通常是客观和公正的；方法一旦存在问题，结论也就很难保证客观、公正。逻辑在整个评价的过程中，无论是对实然之物的认知，还是对评价标准的确定，或是最后对评价结果的概括与综合，都是严格按照逻辑思维的发展路径、运行程序和步骤顺序实施的，每一步均建立在“必然的因果关联”之上。正是基于这样的前提，整个评价过程不仅保证了应然标准的规范、明确，对实然之物的认知也全面、准确，在实然与应然的比对和结论的概括归纳中使评价结论有了充分的论据做支撑，因而具有了很高的准确性。如果没有逻辑的强有力支撑，方法难保正确，结论也难保客观公正。

5.2.4 逻辑具有准确评价功能的现实表现

现实生活中每天有许多大大小小的评价活动，大的方面诸如国家安全评价、民主政治建设评价、经济运行状态评价、文化发展状况评价、社会治理成效评价、生态环境保护评价等多方面的内容；小的方面包括个人日常生活中饮食起居、学习工作、交往活动中的许多问题的评价。而所有这些评价过程要想做到客观、公正和准确，都离不开逻辑。为清晰地说明逻辑在准确评价中的作用，我们选取高等教育本科教学评估的事例来做分析。

当前我国高等教育正广泛开展本科教学评估，这是在我国由传统的精英化教育向大众化教育转型后，随着高校的办学规模迅速扩大而由教育部组织开展的对本科院校教学状况进行评价的重要活动。

本科教学评估共分为三种类别，即合格评估、审核评估和水平评估。合格评估就是国家通过对学校办学状况进行评价，最终形成以能否“通过”为结论的评估形式，其针对的对象主要是新建本科院校。审核评估是国家依据被评估对象自身设定的人才培养目标来评价被评估对象人才培养目标与效果的实现情况。审核结论不分等级，只形成写实性审核报告。审核评估的主要对象是2000年以来已参加合格评估并通过的普通本科学校。水平评估主要是国家通过对学校办学理念、办学条件资源、培养过程和办学质量等多方面进行综合评估，最终对学校办学状况做出优秀、良好、合格、不合格四种情况之一的评估。

合格评估的主要依据是《普通高等学校本科教学工作合格评估指标体系》，共设置了涵盖办学思路与领导作用、教师队伍、教学条件与利用、专业与课程建设、质量管理、学风建设与学生指导及教学质量评价的7个一级指标体系，在一级指标下又根据每个大项分解设置了20个二级指标体系及39个观测点。审核评估中国家不设统一评估标准，但通常要考察学校的定位与目标、师资队伍、教学资源、培养过程、学生发展、质量保障6个项目及1个学校自选特色项目，包括24个要素、64个要点，涵盖学校办学定位和人才培养目标、教师教学水平和教学投入、教学经费和教学设施、专业及课程建设、教学管理与改革、招生与就业、学生学习效果及学风建设、质量保障体系的建设及运行等各个方面。水平评估通常是按照《普通高等学校本科教学工作水平评估方案（试行）》中的指标体系进行的，要考核办学指导思想、学校定位、师资队伍、办学条件与利用、专业建设与教学改革、教学管理与学风、教学效果等7个一级指标、19个二级指标和1个特色项目。虽然三种评估的目标不同，结论不同，但考核的指标体系差异不大。

三种评估的程序基本相同，主要包括：学校自评、专家进校评估、结论的审议与发布等环节。学校自评就是参评学校根据《普通高等学校本科教学工作审核评估方案》及上一次本科教学工作评估存在问题的整改情况，结合自身实际，认真开展自我评估，填报本科教学基本状态数据，在此基础上形成“自评报告”和“教学基本状态数据分析报告”，同时提交各年度“本科教学质量报告”。专家进校评估就是由教育部评估中心组建专家组赴学校进行现场考察评估。专家组在审核学校“自评报告”、年度“本科教学质量报告”及实施审核评估机构提供的“教学基本状态数据分析报告”的基础上，通过查阅材料、个别访谈、集体访谈、考察教学设施与公共服务设施、观摩课堂教学与实践教学形成写实性“专家组评估报告”，并给出评估结论建议。结论的审议与发布就是在专家组进校评估并写出“专家组评估报告”的基础上，教育部组织专家委员会审议“专家组评估报告”，做出最终的评价并向社会发布。

本科教学评估有较高的权威性，已成为促进高校加快建设和发展步伐、不断改善办学条件、提升办学质量的重要举措。为什么本科教学评估能得到大家的一致认可和广泛支持？就是因为评估工作的目标明确、指标体系设计科学合理、评估程序恰当、评价过程细致严谨、评价结论真实可靠。

那么，在整个评价活动中，逻辑存在于何处？又起到了什么作用呢？在评价过程中，逻辑主要存在于两个过程中。第一个是指标体系的建构过程中，第二个是评价程序中。它的作用主要表现在以下几个方面：第一，评价指标体系的确立是建立在对高校办学总体状况的逻辑分析和论证基础之上的。高校是一个有机的生态大系统，人才培养也是涉及多种因素的系统工程，要想对学校办学状况做出较为科学、准确的评价，就必须对人才培养的相关情况做系统、全面的考核，而这种考核系统的建立就需要进行逻辑分析，就要用到概念理论、判断理论、推理理论。比如水平评估方案中的指标体系，共设计了 7 个一级指标，包括学校办学定位、师资队伍、办学条件与利用、专业建设与教学改革、教学管理与学风、教学效果，我们能够看出这些都是事关一个学校教学水平的最重要因素，任何一个方面的缺失都会直接影响到评价的准确性。在一级指标和总的教学水平之间存在密切的因果关联。同样，在一级和二级指标、二级指标和观测点之间也是如此。所以，整个指标体系就是一个极其严密的有机整体。如果没有严密的逻辑分析，是难以形成这样系统、完整的评价指标体系的。第二，评价的过程是在有效的数据调查和准确的概括归纳基础之上形成的。无论是学校自评，还是专家组进校评估，抑或专家委员会的审议修正，都是要经过细致的调查和摸底，形成翔实的数据资料，并在此基础上进行有效的概括归纳之后才形成的。每一个过程实际上都包含着对逻辑归纳方法的充分运用。因此，可以说整个评价过程就是充分运用逻辑的方法，即分析与综合、归纳与演绎、具体与抽象、逻辑与历史相统一的方法，对高校本科教学状况做出准确评价的过程。正是因为得出评价结论的过程具有推理的严密性和论证的可靠性，才使评价有了权威性。可以说，逻辑是准确评价的灵魂，逻辑是准确评价的保障；没有逻辑，遑论准确的评价。

5.3　逻辑具有科学预见的显功能

5.3.1　"科学预见"解析

所谓科学预见，就是根据事物运动发展变化的客观规律，在认知事物现状的基础上，运用科学的方法对其未来的发展方向、发展态势和可能出现的结果做出预测和研判的过程。

科学预见与非科学预见最大的区别，就是科学预见是建立在人们对自然界、人类社会和思维规律的正确认识基础上，运用科学的方法进行预见，是人类主观能动性的有效发挥；而非科学的预见则是建立在对超自然力的迷信、下意识产生的预感或日常经验的直觉之上的预测。在人类的预见史上，非科学的预见如传统的机械决定论、历史非决定论等，曾很长时间占据主导地位，比科学预见的历史还要长。

科学预见的内容一般包括对事物未来的发展方向、可能的途径、可能出现的状态或可能产生的结果，以及他人（或对手）实施某种行为的主观目的和要实现某种目的可能在今后采用的方法等多方面的预测。管理工作中的各种有关未来行动的决策、政治领域中的路线方针政策的制定、未来学中有关人类生活方式的预测等，都是科学预见的具体表现。①

① 吴焕荣：《试论科学预见》，《马克思主义研究》1986 年第 2 期。

5.3.2 逻辑在科学预见过程中的存在方式

要完成“准确预测”，大致要经历三个阶段。第一是要弄清事物当前的实际状态；第二是在知晓现状的基础上，确定变化了的因素；第三是要根据事物发展的一般规律加上变化了的情况，对未来发展的方向、速度及可能的态势进行推测。

第一个阶段，亦即对当前事物的界定阶段，是形成若干判断或判断群的过程。逻辑在这个阶段的主要任务是要做出判定，因此其主要是以判断的形式存在。第二个阶段是对变化了的情况做出分析并形成结论的阶段，逻辑在该阶段也主要是以判断的形式存在。第三个阶段是根据事物发展的一般规律结合变化了的情况进行分析推断并预测得出结论的过程，这是在前两个前提的基础上进行推理的过程，在该阶段逻辑也是以判断的形式存在。

从科学预见的过程来看，其本质是在事物信息判断基础之上的一次或几次连续推理的过程。预测推理的过程主要包括三种方式：第一种是归纳推理，即从特殊前提到一般结论的推理过程，例如“因为太阳每天从东边升起，所以可推断太阳总是从东边升起”，这种推理的基本模式就是“A_1是 S，A_2是 S，A_3是 S，…，A_n是 S，所以 A_{n+1}也一定是 S”。第二种是演绎推理，即从一般前提到具体结果的推理过程，例如“凡人都会思考问题，这个女人也是人，所以她一定也会思考问题”，这种推理的基本形式是“凡 S 类的东西必然有性质 A，S_1是 S 大类中的一个子类，那么 S_1也必然具有 A 性质”①。第三种就是类比推理，即相类似的事物有相类似的属性，从一事物具备某种属性可推出另一事物也具备某种属性。例如鸽子和老鹰都是飞禽类动物，鸽子的翅膀骨骼是中空的，那么应该推出老鹰的翅膀骨骼也是中空的。这种推理的基本形式是：A 和 B 相类似，A 有性质 a，那么 B 也有性质 a。

5.3.3 逻辑在科学预见过程中所发挥的作用

逻辑在科学预见过程中的作用主要表现在以下几个方面：

（1）逻辑为科学预见提供了理性的工作原则。

事物之所以能够被预见，基于两个前提：一是整个世界都处于普遍联

① 王习胜、张建军：《逻辑的社会功能》，北京大学出版社，2010，第 101 页。

系之中，世界上不存在绝对孤立的事物；二是相互联系的事物之间普遍存在着因果关系，任何事物的产生、发展和灭亡，总是由一定的原因所引发的，而一定的原因又必然导致某种后果；而且事物之间的这种普遍的因果联系，又具有前后的相续性，即现在是过去的必然延续，未来是现在的必然延伸。因此，只要把握了现实原因，便可相应地推知未来的结果。

科学预见要立足于现实进行准确评估和科学预测未来可能出现的状况，就要求人们必须摆脱情感的支配，遵循事物发展的客观规律，客观、公正、实事求是地进行推理和论证，不能凭主观臆想来得出结论。那么，如何才能尽可能地消除个人主观因素的影响？如何才能准确把握事物之间的因果关联，而不是像古人的占卜算卦那样的原始思维，不像宗教那样胡乱联系？这就需要逻辑来提供原则。逻辑的建构是基于因果关系上的"必然地得出"，它的运行过程是排除人的主观因素和情感偏向的，其结构也不是可随意变更的，这正是科学预见的核心精神，也是它活的灵魂。正是由于遵循了这一规律，科学预见才成为人们用来推断事物未来的发展趋势和可能结果的重要武器。如果没有逻辑思维原则的规约，就不可能有科学的预见。

（2）逻辑为科学预见提供了可靠的工具。

人类的预测活动很早就开始了，但并不是所有的预测活动都是科学的。在远古时期，人类的祖先大多是在原始崇拜或宗教迷信的基础上进行预测，所以形成了中国的周易八卦、阴阳风水、周公解梦，以及西方世界广为流行的星象学说等诸多预测理论。事实上，在这样的活动中，人类的智慧之门根本没有开启，理性的灵光也根本没有投射到其中，无论是人们所使用的工具，还是所采用的方法都是错乱的。这样的预测只是由于对自然规律无知而形成的对上天的恐惧所采取的自愚和愚人的把戏而已，很少有科学的因素。随着科学技术的进步，人们逐渐摆脱了神灵的束缚，开始慢慢靠人类自身的智慧来完成预测，但有相当长的时间人们还主要是凭经验、直觉通过类比和不完全的归纳进行，如从面相、手相预测有无哪种疾病，从天气变化预测日食、月食等现象。这种预测有些时候能够猜中，但准确率较低，还称不上是真正的科学预见。随着人类智力的不断提升和社会发展中多种问题的不断涌现，人们越来越感觉到经验预测存在的不足，迫切希望用新的方法来弥补其不足，于是在这种需求推动下，以逻辑为基础的科学预见方法应运而生并不断发展。因此，科学预见是人类社会发展到一定时期的产物，是逻辑的诞生才使之成为可能。如果没有逻辑的参与，预见就难以成为科学预见。

逻辑为预见提供了可靠的工具，主要表现为一系列科学的方法。人们在科学预见中使用较多的方法有：经验判断法、规范分析法、类推法、时间序列法、回归分析法、统计表法等方法。经验判断法就是预见者依靠自己的知识、经验和综合分析加工能力，从事物的现状出发，依据事物发展的客观规律而进行预估和推测的过程。这种方法适合于对那些不能量化的或不需要做特别精细和准确具体的预测的未来现象、未来发展趋势做定性的描述。尽管经验判断法仍有一定的不足，但也有一定的科学性。规范分析法就是以社会发展的需要和预想的目标为基础，运用特定的方法，按照一定的程序、步骤一步一步地进行推算和估测从而得出结论的过程。规范分析法重点强调的是分析的方法，即分析的途径、程序和步骤，有较高的可靠性。类推法就是从具有相同特性或类似的现象出发，通过与类似事物发展的状况的比对而预见事物未来发展情况的方法。这种方法一般对外部环境的影响不做过细的考虑，重点是关注事物本身，假定未来仍按照过去的趋势发展，通过和参照物的不断比较而推测事物未来的情况。科学的类比结论是较为可靠的。时间序列法就是把在特定环境条件下出现的事件，按时间顺序加以排列并从中获取变化规律，然后再用这种规律来反推事物可能出现的状态和结果。这种方法对事物发展周期性、变动轨迹的关注程度较高，较少考虑随机性和偶然因素的影响，对大趋势的把握较为准确。回归分析法是通过研究可能引起事物未来状况变化的各种可能因素及其可能发生的变化，按一定的模型结构或权重比例来计算事物受影响程度和可能出现的问题，最后综合形成结果的一种预测方法。这种方法适用于易受多因素影响、易变、易波动的事物预测。统计表法是通过收集大量数字信息，绘出各种图表，统计出各种概率值，用于预见事物发展的趋势。①

这些方法表面看来似乎和逻辑无关，但只要稍做分析就会发现，实际上无论哪种方法，其实都是辩证逻辑、形式逻辑、归纳逻辑、数理逻辑的综合运用，只是不同方法所用的逻辑类型或类型组合略有差异而已。正是有了逻辑这个可靠的工具，才保证了预见活动的有序展开，也保证了预见结论的真实可靠。

---

① 宋国强：《论科学预见及其在认识中的作用》，硕士学位论文，郑州大学，2000，第16—17页。

（3）逻辑确保了科学预见程序的合理规范。

科学预见的程序就是指在科学预见活动中人们的行为动作所必须遵循的先后顺序。科学预见一般遵循以下程序展开：第一是要确定预见目标，也就是预见所要达到的最终目的。这是需要根据实际情况来确定的。有的时候是要预测方向，有的时候是要预测事物发展的状态，还有的时候是要预测可能出现的结果。预见的目标不同，后续的行为内容和方式也不同，如收集什么样的资料、怎样收集资料、采取什么预见方法等。第二是收集资料。收集资料是在预见目标之后，紧接着就要实施的行为。因为事物的相关资料是预见工作的基础和依据，没有这些资料就没办法开展预见工作，而且预见结果的可靠与否很大程度上取决于所收集到的资料。所以，要做好科学预见必须要立足于现实，获取必要的感性材料。当然，在获取资料的过程中，要注意对资料进行必要的整理、排序、汇总，否则，一大堆杂乱无章的资料是难以运用的。第三是选择预见方法。预见方法是与预见目标和我们所占有的资料多寡相关的。预见的内容多、要求的精准度高、可资预见的时间充足、条件（如经费、设备等）又好，那么预见过程中所使用的方法可能就多，反之则少。但无论多少，预见方法选择的恰当与否，直接关系到预见结果的时效性和可靠性。所以，预见方法的选择既要充分考虑工作的时效性也要考虑结果的可靠性。第四是进行推理预判。这个阶段主要是根据预见对象的特点与变化发展的规律进行比对和有效的推理研判。①

表面看来，科学预见的程序似乎和逻辑无关。但是其中的四个行为阶段实际上具有内在关联，是思想一步步的发展和深化，行为间先后承接，具有因果关联，包含着思想的辩证运动。如果没有逻辑在其中的规约，预测的行为将会是错乱无序的，动作之间也难以存在因果的必然关联。这样的结果和我们远古的祖先通过巫师占卜和算卦进行预测没有什么区别。

可以说，正是因为逻辑保证了预见程序的合理，也才保证了预见活动最终成为科学预见。

5.3.4　逻辑具有科学预见功能的现实表现

现实生活中，逻辑帮助人们实现科学预见的事例很多，小到我们日常

① 宋国强：《论科学预见及其在认识中的作用》，硕士学位论文，郑州大学，2000，第17—18页。

生活中的琐事，大到国际政治、经济、军事、文化、外交、科技等方面的事务，只要有科学预见的地方，就会伴随着逻辑。那么，逻辑在科学预见中究竟是如何发挥作用的呢？为了更具体直观地揭示其过程和机理，我们选取海城地震的事例进行分析。

1975 年 2 月 4 日 19 点 36 分，在我国辽宁海城地区发生了一场强度为里氏 7.3 级、震源深度为 16 公里～21 公里的大地震。由于我国地震学家对本次地震进行了准确预测并及时发布了短临预报，所以本次地震预测不仅拯救了 10 多万人的生命，也避免了数十亿元的经济损失。正是因为这次预报及时、准确，海城地震预报也被美国地震学家雷利教授誉为“十几年来世界上重大的科学成就之一”①。

为什么海城地震能够成功预报？原因当然是多方面的。但其中最核心和最重要的因素是我国的地震学家们做好了以下几方面的工作：

第一，他们对通常情况下地震的成因、特点、规律及海城地区的地质结构和运动特点有深刻认知。

第二，从 1973 年下半年开始，他们有意识地采取多种措施加强了各种前兆观测，如增加地震台站观测手段，加密地壳形变、重力、地磁等流动观测网，缩短观测周期，搜集到了更多的地震前兆信息。比如辽宁金州地壳形变观测发现金州断裂从 1973 年 9 月到 1974 年 6 月断裂两侧高差变化了 2.5 毫米，是前几年平均变化量的 20 倍；大连的地磁观测发现，该地的地磁垂直分量突然变化了 21.5 伽马，出现了大幅度变化；在渤海北部 6 个潮汐观测站都发现 1973 年渤海海平面明显上升，且最大上升幅度达十几厘米；除穴居的蛇、鼠外，还有家畜、家禽、鸟类、鱼类，以及公园饲养的虎、猴等都出现数量越来越多的异常现象，甚至在寒冷的冬季一些地方还出现了蚂蚁、蝴蝶等冬季罕见的昆虫。

第三，通过对这些异常变化的汇总，形成了“地壳已在不正常运动”的科学判断。

第四，1974 年上半年，辽宁及邻近地区小地震活动明显增强，尤其是辽东半岛及两侧海域、敖汉旗等地，地震数量较常年已增加三至四倍，由此判断出了辽宁地区地震危险性已大大增强。

第五，排除了先前地震余波的干扰，断定了除先前地震之外还有新的地震。7.3 级地震之前，海城还出现过 4.8 级的地震，那次地震也出现过

① 徐心同：《海城地震预报回顾与思考》，《防灾减灾学报》2015 年第 1 期。

异常现象。但地震学家们发现，除原4.8级地震所引发的异常现象外，各种异常还在继续，特别是地下水在更大范围内出现异常现象。因此他们认为辽宁南部地区仍将发生一次较大地震。

正是基于上述工作，科学家们最终准确地预报了海城大地震。

通过对海城大地震的整个预报过程进行细致分析，我们能够发现，在整个科学预测的过程中，诸多方面都体现出了对逻辑方法的有效应用。不仅是局部问题的推断，比如从地震断裂带的高差变化推出地壳运动加快；从地磁变化加大、海平面升高及多种动物的异常变化推出地壳活动已在不正常运动；从辽东半岛小地震数量增加三到四倍推出地震危险性已大大增加；从4.8级地震之后异常现象仍在不断出现，推出还有新的更大等级的地震；等等。这些均充分运用了归纳推理。而且从整个预报的宏观过程考量，整个过程本身就是一个大的演绎逻辑推理，即：地震是有其成因和一般发展规律的，地震发生之前有多种异常表现；辽宁海城地区在1973年左右已有很多异常表现，而且地壳运动异常活跃，这些已构成了地震的基本条件；所以海城大地震即将来临。

从这个典型的事例中，我们能够看出准确的预测是与逻辑方法的有效运用分不开的。

5.4　逻辑具有合理建构的显功能

5.4.1　“合理建构”解析

建构，简单地说，就是“建造”与“构思”；具体地说，就是指人们在一定的欲望或需求支配下，利用一定的条件资源，构思或创建新事物的过程。合理建构就是按照事物本身应有的内容要求、结构方式及运行机理，采取符合环境条件要求的方式，构造新理论、创建新事物的行为过程。

合理建构一般包括思想观点的提出、理论体系的构造、行动计划或方案的制订及某些具体实物的建造等内容。合理建构不仅包含“无中生有”的创造过程，也包含“有中创新”的改进过程。因此，合理建构与创造创新在很大程度上是统一的，只不过后二者都蕴含或强调“新”的意味，而前者在“新”的意味上相对平淡一些。

合理建构具有以下基本特征：一是主观目的性。任何建构活动都有一定的目的，这个特性贯穿于创造过程的始终。二是价值适用性。不管是什么类型的建构，一定带有某种特定的价值，哪怕是仅对个人有益而对他人或社会无太大效益的建构。没有价值的建构是不成功的，也不是我们所讨论的建构。三是动态发展性。建构是一个动态的过程，需要经过一定的程序，经过一定的时间才可以完成，不是一蹴而就的。建构需要不断反思、不断修正才能最终完成。四是科学合理性。一个合理的建构，无论它是精神性的思想理论体系或行动的计划方案，还是物质性的具体事物，要想能够存在或得到社会的认可，一定是能够满足人们不同程度的需要的，不管这种需要是物质的还是精神的。那么合理建构的存在靠什么支撑呢？就是其自身的科学性和现实合理性。否则，任何建构尚未成形就将半途而废或胎死腹中。五是系统稳定性。合理的建构之物应是有系统结构、有特定功能的实在之物，一旦建构成功将在相当长的时间中具有相对的稳定性，不会在完成之后就立即修改，否则就不叫合理建构。

完成一个合理建构通常要经历五个阶段。第一阶段是识别问题。要通过反思和总结，找出现实中所存在的主要问题和主要矛盾，从思想上明确"为什么要建构"。第二阶段是明确建构目标。要解决"建构什么""建构成什么具体样态"的问题。第三阶段是理论设计。也就是要在搜集、分析、加工必要的信息资料的基础上形成初步的建构计划或行动方案。第四阶段是检验并修正计划方案。就是在初步计划方案的基础上，通过模拟或仿真，发现并修正设计计划方案中的错误，使计划方案更加趋于成熟。第五阶段是修正结论。就是按照计划方案进行资源的整合并最终完成建构。

5.4.2 逻辑在合理建构过程中的存在方式

逻辑在合理建构中客观存在。按照建构的一般过程，我们再做进一步的分析，可以发现逻辑在整个建构过程中的不同阶段以不同的形态存在，并贯穿整个建构过程的始终。

第一阶段，即识别问题阶段。实际上这也就是对需求与现状间的矛盾进行判断的过程。在这个阶段，逻辑是以"矛盾分析"和"做出恰当判断"的方式存在的。

第二阶段，即明确建构目标阶段。这是表明未来的行动方向、希望实现的发展目标或最终结果的判定过程。在这个过程中逻辑也是以"做出清晰、明确的判断"为目的而存在的。

第三阶段，即理论设计阶段。这是对所拥有的资源进行有机整合或对信息资料进行组合的过程。逻辑在这个阶段表现为对信息资源或数据资料的有机加工，从而多次形成判断并不断进行推理。

第四阶段，即检验、修正计划方案阶段。这也就是对理论设计再次审核和评价的过程。在此阶段逻辑本质上是前三阶段职能的再发挥，其存在的方式与前三阶段相同。

第五阶段，即修正结论阶段。这个阶段就是在原有成果的基础上进行更加合理的调整和修正。在这个阶段逻辑的作用体现为根据变化了的情况进行再推理而得出新判断的过程，因为对资源要素的加工和组合实际上是在逻辑思想指引下对资源要素的具体物化过程。

5.4.3　逻辑在合理建构过程中所发挥的作用

在合理建构的过程中逻辑具有重要的作用。逻辑不仅是合理建构的导航者也是护航者，只有充分发挥逻辑的作用，才能够为合理建构提供思维方法，拓展思维空间，贯通思维渠道，提高思维效率，激发思维触点。任何科学合理的建构必须遵守逻辑规律，违反逻辑规律不可能有成功的建构；离开逻辑，合理建构只能是空想。

（1）逻辑为合理建构提供了明确的方向和目标。

要完成一个合理建构，首先要解决两个问题，即“为什么要建构?”和“建构什么?”。这是涉及合理建构的缘由和目标的关键性问题。那么，“为什么要建构?”和“建构什么?”是怎样产生又是如何解决的呢？其实问题的答案就包含在一系列问题的连续推理过程中。我们做一下分析就会明白，“为什么要建构?”是建立在这样一个问题链上的：现实的矛盾或困惑使人产生不适→人就会反思造成不适的原因是什么→找到了产生不适的原因→思考该如何消除这种原因→采取了某些措施，创造出了某种事物。这完全是一个环环相扣的推理过程，所以，“为什么要建构?”的问题就是在为了解决矛盾或困惑的追问中、在逻辑推理的一步步发展中产生的。那么，“建构什么?”又是如何确定的呢？其实，“建构什么?”和“为什么要建构?”是一个思维逆向运动的过程。我们不妨也分析一下它的思维路径：建构某种东西→这种东西能完成某种任务→完成某种任务就能改变某种状况→改变某种状况就能克服某种矛盾或困惑→使人舒适。这个过程正好和上一个过程是反向的。由此可以看出，建构目标的确立，也是一个逻辑推理的过程。

（2）逻辑为合理建构提供了有效的方法。

逻辑的方法包括许多种，通常主要使用的是类比方法、归纳和演绎方法、数理逻辑方法和辩证方法几种。无论哪种方法都与合理建构有密切关系，都为人类的合理建构做出了巨大贡献。类比方法是一种类似联想或者说本身就包含联想成分的思考方式，它的基本原理就是依据事物间具有同构性或相似性，而由对某一事物的感知延伸或拓展到另一事物身上，进而形成对另一事物的认知的过程。类比孕育联想，常常触发灵感，而灵感的出现往往又易形成连锁反应，把多种事物联系起来进行思考，从而发现我们经常未觉知的联系。正是因为如此，类比方法也就成为思想创新或科学发现的最基本方式。归纳方法就是指从日常经验或某些具体事实出发，在实验观察和数据积累的基础上，运用统计、分析、综合等一系列的方法，得出具有普遍意义的科学结论的过程。演绎方法就是根据普遍原理或科学定律，对某些具体现象进行解释和说明，从而形成某些具体事物的相关理论体系的过程。归纳和演绎方法是在自然科学的召唤中产生的，也是近代科学知识创新的核心模式。数理逻辑方法是在现代数学革命的推动下，把数学方法与数学语言系统地应用于传统形式逻辑而产生的新的逻辑理论。由于它所使用的语言是人工语言符号系统，所构成的推理系统是由公理与定理组成的类数学系统，它兼有语言、数学与逻辑三个学科的性质，因而它的创立与发展，就为新的理论建构和科学技术的发展提供了更加有力的保障。辩证方法就是在用普遍联系和运动变化发展的观点来分析事物矛盾及其联系的基础上，从已有的判断推出新的判断的思维形式。辩证逻辑提出的方法，如归纳与演绎的统一、分析与综合的统一、抽象与具体的统一、逻辑与历史的统一等，是人们全面、具体、深入地认识事物的辩证方法，是认识事物的本质联系和矛盾的重要方法。①

（3）逻辑保证了建构过程的科学合理。

合理建构的整个过程其实就是逻辑的要素充分结合的过程。正是因为逻辑从始到终参与了整个建构过程，而其本身又有严格的程序、规范和机理的约束，因此也在一定程度上使建构行为具有较大的科学合理性。

金岳霖先生对逻辑的建构功能有过较为详细的论述。他说："逻辑的建构涉及体系构造和概念构造两个方面。其中，前者主要指逻辑不仅可能帮助我们判定哪些思想与一组给定的思想是一致的，而且可以通过对某派

① 刘明家：《辩证逻辑与形式逻辑研究对象的比较分析》，《湖北社会科学》2007年第3期。

哲学基本的哲学思想进行逻辑分析进而构造出它们的体系，就像逻辑系统或几何学那样；后者主要指逻辑分析方法对一些基本概念的处理，可以使它们获得确切、清楚的含义，从而有利于被人们广泛接受。”① 对于逻辑在概念构造方面的作用，金岳霖先生特别指出：“在逻辑所受到的诸种批评中，有一种认为逻辑不能处理一些非常基础的概念，例如‘芝诺的问题，康德的二律背反，以及无穷和连续概念被认为是逻辑没有解决的问题’，但是，事实上这里所谓的逻辑意指传统的三段论逻辑。随着数理逻辑的发展，那些所谓在逻辑上不可能解决的问题，有些毕竟在逻辑上已经解决了。现在通过逻辑分析确切地构造了无穷和连续的概念，并且我们很可能依然使用它们。除非哲学中发生一场像数学、物理学中的相对论一样的革命，使之必然彻底清理我们的基本概念。我们关于时间和空间，变化和运动的概念尚未得到任何广泛接受的表述，但是今天比以往任何时候都更加可能提出这样的批评或接受的表述。”② 逻辑对哲学的构造功能，在一定意义上主要是逻辑的推理、论证特性的表现；并且也正是从这个意义上讲，金岳霖先生认为“逻辑是哲学的本质”。对此，金岳霖先生也指出：“哲学主要与论证有关，而不是与这里或那里任意拼凑的一些思想有关。论证性可谓哲学的生命，缺乏论证性，任何独断专横的哲学都是不会具有说服力的。而论证性的核心则是有效性。因此，对哲学家而言逻辑有效性是至关重要之事，其观点能否站得住脚，必定由它们的推理的可靠性来决定。换句话说也就是：正确的思想理论是由逻辑来决定的。一些哲学家之所以受到批评，往往不是因为他们的思想，而是因为他们发展这些思想的方式。许多哲学体系都是由于触到逻辑这块礁石而毁灭的。”③ 金岳霖先生认为逻辑能为科学提供帮助，其中最主要的表现即提供“大量的纯科学方法”，这包括逻辑概括和分析方法，以及组织、系统化科学内容的方法。正因如此，他才说“逻辑是科学的结构”。

5.4.4 逻辑具有合理建构功能的现实表现

逻辑具有合理建构功能在现实生活中有很多具体表现，我们也可以列举出许许多多的生动事例来予以证实。比如冯友兰、胡适、张岱年用西方

① 郭桥：《逻辑与文化——中国近代时期西方逻辑传播研究》，人民出版社，2006，第161页。
② 同上。
③ 同上。

逻辑方法来重构中国哲学史；竺可桢用西方逻辑方法撰写《科学之方法与精神》；徐特立用西方逻辑方法写成《国文教授之研究》；郭沫若用西方逻辑方法写成《中国古代社会研究》；梁启超、王国维、陈寅恪等人用西学方法研究中国历史，开创近代史学研究的新领域，建立了中国现代史学；等等。[①] 由于篇幅所限，本书仅列举胡適和张岱年用逻辑方法重构中国哲学史的两个经典案例。

（1）胡適用西方逻辑方法重构中国古代哲学史理论。在近代西学东渐之前，中国的哲学思想不是按照我们现在所理解的完整理论体系和一般模式存在的。在先前的著作中，先人们的哲学思想是较为零散地、碎片化地以语录、对话或者经典故事的形式存在的，不仅没有结构体系，语言也比较晦涩难懂，理解起来比较含混、模糊，以至于像黑格尔这样的大师对中国哲学进行一番考察后也得出了“中国（古代）没有真正意义上的哲学”[②] 的结论。当然，黑格尔的观点存在很大问题，但在某种程度上也反映出我们传统理论的不足，尤其是在结构、体系方面，不便于人们领会和理解。在西学东渐的过程中，胡適等一大批哲学家借鉴西方逻辑这个新工具，重建了哲学史体系。他在《中国哲学史大纲》（上卷）中不仅用逻辑的方法建构起了全书的整体框架，使全书有了清晰的篇章结构，还运用逻辑的方法对中国哲学的诸多概念进行了明确的界定，对许多观点进行了详细的推理和论证。蔡元培专门为这部书写了序言，盛赞此书有四大长处，即证明的方法、简单的手段、平等的眼光和系统的研究。这部书除了使用证明的、分析的、系统的研究方法给予当时的史学研究以极大的影响和启迪之外，更重要的是在观念上的启蒙作用。人们从中开始认识到，历史学必须建立在有所依凭的、可信的材料的基础上，必须摒弃杜撰和编造；只有追求真实的历史，才是科学的历史学。因此，后人称《中国哲学史大纲》（上卷）是具有“示范”、“典型”、“典范”和“划时代意义的书”。

（2）张岱年用西方逻辑方法建构《中国哲学大纲》。张岱年的《中国哲学大纲》是一部中国古代哲学的整体史，在该书中张岱年也是用西方逻辑所使用的分类标准对中国哲学体系进行了重新建构。他的这部著作共分为三大部分，即宇宙论、人生论和致知论。在每一部分中他又根据中国哲

① 曾昭式：《中国现代文化视野中的逻辑思潮》，科学出版社，2009，第159页。

② 黑格尔：《哲学史讲演录》（第一卷），商务印书馆，1959，第135页。

学所涉内容的特点，按逻辑分类标准进行第二层级的分类，如人生论又分为人生论在中国哲学中的位置、人性论、人生理想论和人生问题论。此外，他还把逻辑方法作为论证思想的工具，在多处使用了“下定义”“做判断”“进行推理”等方法。他强调：“对中国哲学概念的意义研究需要逻辑分析，探求中国哲学的系统虽然忌用西方哲学来套，但需要归纳中国哲学的形式系统。”①

5.5 逻辑具有有效说服的显功能

5.5.1 “有效说服”解析

对于“说服”一词，中文的含义与英文的“persuade”并不完全对等。中文的“说服”，是指通过符号的传递，以非暴力方式影响他人的观念或行动，以求达到预期目的的过程。而英文的“persuade”除了“劝服学”，还有“攻心术”的意思，是带有情感偏向的。西方的说服学与修辞学（rhetoric）、演说术（elocution）等研究语言、文字技巧的学科有着密切的关系。同时，它也与催眠术有一定联系。西方早期的说服学关注的重点是“主体方”，包括主体的知识、阅历、个性心理、个性能力等因素。因为“主方论”曾得到心理学实验的支撑，心理学为“主方论”思想提供了很大的帮助，所以在相当长的时期内说服与催眠被联系在一起。但实际上说服与催眠有较大差异，“催眠术”是心理暗示，是通过影响人的潜意识而产生作用的，受方不处于清醒理性的状态下，所以它与说服在机理上有很大差别。本书所要讨论的说服是中文意义上的指谓。

说服包含成功有效的说服，也包括失败无效的说服。因为无效的说服是不成功的，也是对于当时的事态无价值的，因而总是被人们忽略和遗忘（但实际上正是因为有失败的说服，才反过来促使人们加强了对有效说服的研究）。我们在此也不过多讨论无效说服，仅就有效说服进行研究。有效说服包括很多种类，按照不同的分类方式可以划分出很多类别。若按照说服事项的行业或领域，可以把有效说服划分为有效的政治说服（如竞选）、有效的商业说服（如广告）、有效的宗教说服（如传教）和有效的社

① 曾昭式：《中国现代文化视野中的逻辑思潮》，科学出版社，2009，第161页。

会说服（如发起禁烟运动）等。如果按照说服的形式，又可以把有效说服划分为个体面对面说服、团体对团体说服、大规模说服（社会动员）等。如果按照说服的传播手段，又可以划分为语言说服和非语言手段说服（如形象、色彩、音响、画面剪辑）等等。①

成功有效的说服是需要手段的。亚里士多德在《修辞学》中提出，使演说取得成功的手段有两类，即非人为手段（inartificial proofs）和人为手段（artificial proofs）。非人为手段是指已经存在的、无须演说者提供、只需恰当地加以利用的手段，如证据、证人、法律条文等。人为手段就是需要演说者在讲演的过程中施展才华来创造的手段。亚里士多德提出的“人为手段”就是现代说服学研究者们经常提及的 Ethos、Pathos、Logos 这三个说服手段。Ethos 是指演说者本人的品格或素质所产生的说服力。亚里士多德说：“演说家若能通过自己的讲演使听众认为他是一个值得信赖的人，他便是在利用个人品格取得说服的成功。”②（《修辞学》第一卷第二章）Pathos 是指演说者调动听众的感情所产生的说服力，因为“人们在愉快和友好时做出的判断不同于在烦恼和敌对时做出的判断”，“演说若能打动听众的感情，听众就可能自己说服自己”。Logos 是指演说中的逻辑论证所产生的说服力，即“根据所谈的论题恰当地运用具有说服力的论证手段，从实质上或形式上证明论点的真实正确”。因此，Ethos、Pathos、Logos 似可简略地译为“信誉手段”、“情感手段”和“逻辑手段”。③针对这三个说服手段，亚里士多德对说服者提出了三项要求：一是必须“通晓具有各种表现形式的人类察性和美德”；二是要“通晓人的感情，即善于辨识各种感情，描述它们的特征，懂得各种感情的起因和唤起这些感情的方法”；三是“掌握逻辑论证的方法”。具有这些素养的演说者——主方，才有能力驾驭听众——客方。④

5.5.2 逻辑在有效说服过程中的存在方式

有效说服的过程分为以下几个阶段：第一阶段是说服的主题及目标的确立阶段，主要解决“说什么”的问题；第二阶段是要明确论说所服务的

① 龚文库：《说服学的源起和发展趋向》，《北京大学学报》（哲学社会科学版）1994 年第 3 期。

② 同上。

③ 同上。

④ 同上。

对象及其特征和需求阶段，主要回答“为谁说”的问题；第三阶段是对说服的内容、程序、步骤及论述的深度进行设计，进而形成说服方案的阶段，主要回答“怎么说”的问题；第四阶段是用语言、文字或图表进行述说的阶段。

第一阶段实际上是对主题和目标的判定阶段，是形成数个判断的过程。第二阶段是对服务对象及其群体特征和需求进行分析、评估从而形成判断的过程。第三阶段是论说方案的设计和建构阶段。第四阶段是依照预定方案进行述说的阶段，也是在逻辑规则的导引下，从概念到判断再到推理，最后实现说服目的的过程。

5.5.3　逻辑在有效说服过程中所发挥的作用

逻辑在说服过程中的作用主要体现在以下几个方面：

（1）逻辑帮助人们把事情说清楚，把道理说明白。

要实现成功有效的说服，让别人同意你的观点或支持你的意见，就必须要让人感到你说的“有道理”。而要使人觉得“有道理”，就首先需要把事情“说清楚”，要让人家清楚地、明确地知道你所说的事理究竟“是什么”。其次，是要在“清楚”“明白”的基础上，让被说服者感到你陈述的问题是符合事实的，或者说是符合事物的本质及其发展规律的，或者是符合当下特定群体的主流价值观念的；按照你所提供的方案行动，能够达到他所希望实现的目标。如果你不能把事理说清楚、说明白，对方就不会懂得你的意思，更不用说明白你说的道理。而要想把事情表达清楚，把道理说明白，就必须使用逻辑。逻辑分析首先要对一个事物的状况，如形状、大小、数量、质量、色彩、结构、功能、特点等基本要素做清楚的说明；同时能对其产生、发展的历史以及未来发展的趋势做出合情合理的预测。只有建立在这样的基础上，我们才能真正做到既获得了事物的表象，也了解了事物的本质；既看到了事物的现在，也明白其过去和未来。否则，只能是一知半解，既不可能把事情说清楚，也不可能把道理说明白。

（2）逻辑提供了科学的思维方法，能指出错误的论断，指明正确的行动方向。

历史上科学的辩论几乎和诡辩是伴生的，因为诡辩有许多貌似合理的因素，因此它也就成了诡辩者们用来颠倒黑白、混淆是非、胡搅蛮缠和强词夺理的工具。有效解决这些错误和问题，使人们正确地思维，从而找到正确的方向和有效的办法，是大家共同的愿望。逻辑正是在这种背景和需求之下，通过数代先哲的不断总结和思考才最终被创立。它不仅能帮助人们通过准确的判断和有条理的分析，指出对方所犯的错误，诸如概念错误、判断错误、违反逻辑思维规律（包括同一律、矛盾律、排中律）方面的错误，还能遵照事物之间因果必然联系的规律，通过环环相扣和层层递进的推理发现对方的推理错误，为我们指明正确的行动方向，提供合理的行动方案。如果没有逻辑的帮助，我们对事物的认识就必然会含混不清、似是而非；也绝不可能按照因果关系进行层层推理，进而形成行动的计划和方案。

（3）逻辑能通过严密的论证帮助人们凝聚共识，统一意志。

说服是一个艰难的过程。要消除别人固有的成见或原有的思想，真实地赞同或支持你的意见，需要你在系统地、有条理地、客观真实地论述自己思想的基础上，使人感受到强大的推理论证能力，从而才能心悦诚服地接受你的意见。说服力的核心便是“严密的逻辑论证”。王沪宁同志在大学工作期间曾带领过一支演讲队伍，他们在多次比赛中获得了优异成绩。在总结经验时他指出：逻辑是辩论中的核心，没有清晰的逻辑设计，遇到强大对手的时候是不能战胜对手的。逻辑不如理论高雅，不如事实那样丰富，不如价值那样感人，但它却是辩论中的灵魂。旅美华人高德（英文名 Grand）2013 年出版过一本书叫《洗脑术：怎样有逻辑地说服他人》，销量很高。他在书中对“洗脑”的定义是：所谓洗脑就是在某种观点或理念的影响下，放弃了原有的观念并接受这种观念，而后按照这种观念去思考、推理、表达、行为的一种状态。① 洗脑的过程就是一种说服过程，也是一种论证推理过程。可能这种论证或推理过程根本就不正确，但你相信而且毫不怀疑。洗脑的技巧就是：洗脑者在具有一定推理论证能力的基础上，切中他人的思想要害，找到其最敏感的点，让他相信“这是为了他好”“你说的道理确实正确”，从而唤起他的激情，立即行动。正因为如此，逻辑素养和逻辑技能的高低或者说逻辑运用的水平在很大程度上影响说服动员的效果。我们经常会佩服那些思路清晰、思维严谨、语言精练，又能把大道理用大众最喜欢的方式表达出来的人，同时也很讨厌、很反感那些讲半天却不知道其究竟想要表达什么意思的人。

5.5.4 逻辑具有有效说服功能的现实表现

说服是人类生产、生活、学习、工作中最基本、最常见的一种实践活

① 高德：《洗脑术：怎样有逻辑地说服他人》，江苏文艺出版社，2013，第 3 页。

动。无论是社会重大事项，如战争的爆发、政治运动的兴起、经济制度的变革、文化政策的重大调整等，还是人们日常的某些具体活动，往往伴随着有效的说服。正因如此，对说服技能的学习和研究一直受到人们的高度重视，在古今中外的历史上也留下了很多著名的说服案例。比如战国时期的纵横家苏秦说服六国合纵抗秦，墨子劝说公输班和楚王放弃攻打宋国，触龙说服赵太后用长安君做人质换取齐国出兵抗秦，商鞅说服秦孝公实行变法，董仲舒说服汉武帝罢黜百家独尊儒术，北宋王安石说服宋神宗实行变法，康有为、梁启超上书光绪帝实行维新变法，德国马丁·路德说服教会进行宗教改革，美国总统林肯说服国人废除黑奴制，等等，这些都是对逻辑方法的有效利用。

那么，逻辑在这些具体的说服过程中，是如何实现其说服功能的呢？下面我们就选取“触龙说赵太后”[①] 的著名案例做细致的剖析。

春秋战国时期，赵惠文王崩逝，年幼的孝成王即位，赵太后辅佐孝成王执掌国家大权，秦国看到赵国权力更替、政局不稳就加紧进攻赵国，于是赵国就向齐国求救。然而齐国要求赵国用长安君作为人质才肯出兵。赵太后不同意，大臣们极力劝谏。这使得太后非常愤怒，于是她就对左右侍臣说：“有再说让长安君为人质的，我老太婆一定朝他脸上吐口水！”这种局面下众大臣均不敢多言。这时左师触龙（侍臣）就出面劝说，希望拜见太后。太后气冲冲地等着他。（触龙）走入殿内就用快走的姿势小步走到（太后面前）谢罪，他说：“老臣的脚有毛病，竟不能快跑，不能拜见您有很长时间了。我私下原谅了自己，但是又怕太后的福体有什么毛病，所以还是想来拜见太后。”太后说：“我（也是脚有毛病）要靠手推车行动。”（触龙）说：“您每天的饮食该不会减少吧？”（太后）说：“就靠喝点粥罢了。”（触龙）说：“老臣近来特别不想吃饭，于是强迫自己散步，每天走三四里，稍微增加了喜欢吃的食物，身体也舒适些了。”太后说：“我不能（像您那样散步）。”太后的脸色稍微和缓了些。左师公说：“老臣的犬子舒祺，年龄最小，不成器，可是臣已衰老，私心又疼爱他，希望（您）让他补充黑衣卫士的人数，来保卫王宫。我冒着死罪来求您！”太后说：“答应您！年龄多大了？”（触龙）回答：“十五岁了。虽然还小，但想趁我死之前来托付给您。”太后说：“男人也疼爱他的小儿子吗？”（触龙）回答：“比女人爱得厉害些。”太后笑着说：“女人爱得特别厉害。”（触龙）回答：

① 缪文远、罗永莲、缪伟译注：《战国策》，中华书局，2016，第236页。

“老臣认为老太太爱燕后超过爱长安君。”（太后）说：“您错了，不像爱长安君那样厉害。”左师公说：“父母爱子女，就要为他们考虑得长远些。老太太送燕后（出嫁）时，（她上了车）还握着她的脚后跟为她哭泣，惦念、伤心她的远嫁，这也够伤心的了。送走以后，不是不想念她了；但每逢祭祀您一定为她祈祷，祈祷说‘一定别让她回来啊’，这难道不是从长远考虑，（希望她）有子孙相继为王吗？”太后说：“是这样。”左师公说：“从现在算起往上推三代，一直到赵氏建立赵国的时候，赵王的子孙凡被封侯的，他们的继承人还有在侯位的吗？”（太后）说：“没有。”（触龙又）问：“不仅是赵国（没有），其他诸侯国子孙被封侯的，其继承人有在侯位的吗？”（太后）说：“我没有听说过。”（触龙）说：“这是这些被封侯的近的灾祸及于自身，远的灾祸及其子孙。难道是国君的子孙就一定不好吗？（根本的原因是他们）地位高贵却没有功，俸禄优厚却没有劳，而且拥有的贵重宝器多了。现在老太太让长安君的地位高贵，并且把肥沃的土地封给他，还给他很多贵重的宝器，却不趁现在（您健在时）让他有功于国，一旦您驾崩了，长安君凭什么在赵国立身呢？老臣认为老太太为长安君考虑得太短浅，所以认为您（对长安君）的爱不如燕后。”太后说：“（您说得）对。（那就）请您来安排他（今后的出路）吧！”于是赵国为长安君备车一百乘，把他送到齐国去作人质，齐国才最终出兵（救赵）。

为什么触龙能够有效地说服赵太后同意长安君去齐国做人质？除了语言、情感方面的因素外，在触龙的论述中暗含了一个严密的推理论证过程：所有的父母都是爱孩子的→爱孩子就应该为他长远考虑→长远考虑就是要让他为国立功→长安君虽然身居高位，但没有立大功→没有功劳以后就难以立身→不让长安君去做人质就不能让他立大功→不能让他立大功就不是为他长远考虑→应该让长安君去齐国做人质。提取出这个论证过程的核心框架，实质上就是两个三段论推理，第一个是：为孩子长远考虑就应该让他为国立功，你现在不让孩子立功，所以就不是为孩子长远考虑。第二个是：立大功才能身居高位，不立大功就不能身居高位；长安君现在没有立大功，所以没有立大功的长安君将来不能身居高位。从这个案例我们可以看出，触龙之所以能够实现对赵太后的有效说服，最主要的原因是使用了正确的逻辑推理。这也就充分证明，逻辑在有效说服中起着重要作用。

第六章　逻辑具有的精神性文化潜功能

文化的“潜功能”与“显功能”是相对而言的。所谓文化的“潜功能”就是指“其作用的方式是间接的、不易由人们直观感受到的，其作用也是难以估量的，但它又的确存在且起重要作用，离开它又不行的那些功能”。逻辑的文化潜功能是指通过逻辑因素与其他非逻辑因素共同作用，使人达到某种心智状态或实现某种精神目的的能力。

之所以提出并研究逻辑的文化“潜功能”，主要有两个方面的原因。第一，迄今为止，逻辑的显功能已基本被人们认可，比如逻辑的认知功能、评价功能、预见功能、建构功能等；但有一些功能尚处于未被完全认知的过程中，还有待进一步分析、概括、总结和提炼。第二，逻辑作为一种思维工具，它既具有解决具体事务和特定问题的工具性功能，同时它也能通过对人的精神要素，诸如意识、观念以及思维方式、行为方式等产生影响，强化人的规矩意识、确立人的求真信念、培育人的科学理性精神、养成严谨细致的作风、提升人的自信等，而这些影响的有机组合，能够使人慢慢地在不知不觉中进入某种状态，实现某些方面的状态改善和精神升华。

第四章中我们已对逻辑所具有的精神性潜功能做过初步宏观分析，并指出逻辑的潜功能包括导引功能、规范功能、激励功能、塑造功能和愉悦功能。① 下面就依次展开论述。

① 靳金贵、毕富生：《从文化角度看逻辑的精神潜功能》，《湖南科技大学学报》（社会科学版）2018 年第 5 期。

6.1 逻辑具有导引的潜功能

6.1.1 导引潜功能诠释

导引，在中国文化中是一个有久远历史的概念。最原始的“导引”一词是用来指谓一种健身的运动形式，是中华先人在观察宇宙万物之后，仿照部分动物如熊、鸟、虎、猴、鹿等的运动方式而创编的健身运动，目的在于维系生命健康。早期的导引不分宗教和文化类别，但是随着社会的不断发展，“导引”慢慢被赋予了多重含义，在不同领域如医学、宗教、武术、文化学等领域也具有了不同的含义。“导引”在道家那里被修真之士作为修炼之前的准备活动；在佛家那里，被用来作为引领自我调形、调息、调心从而进入禅定的修持方法；在中医学上，它成为通过动作组合来解决周身病症的方法；在武术上，它被当作内功练习的重要源头，用于调节形体、调节呼吸和调节意识。① 现代的“导引”一词，已被赋予了多种含义，也已被广泛应用于社会的多个领域。

文化视域中的“导引”，包括“导向”和“引领”。“导向”就是使事情朝某个方向发展，“引领”就是通过唤起人们的理想追求，并提供科学的程序和步骤，保证人们按照既定目标前进。

导引包括价值观念的导引、目标的导引和程序的导引。价值观念的导引是通过一定的方式把特定的价值观念向他人灌输或渗透，进而改变客体的价值观念的过程，其最终目的是要使被导引者确立起符合导引者自身目标的理想和信念。目标的导引就是通过设立社会或团体所希望达到的某种状态或某个目标来吸引和凝聚社会或团体成员的一种方式。程序的导引就是通过明确规定人的行为动作的先后顺序来导引人们完成一系列特定动作，进而实现特定目标的过程。

不同类型的导引的方式不同。价值观念的导引是内在的，其导引的方式主要靠教育的灌输、先进人物的塑造、先进事迹的宣传或民俗活动的启示。目标的导引是外在的，它主要是靠满足心理的预期和愿望来实现的。程序的导引是通过对行为动作的先后顺序和步骤的规定或制定专门的行动

① 徐海朋：《导引概念源流考略》，《体育科学》2015 年第 1 期。

方案，使人们逐步实现某些愿望或达到某个目标来完成的。

逻辑的导引功能，主要是指逻辑对人的精神导引。具体地说，就是指人们在长期的逻辑熏陶过程中，人的精神要素受逻辑的影响，这使人们慢慢具备了一种“逻辑的精神”，在这种精神指引下能够产生一系列为“获取真理”而展开的行动。逻辑的精神导引主要是一种价值性导引、行为的方向性导引，它不是指逻辑作为认知、建构工具在确定行为目标和行为程序上所产生的作用。

6.1.2 逻辑具有导引潜功能的理论依据

逻辑的精神性导引潜功能是通过逻辑对人的精神诸要素产生作用后间接生成的。之所以说逻辑具有导引的潜功能，主要是因为：

第一，逻辑能够强化人们的求真意识。本书第三章我们曾对逻辑与意识的关系做过详细剖析，已懂得逻辑作为一种思维工具会对人的意识产生作用，可以帮助人们形成许多具体的、内容不同的清醒意识和潜意识，并且这些意识会有意、无意地影响人的观念和行为。对真理的追求，实际上包含两种境界：一种停留在意识层面上，表现为一种潜意识；另一种固化在观念层面，表现为一种执着的信念。

那么，逻辑为什么能强化人的求真意识？这是因为“求真意识”本身实际上就是“对事物之间存在因果关联”的一种心理反应，即有因必有果，有果必有因。而逻辑是用以求真的工具，无论其构成要素、构成方式、运行过程还是运行机理，都是围绕“求真”亦即寻求事物之间因果关系的真实关联而展开的。在某种意义上讲，它就是“真理”的标志。所以，当人们学习、研究或使用逻辑的时候，实际上都是在一次次完成或实现“求真”。这也就使得人们长期在逻辑的直接或间接影响下，自觉不自觉地产生并不断强化“求真”的意识。

第二，逻辑能够帮助人们确立为真理而奉献毕生的坚定信念。求真的信念是求真意识的深化，是人们对揭示事物本来面目、本质规律的强烈渴望和执着。表现在日常生活、学习、工作的实践中，就是对“真实”“真理”的执着追求，和反对虚假、反对歪曲事实或事物本来面目，以及遵守事物发展规律的坚定立场和鲜明态度。“求真”的信念不是一开始就先天地存在于人们的头脑之中的，而是人们在长期与谬误不断斗争的生产生活实践中，经过对正反两方面经验的不断反思和总结才逐步确立的。逻辑在与人长期“相处”的过程中，求真的理念和精神追求会不断渗透、感染和传导到与它密切相处的人的身上，并慢慢变成人的观念和精神价值追求，从而使人慢慢确立了为真理而献身的坚定信念。所以说，求真的信念实际上来源于人们对于“求真”意义和价值的深度理解。

逻辑发展至今已成为一门体系较为完整、层次结构较为分明、功能较为强大的基础性、应用性、工具性学科，它之所以能够不断发展、不断进步和日臻完善，主要就是源于人们对世界万物的本质及客观规律或“真理”的不懈追求。

6.1.3 逻辑具有导引潜功能的实践证明

逻辑在精神导引方面有很多例证，苏格拉底和布鲁诺的故事就是两个最有代表性的事例。

苏格拉底是古希腊早期的思想家，尽管苏格拉底还算不上是真正的逻辑学家，但他通过“下定义”“做推理”的“思想助产术”为逻辑学的诞生奠定了重要的基础。苏格拉底一生主张无神论和言论自由，在求真之路上做出了毕生奉献。即使是在生命的最后阶段，当雅典人抓住苏格拉底的学生克里底亚成为傀儡政权首领这个把柄，以不敬神和败坏青年两项罪名把他送上法庭，将其判处服毒自杀之时他也从未放弃对真理的追求。当时苏格拉底是有机会从监狱逃走的，他的亲友和弟子们也都劝他逃往国外避难，但均遭他严正拒绝，最终还是当着弟子们的面从容服下毒药而结束了自己的生命。为什么苏格拉底不愿逃亡，而且面对死亡毫无畏惧？就是因为他的内心有为真理而不屈不挠地斗争的献身精神。而这种精神来源于哪里？这是与他长期教授人们“思想助产术”来获取真实、正确的思想分不开的。所以，他的故事在某种程度上也可以算作逻辑导引功能方面的一个典型表现。

除苏格拉底之外，乔尔丹诺·布鲁诺（Giordano Bruno，1548—1600）的故事也是一个有代表性的典型案例。[①] 布鲁诺是意大利思想家、自然科学家、哲学家和文学家。他没有专门对逻辑学进行研究，但他用于研究哲学、数学、天文学的方法有很多是逻辑的方法，如在《论无限、宇宙和众多世界》和《挪亚方舟》中他就大量地运用了分析与综合、演绎与归纳的方法，所以逻辑精神在他的身上也是有重要影响的。他捍卫和发展了哥白尼的日心说，并把它传遍欧洲，被世人誉为反教会、反经院哲学的无畏战

① 让·昊西：《逃亡与异端》，王伟译，商务印书馆，2014，第131—137页。

士，是捍卫真理的殉道者。在宗教裁判所对他动用重刑时，他曾从容地回答："我不应当也不愿意放弃自己的主张，没有什么可放弃的，没有根据要放弃什么，也不知道需要放弃什么。"布鲁诺在长达8年的监狱生活中，受尽酷刑，受尽了非人的折磨和凌辱，但他丝毫没有动摇自己的信念，坚贞不屈，始终恪守自己的诺言，不放弃自己的学说和信念，不承认自己"有罪"。他曾说过："一个人的事业使他自己变得伟大时，他就能临死不惧。""为真理而斗争是人生最大的乐趣。"为什么布鲁诺有如此执着的精神追求？他"为真理而献身的崇高理想"又是如何炼成的？我们不能不说这与"求真"的工具——逻辑的长期使用和影响有关。如果布鲁诺没有对"真理"以及"求真之于人的意义和价值的深度理解"，是不会有这样的献身精神的。

6.2 逻辑具有规范的潜功能

6.2.1 规范潜功能诠释

"规范"这个词，通常具有两种词义上的解读，一种是作为名词使用时的含义，一种是作为动词使用时的含义。当它作为名词使用时是指某些用以指导或约束人的行为的规则或条例，包括各种法律制度、伦理道德要求、民俗文化习惯等。其中，法律制度又分为政治法律制度规范、经济制度规范、文化制度规范、家庭婚姻制度规范、军事外交制度规范以及宗教信仰制度规范等。伦理道德要求包括职业道德、家庭婚姻道德、公共道德等多种不成文但又有一定约束力的行为要求。民俗文化习惯是指在长期的生活实践中经过代代相传而形成的较为固定的各种形式的民间文化活动等。当它作为动词使用时则是指人为了适应生存环境的要求，通过一系列制度、组织、观念、准则对人和群体行为进行规约与调节的过程。本节标题中使用的"规范"一词是动词意义上的。

作为动词的"规范"，本质上是抑制个人欲望使其遵守自然规律、社会规则以达到内心平衡的过程。规范过程包括事前规约和事中规约两种方式。事前规约一般是预先设定规矩，通过预先教育将规则植入人的内心并转化为人的某些观念和行动准则，它是正向的、积极主动的作用过程；而事中规约主要是指在行为发生的过程中，行为主体不断地将自身行为表现和行为规则进行对照而及时纠偏的过程，事中规约多是逆向的、消极的。

对人的思维和行为进行规范是人类生存和发展的必然要求。这是因为：首先，人的需求是无止境的，而社会资源总是相对有限的，不可能时时、事事都能满足每个人的各种各样的需求，因此必须按照一定的规范进行约束和平衡，才能保证社会成员的共同利益。其次，社会是由一个一个的自然人组成的，社会要想抵御自然风险和外部力量的侵害时，必须结成有机的整体，没有哪个人能够脱离社会独立生存。这就需要社会群体有组织、有分工、有协作，同时又有各种制度规范来指导和约束每个人的行为。不受文化规约的人是不存在的。

对人的规范一般包括正面的规约和反面的惩戒两条途径。正面的规约通常是通过制定某些法律、法规和制度条款，并明确告知人们该做什么、不该做什么及如何去做和做到何种程度的方式来实现的。反面的惩戒就是当人们违反所制定的行为规范时将受到某些惩罚，从而使违规的行为得以纠正。

逻辑的规范潜功能是指逻辑作为一种思维规范能够对人们的思维和行为产生一定的规约作用。具体表现为：一是它能够使人在思维和行为的方式上讲求一定的路径、程序和步骤；二是在言行效果上尽可能概念清晰，判断准确，推理严密，论证有力。

6.2.2 逻辑具有规范潜功能的理论依据

逻辑之所以具有规范功能，主要有以下两方面的原因：

（1）逻辑本身就是一种规范，是关于如何正确思维的规范，它能够规约人们思维的路径、程序和步骤，使人们能够进行科学、高效的思考。

逻辑包括演绎逻辑、归纳逻辑和辩证逻辑，但无论哪种逻辑，核心内容都是关于如何实现“正确推理”；而要完成正确推理就需要具有恰当的或清晰准确的判断（命题），而要想形成恰当的、清晰准确的判断就必须要有含义清晰和明确的“概念”或“词项”，因此尽管几种不同类型的逻辑所关注和强调的重点不同，方式也有差异，但基本的思维形态均是“概念或词项”“判断或命题”“推理或演算”，思维的发展过程均是从“概念”到“判断”，再由“判断”到“推理”，并且能够进行“推理”的内在机制都是前提与结论之间存在“因果关联”。所以，逻辑为人们的思维提供的实际上是一种由思维形态、思维路径、思维程序、思维步骤和思维所要满足的要求共同组成的“思维规范”。

逻辑思维是人类众多的思维方式中的一种，它是在我们的祖先曾使用过的多种思维方式基础上创生的，如意象思维、形象思维、直觉思维、原始思维等。不同的思维有不同的特点，也有各自所适用的对象，也体现出了不同的功用。在这些不同的思维模式的导引下，我们的祖先创造了璀璨的文明。但是，客观地说，其他思维相对于逻辑而言是不够清晰、准确、深刻、可靠的，这也是历史经验的证明和实践经验的总结。

逻辑思维方式与其他思维模式相比，之所以能称为更加理性、科学、规范和高效的思维模式，是因为：第一，逻辑对人的思维方式的规范主要是指通过逻辑的运用，使人们在认识问题、分析问题、解决问题时，能够运用概念、判断、推理、论证等思维方式，按照由低到高、由简单到复杂的思维路径、顺序和步骤形成准确、高效思维的式样。第二，逻辑要求人们在思维的过程中遵循思维的规律，在推理的过程中遵守有效的推理规则，在论证的过程中做到有理有据，遵循因果相关性。正是在这种真实有效的规则的指引下，我们才确立了正确的行动方案，明确了行动的顺序和步骤，最终实现了目标，是逻辑导引我们一步步走向成功。第三，逻辑是在和谬误与诡辩的斗争过程中产生的，也是在与谬误的斗争中不断发展进步的。正是由于逻辑对诡辩和谬误有着先天的斗争精神，才使不讲规则、混淆是非、颠倒黑白的谬误没有了藏身之地，才使我们能够清除前进道路上的绊脚石，快速前行。逻辑能够帮助我们认清事物的本质和规律，厘清所面临的问题和矛盾，发掘内心真正的期盼和向往，从而明确目标，坚定信念，不再在困难和问题面前迷茫、彷徨和失望。逻辑是我们前行的向导，是我们进步的动力。正是有了逻辑的帮助及其功能的发挥，人类才以越来越快的速度推动了社会发展的进程，文明成果才不断涌现，世界才有了日新月异的变化。逻辑思维不是唯一有效的思维方式，但它是最科学有效的方式。没有逻辑，人们能思考，也能沟通和交流；但没有逻辑，人们无法准确地思考，也无法有效地交流。逻辑像一把利剑，清除了我们通向智慧之路上的荆棘；逻辑像一盏明灯，指引着我们前进的方向；逻辑像一个加速器，带领着我们快速前行。

（2）逻辑能够规范人们的行为方式，使人们客观理性地处理问题。

按照心理学的研究，人的行为是受动机驱使的，而行为的动机又是受需求的影响产生的。因此，人要想有理性的行为就必须要先有理性的需求。然而，什么样的需求才算是理性的需求呢？这既需要一般的理论目标，也需要根据实际情况衡量。有时候理论上是理性的东西在特定环境下是不合时宜的，有时候平常看似不合时宜的东西在某些特定情况下却是合理的。究竟该如何确定？这就需要理性的思考，需要逻辑分析和判断。只有通过逻辑分析和判断，我们才能真正懂得在特定的情境下什么样的想法是正确的，什么样的想法是错误的。没有逻辑分析和判断，率性而为，可能大多数情况下是错误的。

逻辑规范人的行为方式是通过长期的逻辑训练，使人们在面对问题时能够分析、认知、判断、预测事物并形成有效的应对措施。逻辑既能保证认知的系统、完整，又能保证认知的快速、准确。大量的实践证明，凡是理性的人其行为都是遵循一定的“心灵图式”的，在他们的心中都会有一个明确的“行动逻辑”。所以，有的人说“逻辑是人们理性行为的规约”，这话是有道理的。

正是因为逻辑具备了规范人们思想和行为的基础条件和现实表现，所以我们能够确信逻辑具有规范的功能。

6.2.3 逻辑具有规范潜功能的实践证明

逻辑对人的规范通常体现在人的思维和行为过程中，而对思维的影响不是我们直接可以感受得到的，需要通过人的言语行为或行事方式来表现，所以要想证明逻辑对人的规范作用，需要去审视那些受过逻辑训练的人对事务的处置过程。

冯友兰是我国当代著名的哲学家，他不仅对逻辑研究有浓厚兴趣并在中国公学受过专门训练，而且在美国哥伦比亚大学研究院攻读博士学位时也进一步学习了西方逻辑。他能够娴熟地使用逻辑方法，逻辑对他有显著影响。他的许多著作不仅讲求概念的含义要清楚、明确，而且在观念的提出上也讲求逻辑推导，他在其哲学思想的阐述中也多次运用逻辑的知识。《新理学》是他众多理论成果中的一部有代表性的著作，这些特点在《新理学》一书中可得到有力的印证。

第一，冯友兰对“道”这个关键术语就是在逻辑分析的基础上做出明确定义的。“道”是中国传统哲学中的重要术语，几乎所有流派对此均有论及，但都不是非常清晰。鉴于此，冯友兰首先分析了这一术语在历史上的几种含义：一是本义即路，“人之道”即人在道德上当行之路；二是指“真理”，即最高真理或全体真理之义，如孔子所说“朝闻道，夕死可矣”；三是道家所谓道，无形无名，能生成万物；四是指“宇宙间一切事物变化所依照之理”，如程朱所言“形而上者谓之道”。接着，他指出：在“新理学”中，“无极，太极，及无极而太极，换言之，即真元之气，一切理，及由气至理之一切程序，总而言之，统而言之，我们名之曰道”①。此“道”，指动的宇宙。《新理学》又进一步指出，“我们亦常以道特别指无极而太极之程序，无极而太极，此‘而’即是道”，这是宋儒所谓道体，亦即《周易·系辞》所说的“一阴一阳之谓道”中的“道”，包括实际世界的阴阳变化之程序。② 这样，冯友兰既分析了“道”在历史上曾经有过的一些含义，又指明“新理学”中对它的具体规定。《新理学》对“道”的定义一目了然。此外，该书对“气”“天”“理”“性”“命”“心”“德”“仁”“义”等传统哲学中的其他一些重要术语均做了细致说明，使所讨论的概念清楚明晰。

第二，他的思想观念的得出讲求逻辑推导。该书中最核心的四个观念是“理”、“气”、“道体”和“大全”。在这些观念的得出过程中，冯友兰均充分运用了逻辑推导。在此我们仅以“理”“气”为例，对此进行说明。在“理”观念的推导过程中，冯友兰提出了新理学形而上学系统的第一组命题：“凡事物必然是什么事物；是什么事物，必然都是某种事物；某种事物是某种事物，必有某种事物之所以为某种事物者。”③ “某种事物之所以为某种事物者”，冯友兰称之为“理”。关于“理”观念的得出，冯友兰实质上进行了如下概念推演：事物蕴涵什么事物，什么事物蕴涵某种事物，某种事物蕴涵某种事物之所以为某种事物者；事物存在；所以，有某种事物之所以为某种事物者即“理”。

冯友兰的推演可以用符号表示为：

$$(\forall x)((Tx \rightarrow Sx) \wedge (Sx \rightarrow Kx) \wedge (Kx \rightarrow Wx))$$

$$(\exists x)Tx$$

———————

所以 $(\exists x)Wx$

（T：事物；S：什么事物；K：某种事物；W：某种事物之所以为某种事物者）④

在“气”观念的得出过程中，冯友兰提出了这样一组命题：“事物必

① 郭桥：《逻辑与文化——中国近代时期西方逻辑传播研究》，人民出版社，2006，第138—139页。

② 冯友兰：《贞元六书》，华东师范大学出版社，1996，第88—121页。

③ 郭桥：《逻辑与文化——中国近代时期西方逻辑传播研究》，人民出版社，2006，第138—139页。

④ 同上书，第140页。

都存在；存在底事物必都能存在；能存在底事物必都有其所有以能存在者。”[①] 能存在的事物“其所有以能存在者”，新理学谓之“气”。这里，关于“气”观念的得出实质上也是进行了概念的推演。即事物蕴涵存在的事物，存在的事物蕴涵能存在的事物，能存在的事物蕴涵其所有以能存在者；事物存在；所以，有其所有以能存在者即“气”。以上推演同样可以用符号表示为：

$$(\forall x)((Tx \rightarrow Ex) \land (Ex \rightarrow Ax) \land (Ax \rightarrow Hx))$$

$$(\exists x)Tx$$

———————

所以 $(\exists x)Hx$

（T：事物；E：存在的事物；A：能存在的事物；H：能存在的事物所有以能存在者）[②]

第三，利用类的知识阐述哲学思想。类是逻辑学的基本概念，其含义是指具有相同属性的事物之汇集。冯友兰在其哲学研究中对类概念及有关知识予以高度重视。新理学的一些思想明显是在对类知识的参照下确立的。比如冯友兰把类知识引入“理”的说明就是一个典型事例。冯友兰指出“一种即一类物有一种物之理，一种事有一种事之理，一种关系有一种关系之理”。“就事说，每种事，亦皆有其所以为此种事者；此即其理，为其类之事，所必依照者。依照某理之事，即其理之实际底例，亦即其事之类之实际底分子也。”[③] “譬如动之一种事，必有其所以为动者，这亦就是动之所以然之理，为一切动之是所必依照。依照动之理之实际的动之事，即动之理实际的例，亦即动之事之类之实际的分子。”[④] 简明地说，冯友兰在“理”的说明中运用类知识就是建立了类和理的对应。也就是属性对应理；类对应实际；分子对应实际的分子。[⑤]

金岳霖是我国逻辑事业的奠基者，他的一生为我国逻辑事业的发展做出了巨大贡献，逻辑对他的影响也尤为突出。他的一生中著述不多，主要思想集中于《知识论》、《论道》和《逻辑》中。他在《知识论》和《论道》中，多处使用了逻辑的方法，使“逻辑作为哲学研究的重要工具”得

---

① 冯友兰：《贞元六书》，华东师范大学出版社，1996，第919—921页。

② 郭桥：《逻辑与文化——中国近代时期西方逻辑传播研究》，人民出版社，2006，第140页。

③ 冯友兰：《贞元六书》，华东师范大学出版社，1996，第35—89页。

④ 同上书，第35页。

⑤ 同上书，第92—162页。

到了有力的印证。他的一些做法至今仍得到许多人的赞赏。由于篇幅所限，我们在此仅列举其在“知识论”概念上的解析一例来证明其对逻辑方法的自觉运用。在“知识论”的概念解析上，他的做法是，首先提出“知识论是以知识为对象而做理论的陈述”，之后分析了“对于知识做理论陈述的意义”——不在于指导我们如何去求取知识，而在于理解知识；接着分析了“知识的对象”——理和事实；再之后讨论了与知识的对象相联系的“两种知识的内容”——普遍的理和特殊的事实；通过层层解析，最后得到“知识论”的明确定义——知识论即研究知识底理底学问。[①] 从这个过程中，我们可他以看出“概念的清晰性”在他这里已得到了明显体现。

张申府不仅是西方逻辑的积极传播者，而且也是努力将西方逻辑引入哲学领域的探索者。他在《方法与工具》一文中，充分运用了逻辑分析的方法对“方法”这个概念进行了细致的分析和明确的定义。他在谈到“方法”时首先指出：“在哲学中许多常用而意谓却广泛而不定的名词里，一个便是‘方法’。什么是方法呢？实在至今还没有定论。因此哪个是方法、哪个不是方法遂也弄得争个不休。当然要解决哪个是方法哪个不是方法的问题，先要知道什么是方法，就是先要对方法有个确切的界说。可惜这是在专讲方法的书里也很少有的。许多讲方法的书只是举例，就是只说有什么什么方法，却不明白说定什么是方法。”这里张申府首先指出对“方法”予以“界说”即定义的必要性；然后说明许多书中对“方法”的举例并不等于给“方法”下定义。那么，“方法”的定义究竟是什么呢？他指出：“照界说的老规则，要界说方法不可不先找它所属的类。”而把方法归于“东西”“事情”“性质”“活动”“关系”“命题”“手术”等范畴均不行，由此他得出结论：“我很疑心方法乃是一个独立范畴，本是不能界说的，是找不着它所属的类的，因为它并无所属。”接着，张申府进一步指出：“方法虽不可界说，但并非不可解说。总括种种意思，极赅括言之，我以为可说方法就是循着一些东西达到一种目的者。”这样，在《方法与工具》一文中，张申府从逻辑学所谓定义的重要性及其方法、规则出发，层层解析，最后得出“方法”是一个独立范畴，不可“界说”。该范畴虽然不可“界说”，但并非不可解说。可以看出，张申府对“方法”的解析可谓开始于逻辑之定义，而终归于逻辑定义之外，逻辑上的定义成为其解析逻辑方

① 刘梦溪主编：《中国现代学术经典：金岳霖卷》，河北教育出版社，1996，第1011、228页。

法时的重要凭借。①

从对三位逻辑学家的学术思想研究和表述的上述分析我们可以看出，逻辑对人的规约是现实存在的。

6.3 逻辑具有激励的潜功能

6.3.1 激励潜功能诠释

从词源本义上讲，“激”是“冲击”“急剧”之意，通常也引申为“冲击并使之动”的意思，“励”是“劝勉”“奋勉”的意思。二者合在一起就是“激发鼓励”，也就是“通过劝勉或鼓励促使行动”。

“激励”在日常生活中，是一个被广泛使用的词语，但正是因为其广泛的实用性，在不同的语境中，它也被赋予了不同的含义。从心理学的角度看，激励是因为个体与周边环境之间存在着某些不平衡或不满意的状况，导致个体产生了特定的需要、需求、紧张、不安和期待；为了消除紧张和不愉快，人们做出了一种趋向行为的推力或拉力反应，这个反应过程就叫作激励。在管理学中，激励通常是指激励者为提升管理效能，而对他人所实行的激发和鼓励。激励是管理过程中一个很重要的问题，它的好坏直接关系到管理效能的高低和最终目标能否实现。经济学视角下的激励，通常是指经济主体为实现所需目标，通过实施一系列的奖励和处罚措施而诱导代理人从事特定行为的过程。尽管心理学、管理学和经济学从不同角度研究激励问题得出的结论有所不同，但仔细比对，其实三者在很大程度上是相似的，即激励的过程均是行为发生的前趋过程，均是在外力推动或吸引下通过自身的消化和吸收产出的系列行为动力的过程。

激励有很多种类型，从不同角度可划分出很多不同的种类。从激励行为发起的主动与受动情况可分为主动激励、被动激励和自我激励；从激励所采用的媒介属性上可分为物质激励和精神激励（精神、价值观念、行为方式）；从激励的时间上可分为即时激励和滞延激励；从激励的效用周期上可分为短期激励和长期激励；从受众数量上可分为普遍性激励和个性化

① 郭桥：《逻辑与文化——中国近代时期西方逻辑传播研究》，人民出版社，2006，第149页。

激励；从使用激励手段的数量上又可分为单维度激励和多维度激励。

激励通常是经过这样一个过程形成的：外界环境因素的刺激（如认识、表达或处理问题的能力高低）→思想上产生了矛盾（想把某些事情做好但感觉还存在一些不足）→产生了自我需求（应该学习、提高和强化某种能力）→形成行为动机（一定要学好什么、做好什么）→进行实践（开始学习和锻炼）。

6.3.2　逻辑具有激励潜功能的理论依据

逻辑对人的激励是通过对逻辑能力的发扬，使人们在认识问题、分析问题、解决问题的高度、深度、广度、速度、系统度、精准度、严密度上有较大的提升，懂得具备逻辑技能的优势，从而产生研习逻辑的兴趣和动力，并不断提升自身逻辑素养。

逻辑对人的激励具有以下特征：首先，它是一种自我激励。自我激励，顾名思义，就是自己激励自己。自我激励不同于传统的来自管理者或相关制度的外在力量的激励，激励的施动方和受动方都是自身。自我激励是自我反思、自我觉醒、自我规划、自觉行动的过程。因为自我激励是一种内在的价值判断体系，它是内在的觉醒基础上产生的、满足人类高层次心理需要的根本性激励，具有持续的内在驱动作用，因而它也是各种激励中最高级、最深沉、最持久的激励。逻辑对人的激励不同于我们通常所看到的直接激励方式，它不像人一样会说话，能给人讲道理做动员，而是间接进行的，需要在学习使用的基础上才能产生。因为只有学会使用逻辑，逻辑在生活、学习和工作过程中的巨大作用才会显现，学习它的人才会获得对周边人群的比较优势，让人们感受到它的魅力，进而产生继续学习或进一步提高逻辑能力的动力。所以，在这个过程中，作为使用逻辑的人，既是反思之后的觉醒者、激励者，同时也是受激励者，正是因为如此，我们也才将此种激励称为自我激励。

其次，逻辑的激励也是一种精神性激励。所谓精神性激励，就是采取非物质手段有针对性地对被激励对象进行的激发其潜能和工作热情并使其实现目标的过程。精神激励通常有以下几个特点：第一是抽象性。因为思想情感本身是抽象的，而精神激励过程也是较难把握的，且激励所引起的心理反应即使较为强烈，但也需要一个内化过程才能成为自身精神结构的组成部分，然后才逐渐外化为某种情绪反应或行为方式。不仅潜伏周期较长，效果呈现也有一定迟滞，而且只有在感悟、理解、认同、内化的基础上才能产生作用，因而效果难以被人们轻易察觉。但这种作用是客观的，其效果实际上也是我们可感知甚至可测量的，比如某人的某种行为的发生频率、生产过程中的产效提升等都可说明问题。第二是复杂性。逻辑对人的精神激励需要人们自发完成，必须经过较长时间的学习、感悟、强化、累积才能渐渐生效，不仅涉及因素较多、周期较长，且最终在具体的人身上所体现出来的意识、情感、观念、思维方式等的变化也有较大差别，所以整个激励过程较为隐蔽，最终的效用评价也较为复杂。

逻辑之所以具有激励功能，缘于以下两方面：

首先，逻辑能够改善人的思维品质并激发人们学用逻辑的兴趣。思维品质通常是指一个人在思考问题时所表现出来的认知事物的综合素养。思维品质一般包括思维的深度、广度、高度、速度、系统度、准确度和规范度。所谓思维深度，就是指认识事物所能达到的深入程度，比如有的人能认识事物的本质和规律，能认识事物的成因和存在条件等，而有的人却只能停留在表面现象和当下，这就是思维深度的差异。思维广度就是指在认识的过程中思想所能延展的范围，比如有的人能考虑到某事物的存在、变化和发展，而引发与其相关联的若干事物的运动、变化和发展，而有的人却考虑不到，这就是思维广度的差异。思维高度就是指一个人在思考问题时所能上升到的认识高度和层次，比如有的人能考虑到一事物的存在和发展之于人生的意义与价值或对社会发展进步的作用等，而有的人却考虑不到，这就是思维高度的差异。思维速度就是指人在认识事物时的快慢程度，比如有的人认识事物很快，而有的人却相对较慢，这就是思维速度的差异。思维系统度就是指一个人在思考问题时所能考虑到的完整程度，比如能否从多个维度或多个层面获得对事物的综合认知，而有的人却只能停留在某个维度或某个层面，这就是思维系统度的差异。思维准确度就是指一个人对事物的认知所能达到的精准程度，比如有的人能考虑到某事物独特的个性，能认识到事物之间存在的必然联系，而有的人仅停留在一般的了解和认知程度，这就是思维精准度的差异。思维规范度就是指人在思考问题时思想所行进的路线、所遵循的程序和步骤的规范程度，比如有的人思考问题能够紧紧围绕主题来逐步深入，而有的人却思绪飞扬，飘忽不定，这实际上就是思维规范度的差异。逻辑作为一种理性思维方式，是按照一定的路径、程序和步骤，清晰、明确、高效地思考问题，当人们一旦获得这种思维能力，就不仅会在思考问题的深度、广度、高度、速度、系统度、准确度、规范度上得到大幅度的改善，从而使人认识问题、分析问题、解决问题的能力得以大幅度的提升，还会自觉摒弃原有的散乱思维模式，久而久之，思维品质就会有明显改善。而一旦认识到逻辑在改善思维品质方面的巨大作用，人们就会自觉不自觉地增强学用逻辑的兴趣。这是逻辑具有激励功能的重要基础。

其次，逻辑既能够增强人的自信，也能够帮助人们发现自身存在的不足，形成对人正反两个方面的激励。逻辑是正确认知的可靠工具，也是准确评价的理论遵循，还是合理建构的有效手段，它不仅能够帮助人们正确认知、准确评价自身和他人的多种能力，如分析问题的能力、表达或演讲能力、写作能力、计划组织能力、说服动员能力、科学预测能力等，从而发现自身的比较优势或所存在的不足，还能够使人深刻地认识到在这些能力的背后用以支撑它们的重要基础——逻辑的巨大作用。认识到优势将提升其自信，激发其在学用逻辑的道路上继续前行；看到不足将促使其产生改变现状进而提升逻辑素养的动力。所以，无论从正向激励的角度看，还是从反向激励的角度看，逻辑均具有激励人的潜功能。

6.3.3　逻辑具有激励潜功能的实践证明

逻辑之于人的精神激励作用在现实生活中有很多表现，就我们所熟悉的逻辑学家中就可列举出若干典型事例。比如，严复等人是我国清末民初救亡运动的先驱，他们一生为实现“救亡图存”的目标而奔走呼号，花费了很多精力引进以西方逻辑为核心之一的西方先进文化，目的就是希望通过学习以西方逻辑为核心之一的西方先进文化来改变国人的心智模式。为什么他们如此看重西方逻辑？为什么花费那么多的心血坚定地引进西方逻辑？最主要的原因就是他们知道逻辑具有强大的功能，能够让人们实现：认识上的深刻，表述上的清晰，推理上的严密，论证上的有力。国人学好逻辑就能够提升社会的理性水平，就能够形成对科学理性精神的崇尚。实际上这是基于对西方逻辑在优化国人思维模式上的高度自信。正是有了这种自信，他们才有不竭的精神动力，从而做出了伟大的成就。

除严复等人外，李之藻也曾说，“学了逻辑犹如坐上了车，可以提高思维速度”；蔡元培也曾说，“逻辑是点石成金的金指头”；梁启超说，“论理学（逻辑学）是一切学问之母，以后无论做任何学问，总不要抛弃了论理精神，那么（学问）真的只是就会日日俱增了”。[①] 维特根斯坦也是一

① 郭桥：《逻辑与文化——中国近代时期西方逻辑传播研究》，人民出版社，2006，第163页。

个很好的例证。维特根斯坦是著名的逻辑哲学家。他对逻辑理论的发展贡献不大，但他在用逻辑的方法分析世界、解释世界方面开了人类的先河。从他开始，逻辑逐步成为哲学分析的工具，他把对哲学思想的分析变成了对语言的分析。他在其著作《逻辑哲学论》完成后，曾经骄傲地宣布"哲学的问题已全部解决"，而且在很长时间内终止了对哲学问题的研究。在他的身上表现出了对哲学的极度自信。那么，他的这种自信又来源于哪里？就是来自对逻辑的高度自信。他认为逻辑是有效的分析工具，能够解析清楚哲学所要解决的一切问题。他们的言论和实践行为可以充分证明逻辑对人所具有的激励功能。

6.4 逻辑具有塑造的潜功能

6.4.1 塑造潜功能诠释

"塑造"一词，直观地理解，就是指特定的主体运用某些材料，通过某种途径，遵循一定的机理，经一定的努力使原本不存在或尚未成形的东西培植或构造出来的过程。

塑造与导引、规范有一定的联系，如在同样强调逻辑对人的思维方式和行为方式的效用上，我们可以说逻辑导引人们向理性的方面发展，也可以说逻辑规范人们的思维方式，还可以说逻辑塑造某人的理性精神，使人们变得更加科学理性。但同时它们也有一定的差别，即导引强调的是目标和方向，并不强调参与过程；规范强调的是程序和标准，并不关注内容；而塑造强调的是过程和结果，既包含具体行为过程又包含具体内容。

塑造包含实物的塑造，如塑像、塑造人文形象等；同时它也包含精神方面的塑造，如塑造人的某种思维方式、行为习惯、品格特征等。本研究所用的"塑造"一词主要用于指谓对人的精神、品格、思维、行为习惯等抽象对象的培养和造就，如科学理性的精神、严谨细致的作风等。

塑造功能的实现需要一定的前提条件。第一是要有塑造的目标，包括"塑造什么""塑造到什么程度或达到什么标准"。第二是要有可用于塑造的工具和材料，即"用什么塑造"。第三是塑造的手法，或者说是塑造的方法和艺术，主要是指"从哪里开始，经过哪些途径、程序和步骤来完成塑造过程"等。

逻辑对人的塑造就是指逻辑在与使用它的主体不断地互动交融中，慢慢强化了主体的意识，改变了主体的观念，规范了主体的思维方式，变革了主体的行为方式，使其慢慢呈现出了某些固有的行为特点或精神品格，比如“清晰”“准确”“严谨”“理性”等。

6.4.2　逻辑具有塑造潜功能的理论依据

逻辑之所以具有塑造功能，主要有以下几个方面的理由：

第一，逻辑能够培养人们科学理性的精神。科学精神和理性精神，严格地讲本来不是一回事。科学精神通常是讲人们对某个事物或某个问题的认识和处理只尊重其本来面目和本质规律，“不唯书，不唯上，只唯实”。而理性精神则常常用来描述一个人说话办事的过程中态度比较冷静，认识比较客观，行为比较理智，不偏狭、不激越、不带个人情感和兴趣偏好处理问题。科学精神强调实事求是，理性精神强调理智客观。但是，经过仔细辨析，我们发现其实二者还是有密切联系的。没有科学的精神做支撑就难有理性的表现，同时没有理性的精神做指引也就很难有科学的研究。所以，在讨论逻辑对人的精神塑造方面二者具有共同点。

逻辑为什么能够培养人们的科学理性精神？这是因为逻辑的程式和所追求的因果必然联系，能够使长期从事逻辑工作的人在逻辑的影响下形成自觉应用逻辑方式来思考和解析事物的习惯，进而呈现出追求真理的自觉意识和遵守规则的真诚态度，亦即科学理性的精神。

第二，逻辑能够使人们养成严谨细致的作风。所谓严谨，简单地讲就是严密、谨慎，通俗地讲也就是指说话办事既有理有据，又要周全；不空口无凭，不主观臆断。细致，就是指细密、精致，通常也就是指办事要精细、周密。严谨与细致尽管在语义上有一定差别，各自强调的重点不同，但它们实际上有密切关联，内在的决定因素均是人的思维程式和思维机理。

逻辑之所以能够帮助人们养成严谨细致的作风，是因为：首先，逻辑讲求确定性，不似是而非、模糊笼统。其次，逻辑讲求必然得出，凡事要符合因果之间的有机关联。最后，逻辑的过程要求人们实事求是地认识事物，既要认识事物的本来面目、本质特征，又要认识事物发展的一般规律；既要认识事物本身，又要考虑到对相关事物的影响。长期的逻辑熏陶会让人思考问题更加系统全面，认识问题更加细致深刻，评价事物更加客观公正，预见未来更加清晰准确，行动方案更加科学高效，实施过程更加有条不紊。正因如此，人们把严谨细致看作逻辑的基本特征之一。

第三，逻辑能够增强人的自信，使人变得乐观。自信，简单讲就是自我相信，也就是一个人对自身能力的正面肯定。它是一种积极地、有效地表达自我价值、自我尊重、自我理解的心理状态。自信是每个人都具有的核心心理要素，是保证完成某项活动的主观条件，是一个人健康成长和行动的重要基础。自信不是与生俱来的，而是在后天环境中逐渐培养起来的。首先，自信来源于对自身和比较对象状态的清晰了解，即能形成对自身及他人的能力、价值、潜力及优势与不足等问题的正确认知。其次，自信也与对自己和他人状态的评估、判定有关。自信是通过比较和评价之后，认识到自身所处环境的相对优越、所拥有条件资源存在相对优势，或具有更好的家庭背景、更便利的生活环境、更优秀的文化传统、更深厚的知识积淀、更独特的技术能力和更好的发展前景等。而正确的判定通常来源于正确的推理论证，凡是过高地估计自己的原因通常是模糊、笼统或似是而非的判断。逻辑作为一种理性思维方式，它不仅能帮助人们清晰地了解和认识自己及比较对象，还能帮助人们改善思维的品质。人们一旦获得这种思维能力，就会摒弃原有的落后思维模式，思维的深度、广度、速度、精度都会得到大幅度的提升，从而在认识问题、分析问题、解决问题的能力上实现巨大的飞跃，成功的概率大大提高，这自然也就提高了人们的自信。当然，久而久之，也就会使人慢慢成长为时时处处充满自信之人，从而显现出对未来的乐观。

6.4.3 逻辑具有塑造潜功能的实践证明

逻辑对人的塑造功能，在现实生活中也有很多具体例证。下面我们列举三个典型人物的事例做细致的阐释。

第一个是笛卡尔。他是法国近代著名的二元论哲学家，也是数学理性主义的代表性人物，在哲学和数学方面都有重要贡献。笛卡尔没有专门的逻辑学著作，也没有直接探讨形式逻辑问题，但是他对直观与演绎方法、分析与综合方法均做过详细论述，这本身在某种意义上就是对于演绎逻辑与归纳逻辑的阐发。他倡导要建立“普遍数学”、“普遍语言”及“普遍科学”，尽管这些设想未能实现，但对以后莱布尼茨关于现代形式逻辑的设想具有直接的启迪作用。笛卡尔是数学理性主义的突出代表，他强烈主张“只有像数学那样，由明白无误的公理推导出来的知识才是可靠的”，“只有理性的清楚明白才是真理的唯一标准”，他倡导用“直观、演绎、枚举”三个要素构成的解析法作为普遍的认知方法。① 为什么笛卡尔会有这样的主张？为什么他能被人们公认为“理性主义”的杰出代表？很大程度上是因为“演绎方法及分析与综合方法”的长期熏陶，使他形成了只有“明白无误的公理推导出来的知识才是可靠的”这一坚定信念，并最终把这一信念变成了他的思想主张和一系列实践行动。如果没有逻辑演绎方法及分析与综合方法对他的长期影响，恐怕“理性主义”也就不会在他的生命中占据这样重要的地位。

第二个是塔尔斯基（Alfred Tarski，1902—1983）。他是波兰裔美国逻辑学家、语言学家和哲学家。他在逻辑学上的最大贡献是开创了现代逻辑的语义学研究。他于 1933 年发表了著名的《形式化语言中的真理概念》一文，该文不仅是塔尔斯基用语义分析方法解决哲学问题的重要成果，也是奠定他在逻辑学界和语言学界中重要地位的主要作品。② 他的这篇论文很长，将近 130 页，技术性也非常强，表现出了极为严谨认真的学术态度。为什么塔尔斯基对一个“真”的定义要花费这么多心血、做这么细致的论述？本质上是逻辑严密性使然。这也正是现代逻辑精神在他身上所产生影响的一种外化。因为现代逻辑就是要对所使用的符号系统从语义、语法结构、语用及一致性、可靠性、完备性等多个方面进行详细的分析和论证，而完成这些必要的过程就需要做细致严密的阐述。所以，他的行为在一定程度上反映了逻辑可以使人具有严密、精细的行为特征。

第三个是弗兰西斯·培根。他是英国著名哲学家，也是英国唯物主义和现代实验科学的始祖、归纳逻辑的奠基人。他于 1620 年用拉丁文写成《新工具》一书，对近代自然科学的发展起到了重要的推动作用，他的归纳法对逻辑学和科学的发展都具有划时代的意义。培根在他的《新工具》中对亚里士多德逻辑和经院逻辑做了严厉的批判。他批评亚里士多德逻辑“只足以用来确定基于一般所接受的观念的错误，并且把这些错误固定下来，而不能用来帮助探求真理，因此它只是有害而无益的”。他说：“三段论是由命题组成的，命题是由字组成的，而字是观念的符号。所以，如果观念本身是混乱的，并且是由事实就地抽象出来的，那么上层建筑便没有

① 马玉珂：《西方逻辑史》，中国人民大学出版社，1985，第 221—223 页。
② 梅祥：《塔尔斯基真之语义理论研究》，知识产权出版社，2018，第 67—69 页。

稳固的基础。"① 他坚决反对亚里士多德用一般的抽象公理来证实个别性的命题。他认为个别事物到最高公理一定要经过中间公理，而中间公理的真理性不是由最高公理来证明的，是要由经验来证明的，因此，他不承认在演绎三段论推理中中项有作用。他批评经院逻辑"像献身上帝的修女，是不能生育的，所生殖的不是胎儿，而是令人厌烦的无谓的争论；它只是玩弄一些词句，陷入抽象的议论，徘徊在没有内容的三段论的真空中"②。然而，与对前二者的批评形成鲜明对比的是，培根对自己的理论高度自信。他不仅把自己的书名定为"新工具"，还把自己的方法褒赞为"发明的艺术"，两相比较，差异巨大。从培根的言行中我们能够看出其是何等的骄傲与自信！为什么培根对自己的理论有如此强的自信？背后支撑和促成其自信的最主要的因素还是他的"归纳法"。他的事例从另外一个角度也证明了逻辑在提升人的自信方面的重要作用。

6.5 逻辑具有愉悦的潜功能

6.5.1 愉悦潜功能诠释

所谓愉悦，简单地说，就是指人在外界因素的刺激和作用下，人的心理所达到的一种带有审美意蕴的轻松、自由、舒适、快乐和满足的感觉。

精神愉悦是人类特有的行为，它不同于感官娱乐，也不能为感官娱乐所代替。感官娱乐是指包括眼、耳、鼻、舌、身等器官感受外界事物的刺激所产生的简单的、直接的、带有原始生理性的官能快感和享受。而精神快乐侧重的则是精神上的愉悦和享受，只有精神引领、价值赋予、审美感知相一致所得到的心灵愉悦，才是高尚的、艺术的精神快乐。精神愉悦是感觉基础之上的精神升华。③

愉悦可分为求真的愉悦、臻善的愉悦和审美的愉悦。求真的愉悦是指对事物的本来面目、本质特征及其运动变化发展规律等一系列问题获得正确认识之后而产生的精神满足和精神快乐。臻善的愉悦是指人们在获得道

---

① 马玉珂：《西方逻辑史》，中国人民大学出版社，1985，第 222 页。

② 同上书，第 223 页。

③ 李孝弟：《需区分感官享受的情感愉悦和审美的精神愉悦》，《文艺报》2000 年 7 月 4 日第 3 版。

德满足之后所感受到的愉悦。审美的愉悦就是审美主体在接触审美对象后，通过与审美对象内含的各种信息进行交流，并用人的价值观念去描述审美对象内在意义的过程中所产生的舒适和满足。

精神愉悦的形成通常有两种途径，一种是通过人们对事物或行为属性的是非、善恶、美丑的认定来获得。如果事物或行为本身被认定为真的、善的或美的，那么我们就能产生心理的愉悦；与此相反，如果我们认定某个事物或行为是假的、恶的或丑的，那么我们就无法产生愉悦。另一种是通过对所取得的成就与内心期望值比较之后来获得。如果收获大于期望，人们就能产生愉悦感；如果收获低于期望，就不能产生愉悦感。因此，从另一个角度来说，其实人的愉悦感的获得一是与内心的是非、善恶、美丑的观念（或判定标准）有关，二是与内心期望值的高低有关。

精神愉悦具有以下几个特征：第一，主观性。主观性是指人的精神活动在一定程度上具有超越现实状况的主观意向成分，与人的精神状态和格局、境界相关，不是完全受物质条件和环境的制约的。但也不是与物质环境条件绝对无关，像康德所说的那种绝对超越现实、与现实世界无关的所谓“救赎”是不存在的。第二，经验性。精神愉悦的经验性表现在两个方面。首先，精神愉悦是人全身心参与的结果，它不仅需要人的身体的参与，而且也要求人的心理与精神因素的参与。其次，精神愉悦是与个体感受能力相关的。不同的审美个体由于其成长过程、学识经历、工作实践的领域、环境影响、个人气质、审美经验等的不同，其精神愉悦也体现出明显的个体差异。比如同样参加一个娱乐活动，或看同一场电影，或听同一个笑话而得到的心理愉悦是大不相同的。这也就像人们经常说的“一千个读者眼中就有一千个哈姆雷特”。第三，自我拓展性。愉悦过程不是一个单向的、被动接受的过程，而是主客体互动和交融的过程。主体在感知外在对象获得精神感受的同时，也会根据一定的偏好或主观愿望进行某种程度的联想，从而得出独具个性的结论。因此，这个过程其实是带有一定的“再创造性”的活动过程。第四，自养性。精神愉悦是在实践中形成的个体体验，它是由人的直觉能力加上情感的调动以及创造精神的发挥才最终形成的，它将会使心灵在潜移默化中得到陶冶，在因情悟理中更好地实现自我评价、自我感受、自我调适、自我控制，陶冶情趣，实现人生理想。这就是精神愉悦的自养性。①

① 陈冰冰：《审美愉悦层次解读》，《漯河职业技术学院学报》2013 年第 1 期。

逻辑的愉悦功能就是指人们在使用逻辑的过程中或使用之后完成某种任务或达成某种目标能给人们带来精神上的满足。

6.5.2 逻辑具有愉悦潜功能的理论依据

逻辑之所以具有愉悦功能，主要是因为：

（1）逻辑能够帮助人们获得“求真”后的愉悦。

“真”是“（人的）认识与客观事物本质及普遍必然属性的一种符合关系”①。“真”对于人类的生存和发展具有极其重要的意义和价值。因此，自从人类有了分辨真假的能力，便对“真”有了超乎寻常的执着。当人们实现了“真”时，便喜由心生；而当人们背离“真”时，也将随之陷入苦痛和烦恼。

逻辑之所以能够让人们获得“求真”后的愉悦，是因为它本身就是“求真”的工具，它有着非常鲜明的特点，如：工具的特殊性和完备性；程序的客观性和规范性；规则的统一性和公正性；推理的必然性和可靠性；结果的清晰性和明确性。除此之外，逻辑还有很多突出的优势。一是抽象化，脱开具体现象，按照思维的客观规律发展。二是理性化，不受情绪的干扰。三是最大限度减少个人阅历、知识积累和心理状态的干扰。四是内在机制强调因果联系，讲求“必然地得出”，推理过程可靠，而不是原始思维渗透，不是臆想、不靠直觉、不靠顿悟。五是结果明确、直观，没有歧义。尤其是现代人工语言弥补了自然语言的歧义和含糊的缺陷。正是具有上述众多特点和优势，逻辑不但易于被人们理解和掌握，而且一旦被人们认识和掌握，它的清晰、准确、便捷的特性将很快得以呈现，它将变成人们求取真知活动中须臾不可离的“求真工具”。两千多年来，逻辑已被人们用在了诸多领域中，不但被人们用于辩论、用于事物的辨析、用于新技术的发现和新理论的建构，还被用来进行思想观念的检视和道德的批判。可以说，逻辑在帮助人们获得“求真”的愉悦上功不可没。

（2）逻辑能够帮助人们获得“臻善”后的愉悦。

善是一个抽象又非常宽泛的概念。不同时代、不同民族、不同宗教群体，甚至不同的学科，对善都有不同的理解。至今为止，人们不仅对“善”的定义尚未形成统一的认识，甚至在善能否被定义的问题上，仍存在着尖锐的对立。一些人如苏格拉底、柏拉图、亚里士多德、培根、休谟、康德、黑格尔、石里克等人，认为善是可以定义的；但也有一些人如穆尔（摩尔）、

---

① 郭建萍：《逻辑与哲学：真与意义融合与分离之争的探究》，科学出版社，2016，第76页。

艾耶尔、萨特、霍尼等人却认为善是不可定义的。① 尽管没有公认的善的定义，但这并不妨碍不同学科和不同人群对善的内涵的特定理解。

哲学上的善被定义为：善是具体事物的组成部分，是具体事物的运动、行为和存在对社会和绝大多数人的生存发展具有的正面意义和正面价值，是具体事物具有的有利于社会和绝大多数人生存发展的特殊性质和能力，是人们在与具体事物密切接触、受到具体事物影响和作用的过程中，判明具体事物的运动、行为和存在符合自己的意愿和意向，满足了自己的生理和心理需要，产生了称心如意的美好感觉后，从具体事物中分解和抽取出来的有别于恶的相对抽象的事物或元实体。心理学上认为，善行是善意、善心的存在和表现形式，善意、善心是善行的内容和本质。善意、善心不是凭空在人脑中形成和产生出来的，而是有十一种社会知识作为根据的。此外，还有所谓四善、十一善、十三善之说，其含义多半大同小异。伦理学上关于善的定义是：在被动个体自我意识出于自愿或不拒绝的情况下，主动方对被动个体实施精神、语言、行为的任何一项的介入，皆为善。②

正是因为“善”在不同时代、不同地区和不同群体中具有不同的认知，所以逻辑作为理性的基础和核心，成为与“善”须臾不可离的工具。这是因为，第一，逻辑能够使人们明确善的本质和内涵。善既有绝对性，又有相对性，不同的环境和文化背景下对善的理解和定义不同。如中国传统的义利观和西方世界的义利观就有很大差别，甚至截然相反。如何让特定环境中的人们准确理解本团体、本民族、本阶级的善的本质和善的表现，就需要逻辑的参与。逻辑是认识事物的有效工具，对于事物的性质、特征、结构、功能、历史、未来具有很强的分析、综合、概括、总结的能力。逻辑的参与可以使一个特定时代下有特定文化背景、特定认知水平的特定群体的价值观念和信仰崇拜得以明确和清晰并上升为理性认识，不再含混笼统和似是而非。所以，逻辑是善从零散的经验走向理论的基础和关键。第二，逻辑能够帮助人们确立善的标准，辨析行为的善恶。善既有共同性，也有差异性。在一些方面，对于所有个体来说是相同的，如爱心、诚实、善良，但在某些方面是有差异的。也就是说，许多事情在质的规定方面具有相同特性，但由于智力、禀赋、能力、财富以及其他方面的差异，善的度量标准是不一样的。比如一个亿万富翁和一个工人，对于一个

---

① 汤治平：《善的定义研究综述》，《职业圈》2007 年第 24 期。

② 李醒民：《“善”究竟是什么?》，《社会科学论坛》2011 年第 8 期。

路边的穷人同样给予100元的救济，两个人的善性是相同的，但行善的程度是不同的。评定谁是更善良的人，是需要逻辑的帮助的。另外，在不同的环境下，尤其是价值冲突的情况下，行为的善恶评定标准不是一成不变的，有时存在两难抉择。比如，对处于痛苦之中的病人，安乐死究竟是善还是恶，是需要具体分析的。逻辑具有评价功能，它能够根据事物本质的规定，建构起对该事物科学有效的评价标准体系。对于善的标准问题，逻辑同样具有建构的功能。所以，对于行为的善恶评判，也是逻辑最基本的功能之一。第三，逻辑能够帮助人们设定善的目标，规划实现善的路径、程序和步骤。不同的个体，对于善有不同的理解，善的目标和实现路径、方式也会不同。这就需要根据善的本质和内涵，形成适合于不同个体的善恶评价标准，并根据不同个体的现实状况和条件的差异，设定其所能达到或可能实现的有效目标，再按照实际情况，规划其实现善的路径、程序和步骤，导引人们逐步实现善的最终目标。逻辑作为科学评价的有效工具，具备了这样的职能。

正是由于逻辑能够帮助特定文化背景下的人们定义善恶、识别善恶，并导引人们通达于“善”，因此逻辑也就具有了“臻善”的功能。

（3）逻辑能够帮助人们获得“审美”中的愉悦。

事物的美是有不同种类和层次划分的，有我们可以感受的“外在美”，也有与我们观念相通的“内在美”，还有精神超越的“自由美”。感受和发现“美”不单是感性的使命，还需要理性的参与。逻辑在感受美的过程中有着重要的作用：

第一，感受外在美需要逻辑。外在美是用感官获得经验性感知后与内心主观标准相权衡，因二者相符所产生的愉悦感受。外在美通常包括形状的整齐规则之美、结构的严谨有序之美、色彩的和谐协调之美、音调的音色韵律之美、味觉的清爽舒适之美、感觉的柔和平滑之美等。外在美感的形成是要经过一个过程的，有特定的程序和步骤。一般要经历以下几个阶段：首先是感官感受到刺激，获得直观的信息；其次是要通过想象力进行类比，把获得的感受迁移或类比为主体心中某种更具代表性的东西；最后是要把感知的东西上升到精神层面，形成好的、有益的、人们喜欢和愿意接受的某些特点或品格，形成愉悦的感觉。外在美的发现、感受和理解需要有理性的参与，发现美通常需要类比，提炼其品格需要经过分析、概括与总结，脱开逻辑理性的参与难以获得外在美感。如有句著名的诗“青山不墨千秋画，绿水无弦万古琴”，实际上是采用类比的方式将山水比拟为心中美丽的画和动听的琴声，产生了一个自由、浪漫、舒适的意境，从而使我们获得了心理的愉悦。如果没有这样的类比，就很难产生出意境，也就只能是“看山是山，看水是水”了。

第二，发现本质美也需要逻辑。本质美是指潜藏在事物外表背后的那种能使人的心灵产生愉悦和舒适的内在规定性。对于自然界的万物而言，本质美表现为它所具有的正面功用，如苹果能充饥、美容，绿色花卉能装点室内环境、改善室内空气质量，等等。对人类而言，本质美就是指人的优秀品格和利他行为，如诚实、善良、正义、助人为乐等。本质美是在外在美基础上的升华，是从事物本身上升到意义和价值的高度而谈论的话题。相对于外在美，本质美有更加丰富的内涵，这种美中不但包含了事物所能带给人的舒适与愉悦，还常常被作为一种优秀品格的象征来激励人们。[①] 如梅、兰、竹、菊号称“四君子”，就代表了凌霜傲雪的高洁志士、空谷幽兰般的社会贤达、清雅淡泊的谦谦君子和特行独立的隐逸之士。如牡丹是国色天香、富贵荣华的象征，雷锋是无私奉献的楷模，等等，均是本质美的范畴。本质美给人带来的愉悦深度及其在人们内心所停留的时间，相对于外在美的愉悦会更加深刻，记忆也会更加久远。对本质美的发现和理解需要比外在美经历一个更长的认知过程。外在美的发现和感受经过外物刺激、想象类比评价、心理满足和愉悦三个阶段即可完成；而本质美的发现一般要经过外物刺激、想象类比评价、概括提炼和心理愉悦四个阶段才能完成。在本质美的发现过程中需要有更多逻辑理性的参与，不仅是在人们对事物的外在特征和表象问题进行梳理、解读的过程中需要逻辑，而且在众多的现象或经验材料之后对事物进行分析、综合、演绎、归纳，直到最后提炼、升华出事物最本质的美也离不开逻辑。特别是对于人类道德品质的鉴定和概括是一个较为复杂的思维过程，如心灵美、行为美等，没有逻辑理性的深度参与是很难获得的。康德曾在论述审美的时候，把美分为优美和崇高两个层次。他说，无论是优美还是崇高，都带来审美愉悦，都使主体获得一种自由感。所不同的只是，优美的根源在于对象形式与主体心意状态的契合和融通，涉及想象力与知性的自由嬉戏；崇高的根源在于主体自身的理性，涉及主体想象力与理性之间的关系。他的话在一定程度上表达了逻辑理性在发现本质美中的作用。[②]

---

① 靳金贵：《逻辑的文化意蕴》，《山西大学学报》（哲学社会科学版）2018 年第 1 期。

② 同上。

第三，实现精神的超越（自由）也离不开逻辑。关于逻辑理性在精神超越中的作用问题，曾经有过很长时间的争议，有不少人否认逻辑理性在精神超越中的作用，但也有许多人认为精神超越离不开逻辑理性，历经三个阶段、300多年的争论才最终得以统一。第一阶段是启蒙运动阶段。这个阶段以莱布尼茨和沃尔夫为代表的唯理主义思想体系主宰着美学，当时的美学是受理性钳制的。对此，德国学者玛斯克·德索明确指出："……美学作为逻辑的小妹妹迟迟来到这个世界，从开始便受到轻视。说它是下里巴人的学说也好，是关于绝对存在的感官外表学问也好，它总是处于从属和无关紧要的地位……"① 当时的美学知识"只是对理性的次级补充"，美学学科只能是"次级推理"。第二阶段是康德美学诞生之后至马克思美学理论创立的阶段。美学真正意义上的独立，实际上是从康德美学开始的。自从有了康德美学，美学才正式从哲学中独立出来。但是康德认为，精神审美的愉悦是最高的美、终极的美。它是超越客体对象和无功利性的审美，审美愉悦的本质是实现"自由之美"。他说，"审美不同于一般的认识活动。认识活动包括概念、判断、推理等过程，而审美活动既不用概念来分析，也不进行逻辑推理，而是通过审美感知形成审美形象，融合主体的审美心理因素，使审美形象既是感知形成的，又渗透着主体的情感、想象、理解、意志、理想等因素，从而使形象在诸心理功能的和谐运动中，不断推移，不断变形，最终变成了审美主体加工和创造的审美意象。这种审美意象的出现，既包含着对象的形象，又蕴含着主体的意味，而且它会随着审美主体的审美活动的不断深入，显示出无穷的意味，需要人去意会和领悟，这是概念认识不能把握的"②。他排斥了理性在精神超越之中的作用。后世的叔本华、尼采、海德格尔、阿多诺、马尔库塞等人延续了康德的思想，使精神审美成为脱离现实世界的"异界之物"，既存在于现实世界，又成为脱离现实的虚幻之物。第三阶段是马克思美学理论创立之后的阶段。马克思在实践观念的指引下，重新思考了美学问题。他认为："自由产生于人的生存实践，体现在生存实践中的人与自然关系、人与社会关系、人与他人关系以及人与自我关系；自由标志着富有诗意的、理想的人的存在状态；自由的根本含义是指人通过自己以物质生产为基础，包括审美活动在内的全面的人生实践而获得的超越和解放，即从他者他律的

---

① 李增杰：《审美救赎何以可能?》，硕士学位论文，山东艺术学院，2011，第66页。

② 陈冰冰：《审美愉悦层次解读》，《漯河职业技术学院学报》2013年第1期。

束缚中解放出来，而以自己为根据，自己选择自己，自己决定自己，自己如此地开显自身的存在意义和世界的存在意义。”① 马克思美学的“实践”范畴不仅包括物质生产的劳动实践，同样包括社会变革的革命实践、经验个体的人生实践。他的感性审美也具有极其鲜明的“实践”特征，他认为“艺术和审美活动是与人生实践紧密结合在一起的，审美活动是扎根于人生实践之中的，是我们人的基本的存在方式之一。它不是派生的，无足轻重的。整个人类要健全地发展，审美活动就是不可或缺的”②。正是因为社会实践始终作为人类主体生存实践的基本方式，审美实践同样作为“人生在世”（海德格尔语）的本真样态，那么，审美实践必然作为人类主体生存实践一以贯之的存在方式。社会实践、审美实践分别表征人类主体生存实践的不同维度，并非存在不可逾越的巨大鸿沟，二者之间应该实现相互通约的完满统一。③ 马克思之后，感性审美的观念没有消失，马尔库塞、伊格尔顿、阿多诺分别基于审美、意识形态和现代艺术的不同维度又对美学理论做了进一步的阐释，丰富了马克思的美学思想。所以，客观地讲，是从马克思开始才又开启了理性与感性思想的重新融合。当代许多学者从社会的现实需求出发，又进一步从理性与感性的角度展开论述。如山东大学曾繁仁教授从当下的审美理论和实践出发，提出应对康德美学中“判断先于快感”的经典命题进行调整。他认为“判断与快感相伴”④。他的这种观点不仅可以充盈审美的内在张力，而且增强了理论对现实的阐释力。今天逻辑理性与精神审美的关系已基本成熟，二者的内在统一性和现实中的不可分割性也已被人们深刻认知。逻辑在获得审美愉悦中无法缺少，逻辑和感性将共同成为指导人们实现精神超越不可或缺的两翼。

6.5.3　逻辑具有愉悦潜功能的实践证明

逻辑的愉悦功能在现实中不是直接呈现的，而是通过它帮助人们实现对真、善、美的通达，进而表现为对真、善、美的不懈追求所间接呈现出来的。因此，逻辑具有愉悦功能需要用以“求真”、“臻善”和“审美”为乐的事例来证明。这也正是我们之所以将此种功能称为“潜功能”的主要原因之一。

---

① 李增杰：《审美救赎美学思想浅探》，《齐鲁艺苑》2012 年第 1 期。

② 刘泽民：《实践存在论的美学思考方式》，苏州大学出版社，2008，第 168 页。

③ 李增杰：《审美救赎美学思想浅探》，《齐鲁艺苑》2012 年第 1 期。

④ 曾繁仁：《关于中西美学交流与对话的思考》，《文史哲》1996 年第 1 期。

以“求真”为乐的事例在古今中外的历史上有很多。比如我国明代著名医药学家李时珍为了研究某些植物的药效，积累丰富的第一手资料，广泛地向老农、渔夫、樵夫、铃医请教，足迹遍及太和山、大别山、茅山、伏牛山等地。我国著名数学家陈景润边走边想问题，结果迎面撞上树干。世界著名物理学家牛顿忘我地工作，边思考数学公式边做饭，结果把手表当成鸡蛋煮。英国化学家、物理学家、“近代化学之父”约翰·道尔顿为了获得真实准确的天气变化规律，连续50年坚持每天记录天气情况，直至他心脏停止跳动之前几小时仍在进行此项工作。世界著名的发明家、物理学家、企业家爱迪生专注于解决自动电报机问题，结果忘记了热闹的婚礼，在新婚之夜返回了实验室。法国女物理学家、放射化学家居里夫人在四壁透风的茅屋里千百次地熬沥青来寻找镭元素。他们的这些行为表现常人很难理解，但难以理解的现象背后其实有它们形成的重要缘由。因为在他们的心里把本真自我与追求真理的实践高度融合当成了人生最大的幸福。也正是因为这种深刻的、无与伦比的幸福感的召唤，才使得许多学者迷恋其间而常常忘却了外部世界。① 捷克有句著名的谚语：“人的快乐和幸福不在于金钱，不在于爱情，而在于真理。”黑格尔也曾说，“寻觅真理去，因为幸福就在真理里面”，“迷妄是一切毁灭的来源，真理是最高的幸福”。契诃夫进一步总结道：“幸福不在于爱情，在于真理。”这都是对求真愉悦的深切表达。

以“臻善”为乐的事例也比比皆是。比如，我国古代的孔子、孟子，近代的林则徐，现当代的雷锋、焦裕禄、孔繁森等都是道德的楷模。他们为什么会把“舍生取义”“杀身成仁”“维护民族大义”，以及“助人为乐”“为民奉献”的高尚道德作为毕生的追求？这完全是以道德完善为目的的一种心灵的自觉和对于人性的醒悟。孔子曰：“饭疏食饮水，曲肱而枕之，乐亦在其中矣。不义而富且贵，于我如浮云。”孟子也说：“生亦我所欲也，义亦我所欲也；二者不可得兼，舍生而取义者也。”② 这些名言都是这种精神自觉的明确表达。然而，这种道德的高度自觉和醒悟又是如何形成的？还是基于他们对人生意义和价值的理性反思及深度认知。所以，至善的愉悦本质上包含着促使人们获得理性认知的“逻辑工具”的贡献。

① 赵伶俐：《真理是学者内心幸福感的根源》，《中国社会科学报》2009年12月15日第4版。

② 蒋桂芳：《基于需要理论的青少年道德问题研究》，博士学位论文，郑州大学，2013，第121—130页。

以“审美”为乐的事例也随处可见。我国著名的建筑史学家、建筑师、城市规划师和教育家梁思成身上就体现出了这样的特征。梁思成先生一生酷爱建筑并致力于保护中国古代建筑和文化遗产，不仅先后踏遍中国的十五个省、二百多个县，测绘和拍摄了两千多件唐、宋、辽、金、元、明、清各代保留下来的古建筑遗迹，为中国建筑事业做出了巨大贡献。[①]他钟情于建筑，深深地陶醉于对建筑之美的愉悦中，为我国建筑事业奉献了全部心血。为什么他会如此执着地保护古代建筑？就是因为在他的内心深深地隐藏着对建筑之美的理性认知，对建筑之美的体验成为他最大的愉悦。

① 窦忠如：《梁思成传》，百花文艺出版社，2016，第97—121页。

参考文献

中文资料

［1］阿德勒：《阿德勒人格哲学》，罗玉林等译，九州出版社，2004。

［2］阿尔文·普兰丁格：《基督教信念的知识地位》，邢滔滔、徐向东、张国栋等译，北京大学出版社，2004。

［3］爱默伦、汉克曼斯：《论辩巧智》，熊明辉、赵艺译，新世界出版社，2006。

［4］奥卡姆：《逻辑大全》，王路译，商务印书馆，2006。

［5］白乐：《逻辑哲学亟待廓清逻辑的本质》，《中国社会科学报》2014 年 3 月 26 日。

［6］毕富生：《科学研究与思维方法》，当代中国出版社，1997。

［7］毕富生：《亚里士多德符合论视野中的“真”》，《科学技术哲学研究》2012 年第 1 期。

［8］蔡仁厚：《中国哲学史大纲》，吉林出版集团有限责任公司，2009。

［9］蔡曙山、白晨、衣新发等：《推理在学习与认知中的作用》，《重庆理工大学学报》（社会科学版）2011 年第 8 期。

［10］蔡曙山：《多值逻辑的哲学意义》，《贵州社会科学》1991 年第 12 期。

［11］蔡曙山：《逻辑是什么——第 13 届国际逻辑学、方法论和科学哲学大会留下的思考》，载《和谐社会：社会建设与改革创新》（下卷），北京师范大学出版社，2007。

［12］蔡曙山：《逻辑学与现代科学的发展——兼论金岳霖先生的道路》，《中国社会科学》2000 年第 4 期。

［13］蔡曙山：《逻辑与认知》，《贵州民族大学学报》（哲学社会科学版）2017 年第 1 期。

［14］蔡曙山：《认知科学背景下的逻辑学——认知逻辑的对象、方

法、体系和意义》，《江海学刊》2004 年第 6 期。

［15］蔡曙山：《心理逻辑、创造性思维与科学发现——兼论逻辑认知的文化价值》，《贵州民族大学学报》（哲学社会科学版）2015 年第 1 期。

［16］蔡曙山：《语言、逻辑与认知：语言逻辑和语言哲学论集》，清华大学出版社，2007。

［17］蔡曙山：《语用逻辑及其在计算机语言和人工智能中的应用》，《中山大学学报》（社会科学版）2000 年第 2 期。

［18］蔡曙山：《语用学视野中的逻辑学》，《光明日报》2003 年 11 月 4 日。

［19］蔡元培：《中国伦理学史》，团结出版社，2007。

［20］曹石权：《管理与逻辑》，广东教育出版社，1991。

［21］曹元坤、占小军：《激励理论研究现状及发展》，《当代财经》2003 年第 12 期。

［22］陈爱华：《略论逻辑的真善美——关于逻辑的多维视阈》，《光明日报》2004 年 4 月 27 日。

［23］陈冰冰：《审美愉悦层次解读》，《漯河职业技术学院学报》2013 年第 1 期。

［24］陈波等：《分析哲学——批评与建构》，中国人民大学出版社，2018。

［25］陈波：《逻辑的观念》，商务印书馆，2008。

［26］陈波：《逻辑学是什么》，北京大学出版社，2007。

［27］陈波：《逻辑学与理性精神》，《光明日报》2003 年 6 月 10 日。

［28］陈波：《中国逻辑学：回顾、反省与前瞻》，《光明日报》2003 年 11 月 4 日。

［29］陈波主编：《分析哲学——回顾与反省》，四川教育出版社，2001。

［30］陈华文主编：《文化学概论新编》，首都经济贸易大学出版社，2009。

［31］陈嘉明：《现代西方哲学方法论讲演录》，广西师范大学出版社，2009。

［32］陈克守：《幽默与逻辑》，中国人民大学出版社，1993。

［33］陈慕泽：《逻辑的非形式转向》，《河池学院学报》（哲学社会科学版）2006 年第 1 期。

［34］陈寿灿编著：《方法论导论》，东北财经大学出版社，2007。

［35］陈序经：《文化学概观》，岳麓书社，2010。

［36］陈宗明主编：《经济活动中的逻辑》，京华出版社，1996。

[37] 程裕祯：《中国文化要略》，外语教学与研究出版社，2011。

[38] 程仲棠：《逻辑的哲学探讨》，科学出版社，2012。

[39] 程仲棠：《文化的终极关怀与逻辑学的命运——兼论中国文化不能产生逻辑学的根本原因》，《中国哲学史》2008 年第 1 期。

[40] 崔清田：《不同文化传统与不同逻辑传统——墨家逻辑与亚里氏多德逻辑的比较》，《中州学刊》2003 年第 2 期。

[41] 崔清田、郭桥、曾昭式：《20 世纪逻辑学在中国的影响》，《云南社会科学》2000 年第 4 期。

[42] 崔清田：《逻辑的共同性与特殊性》，《社会科学》1999 年第 2 期。

[43] 崔清田：《逻辑与文化》，《云南社会科学》2001 年第 5 期。

[44] 崔清田：《逻辑与中国文化的发展和建设》，《理论与现代化》1997 年第 5 期。

[45] 崔清田、王东浩：《逻辑与文化关系的探索——崔清田先生访谈录》，《燕山大学学报》（哲学社会科学版）2013 年第 2 期。

[46] 崔清田：《中国逻辑与中国传统伦理思想——儒家诚信思想解读》，《山东师范大学学报》（人文社会科学版）2003 年第 3 期。

[47] 笛卡尔：《笛卡尔思辨哲学》，尚新建等译，九州出版社，2004。

[48] 丁卫华：《新时期中国共产党政党文化研究》，博士学位论文，南京师范大学，2012。

[49] 董毓：《批判性思维原理和方法——走向新的认识和实践》，高等教育出版社，2010。

[50] 董志铁：《命运多舛　生机依然——传统逻辑在中国》，《北京师范大学学报》（社会科学版）2003 年第 3 期。

[51] 董志铁：《台湾逻辑学研究五十年》，载《自然辩证法研究》编辑部编《1997 年逻辑研究专辑》，1997。

[52] 杜国平：《形而上学体系的逻辑构造》，《逻辑研究专辑》2001 年增刊。

[53] 杜国平、赵曼：《逻辑学者的社会责任——提高国民逻辑素质的理论和实践探索》，《江苏师范大学学报》（哲学社会科学版）2013 年第 6 期。

[54] 杜国平主编：《改革开放以来逻辑的历程》，中国社会科学出版社，2012。

[55] 段培君主编:《战略思维理论和方法》,中共中央党校出版社,2011。

[56] 凡奇、孙守安、李静等:《"大道理"的逻辑力量》,高等教育出版社,2006。

[57] 范本特姆:《逻辑、信息和互动》,刘奋荣、余俊伟等译,科学出版社,2008。

[58] 冯景围:《人际、公共关系成功的逻辑艺术》,北京师范大学出版社,1990。

[59] 冯契:《智慧的探索》,华东师范大学出版社,1994。

[60] 冯颜利、周芬:《中国古代逻辑为何未能进一步发展》,《自然辩证法研究》2007 年第 9 期。

[61] 冯友兰:《贞元六书》,华东师范大学出版社,1996。

[62] 弗洛伊德:《弗洛伊德心理哲学》,杨韶刚等译,九州出版社,2007。

[63] 傅殿英主编:《管理决策的逻辑方略》,北京师范大学出版社,1990。

[64] 高岸起:《论逻辑在实践中的能动作用》,《党政干部学刊》2012 年第 7 期。

[65] 高晨阳:《中国传统思维方式研究》,科学出版社,2012。

[66] 高德:《洗脑术:怎样有逻辑地说服他人》,江苏文艺出版社,2013。

[67] 高帆:《潜逻辑初探》,《中国人民大学学报》1990 年第 1 期。

[68] 葛荃:《逻辑与政治思想——推类逻辑与中国传统政治思维》,《中州学刊》2003 年第 2 期。

[69] 龚文庠:《说服学的源起和发展趋向》,《北京大学学报》(哲学社会科学版)1994 年第 3 期。

[70] 桂起权:《经济学的科学逻辑研究纲领》,《华中科技大学学报》(社会科学版)2007 年第 3 期。

[71] 桂起权、任晓明、朱志方:《机遇与冒险的逻辑》,石油大学出版社,1996。

[72] 郭芙蓉:《逻辑方法演进的哲学思考》,《学术交流》2001 年第 2 期。

[73] 郭继民:《逻辑的局限》,《人民日报》2012 年 8 月 23 日。

[74] 郭佳宏、鞠实儿:《基于开放世界预设的 3—值逻辑的列表证明系统》,《中山大学学报》(社会科学版)2004 年第 5 期。

[75] 郭佳宏、刘奋荣：《逻辑、认识论与方法论——范本特姆教授访谈录》，《逻辑学研究》2013 年第 2 期。

[76] 郭佳宏：《信息变化的逻辑》，《求是学刊》2007 年第 6 期。

[77] 郭佳宏：《研究主体信念修正的不同路径》，《暨南学报》（哲学社会科学版）2008 年第 3 期。

[78] 郭佳宏、张朝霞：《社会软件及其认知逻辑分析》，《自然辩证法研究》2013 年第 9 期。

[79] 郭佳宏、邹崇理：《知道行动的一种一阶认知逻辑分析》，《哲学研究》2015 年第 10 期。

[80] 郭建萍：《逻辑与哲学：真与意义融合与分离之争的探究》，科学出版社，2016。

[81] 郭美云：《带有群体知识的动态认知逻辑》，博士学位论文，北京大学，2006。

[82] 郭美云：《老子认识论的逻辑探析》，《甘肃社会科学》2002 年第 6 期。

[83] 郭桥：《逻辑与思维方式变革——西方逻辑传播对中国传统思维方式的影响》，《中州学刊》2003 年第 2 期。

[84] 郭桥：《逻辑与文化——中国近代时期西方逻辑传播研究》，人民出版社，2006。

[85] 哈贝马斯：《认识与兴趣》，郭容义、李黎译，学林出版社，1999。

[86] 海德格尔：《海德格尔存在哲学》，孙周兴等译，九州出版社，2004。

[87] 韩震：《重建理性主义信念》，北京出版社，1998。

[88] 郝兆宽：《逻辑究竟是什么?》，《社会科学文摘》2016 年第 8 期。

[89] 郝兆宽：《逻辑究竟是什么以及逻辑应当是什么?》，《哲学分析》2016 年第 2 期。

[90] 何向东、张绍友：《试论逻辑学与素质教育》，《西南师范大学学报》（人文社会科学版）2002 年第 5 期。

[91] 黑格尔：《美学》（第三卷），朱光潜译，商务印书馆，2011。

[92] 亨利希·肖尔兹：《简明逻辑史》，张家龙译，商务印书馆，1977。

[93] 胡军：《冯友兰与逻辑分析方法》，载《传统与创新——第四届冯友兰学术思想研讨会论文集》，北京大学出版社，2000。

[94] 胡泽洪：《语言逻辑与认识论逻辑》，暨南大学出版社，1995。

[95] 胡泽洪：《语言逻辑与言语交际》，湖南师范大学出版社，1991。

[96] 黄华新、金立：《面向信息处理的自然语言逻辑研究——邹崇理〈逻辑、语言和信息〉评介》，《哲学研究》2003 年第 7 期。

[97] 黄华新：《逻辑与自然语言理解》，吉林人民出版社，2000。

[98] 黄华新、汤军：《雾区的寻觅：谬误学精华》，上海文化出版社，1990。

[99] 江天骥主编：《西方逻辑史研究》，人民出版社，1984。

[100] 江怡：《40 年来的中国分析哲学研究：问题与挑战》，《北京师范大学学报》（社会科学版）2018 年第 5 期。

[101] 蒋桂芳：《道德善举与精神愉悦》，《郑州大学学报》（哲学社会科学版）2015 年第 2 期。

[102] 蒋桂芳：《基于需要理论的青少年道德问题研究》，博士学位论文，郑州大学，2013。

[103] 蒋建民：《邓小平辩证思维方法之逻辑结构初探》，《江苏社会科学》1995 年第 1 期。

[104] 金立：《指称理论的语用维度》，《哲学研究》2008 年第 1 期。

[105] 金顺福主编：《辩证逻辑》，中国社会出版社，2003。

[106] 金岳霖：《关于修改形式逻辑和建立统一的逻辑学体系问题》，《新建设》1961 年第 1 期。

[107] 金岳霖：《逻辑》，中国人民大学出版社，2010。

[108] 金岳霖：《哲意的沉思》，百花文艺出版社，2000。

[109]《近代西方逻辑学发展纲要》，《现代外国哲学社会科学文稿》编辑部译，上海人民出版社，1960。

[110] 晋荣东：《逻辑何为：当代中国逻辑的现代性反思》，广西师范大学出版社，2015。

[111] 靳金贵、毕富生：《从功能角度看逻辑在现实中的存在方式》，《湘潭大学学报》（哲学社会科学版）2018 年第 3 期。

[112] 靳金贵、毕富生：《从文化角度看逻辑的精神潜功能》，《湖南科技大学学报》（社会科学版）2018 年第 5 期。

[113] 靳金贵：《逻辑的文化意蕴》，《山西大学学报》（哲学社会科学版）2018 年第 1 期。

[114] 鞠实儿等：《面向知识表示与推理的自然语言逻辑》，经济科学出版社，2009。

［115］鞠实儿：《关注我们这个时代的哲学多元的逻辑（笔谈）》，《求是学刊》2007 年第 6 期。

［116］鞠实儿、梁庆寅、梁彪主编：《哲学、逻辑与智能计算机》，中山大学出版社，1999。

［117］鞠实儿：《论归纳逻辑的局部辩护和适用范围——兼评 J. Cohen 的归纳概率逻辑理论》，《自然辩证法通讯》1989 年第 5 期。

［118］鞠实儿：《论逻辑的文化相对性——从民族志和历史学的观点看》，《中国社会科学》2010 年第 1 期。

［119］鞠实儿：《论逻辑学发展的方向》，《中山大学学报》（社会科学版）2003 年第 S1 期。

［120］鞠实儿：《逻辑学的问题与未来》，《中国社会科学》2006 年第 6 期。

［121］鞠实儿主编：《当代中国逻辑学研究：1949—2009》，中国社会科学出版社，2013。

［122］瞿麦生：《工作与逻辑》，北京大学出版社，1987。

［123］瞿麦生、王笑主编：《谈判中的逻辑斗智》，北京师范大学出版社，1990。

［124］李朝东：《化理论为方法——冯契对中国近代逻辑思想革命的总结和超越》，《中国哲学史》2001 年第 1 期。

［125］李锦坤、王建伟：《战略思维》，天津社会科学院出版社，2003。

［126］李娜：《数理逻辑的思想与方法》，南开大学出版社，2006。

［127］李娜：《现代逻辑的方法》，河南大学出版社，1997。

［128］李娜：《现代逻辑若干问题研究》，河南大学出版社，2000。

［129］李文管等编著：《逻辑学原理与应用》，兵器工业出版社，2001。

［130］李小五编著：《人工智能逻辑讲义》，中山大学出版社，2005。

［131］李小五：《目前我国逻辑学研究的几个误区》，载《自然辩证法研究》编辑部编《2000 年逻辑研究专辑》，2000。

［132］李小五：《什么是逻辑?》，《哲学研究》1997 年第 10 期。

［133］李孝弟：《需区分感官享受的情感愉悦和审美的精神愉悦》，《文艺报》2000 年 7 月 4 日。

［134］李醒民：《“善”究竟是什么?》，《社会科学论坛》2011 年第 8 期。

［135］李衍华、陈翼浦、耿琳等：《说话的逻辑与技巧》，中国人民大

学出版社，1993。

[136] 李永全、蔡曙山：《语言认知加工和语言交际理论在产品设计中的应用》，《贵州民族大学学报》（哲学社会科学版）2017 年第 4 期。

[137] 李增杰：《审美救赎何以可能?》，硕士学位论文，山东艺术学院，2011。

[138] 李增杰：《审美救赎美学思想浅探》，《齐鲁艺苑》2012 年第 1 期。

[139] 李志昌：《逻辑学有什么作用》，《人民日报》2012 年 5 月 31 日。

[140] 李志昌：《现实呼唤逻辑学回归》，《中国社会科学报》2013 年 8 月 19 日。

[141] 李卒：《中国逻辑史研究方法的新探索——浅述崔清田教授的"历史分析与文化诠释"法》，《广州市公安管理干部学院学报》2001 年第 1 期。

[142] 梁彪：《思维的赝品——日常生活中的谬误》，广东人民出版社，1993。

[143] 梁庆寅编著：《辩证逻辑学》，中山大学出版社，1988。

[144] 梁庆寅：《冯契对辩证逻辑研究中两个疑难问题的解决》，《华东师范大学学报》（哲学社会科学版）1999 年第 2 期。

[145] 梁庆寅：《真理——科学探索的目标》，浙江科学技术出版社，1994。

[146] 梁作民主编：《当代思维哲学》，人民出版社，2003。

[147] 廖备水：《多主体智能系统与自主计算》，吉林人民出版社，2007。

[148] 列维-布留尔：《原始思维》，丁由译，商务印书馆，2010。

[149] 林滨、黄晓星：《理论逻辑、认知逻辑与生活逻辑的三维一体——中山大学博士生思政课教学改革研究》，《教育研究》2011 年第 10 期。

[150] 林熹主编：《教育逻辑》，西南财经大学出版社，1989。

[151] 凌立坤、于永萱：《潜逻辑学研究》，航空工业出版社，1993。

[152] 刘邦凡：《逻辑与科学思想——以墨家逻辑对中国传统数学的影响为例》，《中州学刊》2003 年第 2 期。

[153] 刘邦凡、王磊：《论批判性思维的逻辑特性》，《阿坝师范高等专科学校学报》2007 年第 1 期。

[154] 刘邦凡、张朦：《略论中国古代逻辑的存在、特点与成因》，《贵州民族大学学报》（哲学社会科学版）2015 年第 6 期。

［155］刘邦凡主编：《逻辑学与方法导论》，重庆出版社，2006。

［156］刘奋荣：《从方法论的角度看动态认知逻辑的研究》，《世界哲学》2010 年第 3 期。

［157］刘奋荣：《基于命题的信念偏好逻辑》，《哲学研究》2010 年第 3 期。

［158］刘奋荣：《现代逻辑前沿》，《光明日报》2016 年 4 月 13 日。

［159］刘奋荣：《在逻辑中探寻理性主体的类型》，载《科学发展：深化改革与改善民生》（上），北京师范大学出版社，2012。

［160］刘虎、鞠实儿：《信念逻辑的逻辑全知问题》，《求是学刊》2007 年第 6 期。

［161］刘家俊：《超越逻辑的思维》，湖北人民出版社，2001。

［162］刘明家：《辩证逻辑与形式逻辑研究对象的比较分析》，《湖北社会科学》2007 年第 3 期。

［163］刘明家：《辩证逻辑与形式逻辑研究对象的比较分析》，《湖北社会科学》2007 年第 3 期。

［164］刘儒德：《论批判性思维的意义和内涵》，《高等师范教育研究》2000 年第 1 期。

［165］刘伟：《创新思维中的逻辑方法及其作用研究》，博士学位论文，湖南科技大学，2011。

［166］刘新文：《逻辑是什么》，《中国社会科学院院报》2000 年 8 月 10 日。

［167］刘叶涛：《从认知逻辑的观点看邓析“两可”思想》，《内蒙古社会科学》（汉文版）2001 年第 6 期。

［168］刘易斯：《文化研究基础理论》（第 2 版），郭镇之等译，清华大学出版社，2013。

［169］刘中起：《理性主义的范式转换及其当代价值》，上海人民出版社，2013。

［170］刘壮虎：《必然性的逻辑分析》，《哲学研究》2002 年第 2 期。

［171］刘壮虎：《集体认定的逻辑》，载《自然辩证法研究》编辑部编《1998 年逻辑研究专辑》，1998。

［172］刘壮虎、李小五：《对动作的认知》，《湖南科技大学学报》（社会科学版）2005 年第 6 期。

［173］刘壮虎：《逻辑系统中的蕴涵》，载《逻辑今探——中国逻辑学

会第五次代表大会暨学术讨论会论文集》，社会科学文献出版社，1999。

[174] 卢梭：《卢梭民主哲学》，陈惟和等译，九州出版社，2004。

[175] 卢云昆编选：《社会剧变与规范重建——严复文选》，上海远东出版社，1996。

[176] 鲁道夫·卡尔纳普：《世界的逻辑构造》，陈启伟译，上海译文出版社，2008。

[177] 陆扬、王毅：《文化研究导论》，复旦大学出版社，2015。

[178] 罗伯特·K. 默顿：《社会理论和社会结构》，唐少杰、齐心等译，译林出版社，2015。

[179] 罗长江：《多种反驳方法的灵活运用——“诸葛亮舌战群儒”的逻辑分析》，《逻辑与语言学习》1987 年第 4 期。

[180] 罗国杰：《伦理学概论》，人民出版社，1989。

[181] 罗楠：《批判性思维》，山西人民出版社，2004。

[182] 罗素：《罗素道德哲学》，李国山等译，九州出版社，2004。

[183] 马佩：谈谈非形式逻辑问题，《河南大学学报》（社会科学版）2004 年第 1 期。

[184] 马佩：《要提倡大逻辑观 反对狭隘的小逻辑观——评王路先生的〈逻辑的观念〉》，《河南大学学报》（社会科学版）2001 年第 1 期。

[185] 马佩：《也谈逻辑的社会文化功能——与张建军先生商榷》，《广州大学学报》（社会科学版）2004 年第 11 期。

[186] 马钦荣：《逻辑有什么用》，《社会科学报》2012 年 7 月 26 日。

[187] 马斯洛：《马斯洛人本哲学》，成明编译，九州出版社，2003。

[188] 马玉珂主编：《西方逻辑史》，中国人民大学出版社，1985。

[189] 迈尔威利·斯图沃德、赵敦华：《当代西方宗教哲学》，周伟驰、胡自信、吴增定译，北京大学出版社，2001。

[190] 麦克斯威尔·马尔茨：《心理控制术：改变自我意向，改变你的人生》，洪友译，群言出版社，2007。

[191] 莫日根巴图、张晓芒：《试论逻辑文化与民族思维方式》，《内蒙古民族大学学报》（社会科学版）2012 年第 6 期。

[192] 宁莉娜：《从非日常思维的价值维度看逻辑方法的走向》，《光明日报》2004 年 8 月 31 日。

[193] 宁莉娜：《论逻辑方法拐点上的哲学动因》，《光明日报》2007 年 12 月 29 日。

［194］宁莉娜：《论逻辑思维在理性文明发展中的作用》，《学术交流》1998 年第 1 期。

［195］宁莉娜：《逻辑方法：在哲学的视野内》，博士学位论文，黑龙江大学，2001。

［196］宁莉娜：《逻辑：生活视界的理性支点》，《学术月刊》2012 年第 10 期。

［197］宁莉娜：《逻辑之于生活的意义》，《解放日报》2014 年 4 月 12 日。

［198］宁莉娜：《穆勒逻辑思想与中国近现代逻辑观》，《求是学刊》2011 年第 2 期。

［199］宁莉娜：《探寻逻辑的人文智慧》，《光明日报》2011 年 12 月 31 日。

［200］彭漪涟：《对智慧探索历程的逻辑概括——论冯契建构的逻辑范畴体系》，《华东师范大学学报》（哲学社会科学版）1999 年第 2 期。

［201］彭漪涟：《冯契与逻辑科学——简论作为逻辑学家的冯契》，《华东师范大学学报》（哲学社会科学版）1996 年第 2 期。

［202］彭漪涟：《略论中国近代对逻辑—方法论探索的成就与不足》，《哲学研究》1998 增刊。

［203］齐涛：《中国传统政治检讨》，南海出版社，2012。

［204］钱穆：《人生十论》，九州出版社，2012。

［205］钱穆：《中国历代政治得失》，九州出版社，2012。

［206］钱穆：《中华文化十二讲》，九州出版社，2012。

［207］乔长路：《中国人本思潮与人生哲学研究》，人民出版社，2008。

［208］乔恩·埃尔斯特：《逻辑与社会——矛盾与可能世界》，贾国恒、张建军译，南京大学出版社，2015。

［209］秦振泽：《逻辑的应用》，中央文献出版社，2004。

［210］任晓明、熊立文、黄闪闪等编著：《归纳逻辑教程》，南开大学出版社，2012。

［211］荣格：《荣格性格哲学》，李德荣编译，九州出版社，2003。

［212］撒穆尔·伊诺克·斯通普夫、詹姆斯·菲泽：《西方哲学史：从苏格拉底到萨特及其后》，匡宏等译，世界图书出版公司，2009。

［213］沙青、张晓燕、张燕京：《分析理性与辩证理性的裂变：二十世纪中国逻辑思想论争的历史反思》，河北大学出版社，2002。

[214] 申来津：《精神激励的权变理论》，博士学位论文，南京师范大学，2002。

[215] 史仲文、胡晓林主编：《中国全史》第17卷，人民出版社，1994。

[216] 帅宝强、徐方强主编：《教与学中的逻辑艺术》，北京师范大学出版社，1990。

[217] 宋国强：《论科学预见及其在认识中的作用》，硕士学位论文，郑州大学，2000。

[218] 宋文坚：《逻辑学》，人民出版社，2002。

[219] 宋希仁主编：《当代外国伦理思想》，中国人民大学出版社，2000。

[220] 苏越、郝卯亮：《逻辑趣话与应用》，中国人民大学出版社，1992。

[221] 苏越、金锡谟主编：《医疗文体与逻辑思维》，北京师范大学出版社，1990。

[222] 苏越、于德礼主编：《文章写作中的逻辑技巧》，北京师范大学出版社，1990。

[223] 苏越主编：《科学发现中的逻辑方法》，北京师范大学出版社，1990。

[224] 孙利天、赵磊：《一切科学都是应用逻辑》，《辽宁大学学报》（哲学社会科学版）2012年第1期。

[225] 孙培福：《传统逻辑功用再思考》，《理论学刊》1999年第5期。

[226] 孙培福：《逻辑现代化：从天然渐变为人造》，《山东社会科学》2005年第5期。

[227] 孙其信、梁大中：《科学方法的分类浅析》，《山东师大学报》（自然科学版）2000年第1期。

[228] 孙中原：《从墨辩看逻辑的理论和应用》，《重庆工学院学报》（社会科学版）2007年第1期。

[229] 孙中原：《弘扬〈墨经〉的科学精神》，《职大学报》2002年3月。

[230] 孙中原：《论墨家的人文与科学精神》，《哲学杂志》1999年第5期。

[231] 孙中原：《论墨学的人文内涵》，《职大学报》2008年第1期。

[232] 孙中原：《墨家逻辑的产生和作用》，载《逻辑教学·知识创新·素质教育研讨会论文集》，海洋出版社，2001。

[233] 孙中原：《墨家逻辑是求真工具》，载《自然辩证法研究》编辑部编《2000年逻辑研究专辑》，2000。

[234] 孙中原：《墨家智慧与中国文化走向》，《中国人民大学学报》2006年第5期。

[235] 孙中原：《墨家智慧治国论》，《重庆工学院学报》2006年第1期。

[236] 汤治平：《善的定义研究综述》，《职业圈》2007年第24期。

[237] 唐晓嘉：《从金岳霖的〈论道〉看符号学方法在中国传统哲学研究中的重要性》，《第一届、第二届东亚符号学国际会议论文集》，《哲学研究》杂志社，1998。

[238] 唐晓嘉、郭美云：《现代认知逻辑的理论与应用》，科学出版社，2010。

[239] 唐晓嘉、姜桂飞：《试析作为理论分析工具的现代逻辑》，《中国高校社会科学》2015年第2期。

[240] 唐晓嘉：《逻辑真理的特征及功用分析》，《逻辑与语言学习》1993年第3期。

[241] 唐晓嘉：《模糊逻辑理论及方法论意义初探》，《西南师范大学学报》（人文社会科学版）1992年第3期。

[242] 唐晓嘉：《认知的逻辑分析》，西南师范大学出版社，2003。

[243] 唐晓嘉：《现代逻辑在决策理论研究中的多元应用价值》，《湖北大学学报》（哲学社会科学版）2018年第3期。

[244] 陶水平：《英国文化研究的文化主义理论范式及其批评实践》，《社会科学辑刊》2018年第2期。

[245] 陶文楼、田宏第主编：《企业创新思维与逻辑应用研究》，天津人民出版社，1998。

[246] 田立刚：《先秦逻辑范畴研究》，中国社会科学出版社，2012。

[247] 托克维尔：《旧制度与大革命》，冯棠译，商务印书馆，2012。

[248] 外山滋比古：《思考的整理术》，王丹丹译，北京科学技术出版社，2010。

[249] 汪馥郁：《辩证逻辑和管理工作》，北京师范大学出版社，1986。

[250] 汪海燕：《不应忘却的逻辑应用史——与〈逻辑学百年〉的作者们商榷》，《白城师范高等专科学校学报》2002年第2期。

[251] 王处辉主编：《中国社会思想史》，中国人民大学出版社，2002。

[252] 王浩：《逻辑之旅：从哥德尔到哲学》，邢滔滔、郝兆宽、汪蔚译，浙江大学出版社，2009。

[253] 王克喜：《论逻辑与文化》，《南京社会科学》2006 年第 12 期。

[254] 王克喜：《逻辑与语言——古代汉语与关联性思维的推类》，《中州学刊》2003 年第 2 期。

[255] 王克喜：《名学略说——为何中国古代未产生亚里士多德式的传统逻辑》，《徐州师范大学学报》1997 年第 1 期。

[256] 王路：《逻辑的观念》，商务印书馆，2000。

[257] 王路：《逻辑方圆》，北京大学出版社，2009。

[258] 王路：《逻辑——哲学的方法与工具》，《哲学动态》1998 年第 7 期。

[259] 王路、张立娜：《逻辑的观念与理论——中国逻辑史研究的两个重要因素》，《求是学刊》2007 年第 3 期。

[260] 王路：《走进分析哲学》，中国人民大学出版社，2009。

[261] 王万民、林胜强、易刚等：《邓小平批判性思维研究》，四川人民出版社，2013。

[262] 王维贤、李先焜、陈宗明：《语言逻辑引论》，湖北教育出版社，1989。

[263] 王习胜、张建军：《逻辑的社会功能》，北京大学出版社，2010。

[264] 王宪钧：《数理逻辑和形式逻辑——在一九七八年全国逻辑讨论会上的发言》，载《逻辑学文集》，吉林人民出版社，1979。

[265] 王雪梅主编：《社会学概论》，中国经济出版社，2001。

[266] 王月玲：《逻辑在科学知识创新中的重要作用》，《天津市政法管理干部学院学报》2004 年第 2 期。

[267] 威廉·涅尔、玛莎·涅尔：《逻辑学的发展》，张家龙、洪汉鼎译，商务印书馆，1985。

[268] 韦泽民：《犯罪和侦破的逻辑对抗》，中国人民大学出版社，1992。

[269] 韦泽民主编：《现代逻辑推理技法》，北京师范大学出版社，1990。

[270] 温公颐、崔清田主编：《中国逻辑史教程》，南开大学出版社，2012。

[271] 吴格明：《略论逻辑的社会文化功能》，载《第二届海峡两岸逻辑教学学术会议专辑》，《哲学研究》杂志社，2007。

［272］吴格明：《逻辑与批判性思维》，语文出版社，2003。

［273］吴焕荣：《试论科学预见》，《马克思主义研究》1986 年第 2 期。

［274］吴家国：《传统逻辑在中国的历史命运和现代化》，《北京航空航天大学学报》（社会科学版）1999 年第 4 期。

［275］吴家国：《逻辑学的民本思考》，《社会科学论坛》2004 年第 12 期。

［276］吴家国：《提倡和加强逻辑应用研究》，《社会科学战线》1996 年第 4 期。

［277］吴家国：《我的逻辑观》，《湘潭师范学院学报》（社会科学版）2002 年第 2 期。

［278］吴家国：《再论普通逻辑的对象和作用》，《北京师范大学学报》1989 年第 2 期。

［279］吴家国：《在改革开放中发展逻辑学》，《湖南科技大学学报》（社会科学版）2009 年第 2 期。

［280］吴家国：《重视和发挥逻辑学在知识创新和素质教育中的作用》，载《逻辑教学·知识创新·素质教育研讨会论文集》，海洋出版社，2001。

［281］吴坚：《记忆术与逻辑方法》，中国人民大学出版社，1993。

［282］吴克峰：《逻辑与伦理思想——〈周易〉逻辑思想对古代伦理观念的影响》，《中州学刊》2003 年第 2 期。

［283］吴志雄：《中国传统文化对逻辑的包容与排斥》，《广东社会科学》1990 年第 4 期。

［284］武宏志、刘春杰主编：《批判性思维——以论证逻辑为工具》，陕西人民出版社，2005。

［285］武宏志：《批判性思维与逻辑教育教学》，《延安大学学报》（社会科学版）2003 年第 1 期。

［286］萧公权：《中国政治思想史》，商务印书馆，2011。

［287］晓兵：《〈孙子兵法〉与逻辑思维》，《大众逻辑》1985 年第 4 期。

［288］谢耘、熊明辉：《图尔敏的逻辑观述略》，《哲学研究》2013 年第 8 期。

［289］熊明辉：《从普遍性追求到个性研究的兴起》，《中国社会科学报》2010 年 6 月 22 日。

［290］熊明辉：《法律理性的逻辑辩护》，《学术月刊》2007 年第 5 期。

［291］熊明辉：《非形式逻辑的对象及其发展趋势》，《中山大学学报》（社会科学版）2006 年第 2 期。

［292］熊明辉：《非形式逻辑视野下的论证评价理论》，《自然辩证法研究》2006 年第 12 期。

［293］熊明辉：《论证评价的非形式逻辑模型及其理论困境》，《学术研究》2007 年第 9 期。

［294］熊明辉：《逻辑学导论》，复旦大学出版社，2011。

［295］熊明辉：《试论批判性思维与逻辑的关系》，《现代哲学》2006 年第 2 期。

［296］熊明辉、王文方：《逻辑学导论》，沧海书局，2011。

［297］熊明辉：《自然语言论证评价的逻辑分析》，《哲学研究》2006 年第 10 期。

［298］徐海朋：《导引概念源流考略》，《体育科学》2015 年第 1 期。

［299］燕继荣：《政治学十五讲》（第二版），北京大学出版社，2013。

［300］杨百顺：《西方逻辑史》，四川人民出版社，1984。

［301］杨岗营：《逻辑观念演变研究——中国文化的视角》，博士学位论文，南开大学，2005。

［302］杨岚、张瑞：《审美救赎的启蒙意义与迷途》，《贵州社会科学》2016 年第 1 期。

［303］杨士毅：《逻辑与人生》，黑龙江教育出版社，1989。

［304］杨武金：《弗协调逻辑的理论意义和实践价值》，《中国人民大学学报》2005 年第 2 期。

［305］杨武金：《论逻辑和批判性思维的作用》，《宜春学院学报》2007 年第 S1 期。

［306］杨武金：《论〈墨经〉逻辑的历史意义和现代价值》，《逻辑研究专辑》2001。

［307］杨武金：《逻辑：墨学的“批判武器”》，《中国社会科学报》2012 年 11 月 12 日第 A06 期。

［308］杨武金：《墨家逻辑的科学地位和当代价值》，《武汉大学学报》（人文科学版）2013 年第 5 期。

［309］杨武金：《墨学在当今社会建设中的重要作用》，《职大学报》

2013 年第 3 期。

[310] 杨武金：《墨子的科学思想及其当代价值》，《职大学报》2017 年第 3 期。

[311] 杨武金：《虞愚墨辩研究中对因明和逻辑的应用》，《毕节学院学报》2010 年第 3 期。

[312] 杨增和：《潜逻辑：列维·斯特劳斯对神话思维的深层拓展》，《零陵师范高等专科学校学报》2000 年第 2 期。

[313] 叶广文、赵凡夫：《党政工作与逻辑》，吉林大学出版社，1990。

[314] 叶广文、邹玉主编：《宣教卫生工作与逻辑》，吉林大学出版社，1991。

[315] 叶浩生：《西方心理学的历史与体系》，人民教育出版社，2014。

[316] 殷海光著，张建军、从丛编：《殷海光哲学与文化思想论集》，南京大学出版社，2008。

[317] 余式厚：《逻辑是一面镜子》，北京大学出版社，2012。

[318] 郁慕镛、张义生主编：《逻辑·科学·创新——思维科学新论》，吉林人民出版社，2002。

[319] 袁野：《印度因明的对象、性质、特点及其意义简论》，《北华大学学报》（社会科学版）1983 年第 1 期。

[320] 袁正校：《逻辑学与中国现代性的构建》，载《中国逻辑学会成立 30 周年纪念文集》（上卷），中国社会科学出版社，2012。

[321] 曾繁仁：《关于中西美学交流与对话的思考》，《文史哲》1996 年第 1 期。

[322] 曾昭式：《中国现代文化视野中的逻辑思潮》，科学出版社，2009。

[323] 翟锦程：《从文化发展角度研究和认识名辩学》，载《1994 年逻辑研究专辑》，《哲学研究》杂志社，1994。

[324] 翟锦程：《近代先秦名学研究的文化意义与价值》，《南开学报》（哲学社会科学版）2004 年第 5 期。

[325] 翟锦程：《用逻辑的观念审视中国逻辑研究——兼论逻辑史研究中的几个问题》，《南开学报》（哲学社会科学版）2007 年第 4 期。

[326] 张斌峰：《人文思维的逻辑——语用学与语用逻辑的维度》，天津人民出版社，2001。

[327] 张斌峰：《在逻辑与文化之间：张东荪的逻辑文化观》，《安徽史学》2001 年第 2 期。

［328］张斌峰、曾昭式：《21世纪逻辑学研究的新走向》，《信阳师范学院学报》（哲学社会科学版）2001年第4期。

［329］张大松主编：《科学思维的艺术：科学思维方法论导论》，科学出版社，2008。

［330］张家龙主编：《逻辑学思想史》，湖南教育出版社，2004。

［331］张建军：《简论殷海光的逻辑观》，《哲学研究》1999年第11期。

［332］张建军：《略谈逻辑学的三重学科性质》，载《中国逻辑学会第六次代表大会暨学术讨论会论文集》，西南师范大学出版社，2001。

［333］张建军：《论当代中国辩证逻辑研究的历史发展》，《河南社会科学》2011年第6期。

［334］张建军：《在逻辑与哲学之间》，中国社会科学出版社，2013。

［335］张建军：《走向一种层级分明的“大逻辑观”——“逻辑观”两大论争的回顾与反思》，《学术月刊》2011年第12期。

［336］张江、白烨、杨剑龙等：《感官娱乐不等于精神愉悦》，《文汇报》2016年7月15日。

［337］张茂泽：《金岳霖的逻辑分析方法》，载《第三次金岳霖学术思想研讨会论文集》，《哲学研究》杂志社，2006。

［338］张汝伦编选：《理性与良知——张东荪文选》，上海远东出版社，1995。

［339］张尚水：《联系数理逻辑来考察形式逻辑的对象和作用问题》，《光明日报》1961年10月20日。

［340］张盛彬：《逻辑学在20世纪中国的多舛命运——百年逻辑反思》，《皖西学院学报》2003年第1期。

［341］张盛彬：《认识逻辑学》，人民出版社，2008。

［342］张世珊主编：《司法实践与逻辑应用》，北京师范大学出版社，1990。

［343］张小燕、冯跃珍：《张东荪先生论逻辑与人类的理性发展》，载《第二届两岸逻辑学会会议论文集》，中国逻辑学会，2006。

［344］张小燕：《逻辑·心理·认知——皮亚杰心理逻辑研究》，社会科学出版社，2007。

［345］张晓芒、关兴丽：《理念与方法——和谐社会建设中的墨学资源》，《职大学报》2012年第2期。

［346］张晓芒、李先龙：《逻辑应该是什么——从工具性看逻辑的研

究与应用》,《福建论坛》(人文社会科学版) 2015 年第 10 期。

[347] 张晓芒:《逻辑的求善功能》,《南开学报》(哲学社会科学版) 2011 年第 4 期。

[348] 张晓芒:《逻辑是把斧子》,企业管理出版社,2010。

[349] 张晓芒、翟锦程、田聪智等:《从文化的视阈看尹文子的正形名思想》,《海岱学刊》2014 年第 00 期。

[350] 张燕京:《观念、方法与应用的有机统一——读王路的〈逻辑基础〉》,《哲学研究》2005 年第 1 期。

[351] 张岳、熊花、常棣编著:《文化学概论》,知识产权出版社,2018。

[352] 张跃进主编:《逻辑应用文集》,百家出版社,2001。

[353] 张智光主编:《管理决策逻辑》,中共中央党校出版社,1990。

[354] 张中:《自由与浪漫审美的逻辑及终结》,《理论界》2009 年第 11 期。

[355] 赵发海:《西方逻辑发展的特点及其文化探因》,《枣庄师范专科学校学报》2001 年第 6 期。

[356] 赵光武:《后现代主义哲学初探》,《首都师范大学学报》(社会科学版) 1999 年第 2 期。

[357] 赵利:《20 世纪非形式逻辑的发展》,《学术研究》2002 年第 11 期。

[358] 赵伶俐:《真理是学者内心幸福感的根源》,《中国社会科学报》2009 年 12 月 15 日。

[359] 赵兴彬:《逻辑方法在历史研究中的应用》,《岱宗学刊》1999 年第 1 期。

[360] 赵总宽、陈慕泽、杨武金编著:《现代逻辑方法论》,中国人民大学出版社,1998。

[361] 甄永玉:《干部工作与逻辑学的关系探略》,兵器工业出版社,1997。

[362] 周大明主编:《文化人类学概论》,中山大学出版社,2009。

[363] 周谷城:《因明、逻辑、墨辩是帮助实践的工具》,《学术月刊》1979 年第 1 期。

[364] 周礼全主编:《逻辑——正确思维和成功交际的理论》,人民出版社,1994。

[365] 周文英:《中国传统逻辑在近、现、当代的升华与发展》(上),

《江西教育学院学报》(社会科学) 1998 年第 1 期。

[366] 周文英:《中国传统逻辑在近、现、当代的升华与发展》(下),《江西教育学院学报》(社会科学) 1998 年第 2 期。

[367] 周璇:《胡适、冯友兰、金岳霖的逻辑方法研究》,博士学位论文,黑龙江大学,2009。

[368] 周云之主编:《中国逻辑史》,山西教育出版社,2004。

[369] 周祯祥:《道义逻辑——伦理行为和规范的推理理论》,湖北人民出版社,1999。

[370] 诸葛殷同等:《形式逻辑原理》,社会科学文献出版社,2007。

[371] 邹崇理:《逻辑、语言和信息——逻辑语法研究》,人民出版社,2002。

[372] 邹崇理:《自然语言逻辑研究》,北京大学出版社,2000。

[373] D. Q. 麦克伦尼:《简单的逻辑学》,赵明燕译,中国人民大学出版社,2008。

[374] M. 尼尔·布朗、斯图尔特·M. 基利:《走出思维的误区》,张晓辉、王全杰译,中央编译出版社,1994。

[375] R. 特纳、蔡曙山:《应用于人工智能的逻辑学》,《哲学译丛》1997 年第 2 期。

外文资料

[1] Anthony Weston, *A Rule Book for Argument*, Second Edition, Indianapolis, Indiana, Hackett Publishing Company, 1992.

[2] Aristotle, *The Works of Aristotle*, Vol. Ⅰ, ed. by W. D. Ross, Oxford University Press, 1971.

[3] A. Dumitriu, *History of Logic*, Tunbridge, A Bacus Press, 1977.

[4] Barbara Warbick, Edward S. Inch, *Critical Thinking and Communication: The Use of Reason in Argument*, 2nd edition, New York, Macmillan, 1994.

[5] Douglass Walton, *How Can Logic Best Be Applied to Argument?* L. J. of the IPGL, Vol. 5, No. 4, 1997.

[6] Douglass Walton, *The New Dialectic: Conversational Contexts of Argument*, Toronto, University of Toronto Press, 1998.

[7] Fred Sommers, *The Logic of Natural Language*, Oxford,

Clarendon Press，1982.

［8］G. W. F. Hegel，*Wissenschaft der Logik* Ⅱ，Suhrkamp Taschenbuch Verlag，1993.

［9］H. Reichenbach，*The Theory of Probability*，Berkeley，University of California Press，1949.

［10］John Broadus Watson，*Behavior*：*An Introduction to Comparative Psychology*，New York，Henry Holt，1914.

［11］J. Mill，*A System of Logic*，London，Longmans，Green and Co.，1919.

［12］J. Welton，*A Manual of Logic*，2 Vols，London，W. Clive，1901.

［13］M. Neil Browne，Stuart. M. Keeley，*Asking the Right Question*：*A Guide to Critical Thinking*，3th Revised edition，Prentice-Hall，Inc. New Jersey，1990.

［14］Philip Tetlock，*Expert Political Judgment*：*How Good Is It*? *How Can We Know*? Princeton University Press，2005.

［15］P. F. Strawson，*Introduction to Logic Theory*，London，Methuen，1952.

［16］Toulmin Stephen，*The Uses of Argument*，2nd edition，Cambridge University Press，1958.

后　记

逻辑是一门古老的学科，发展至今，已有 2 500 多年的历史。在漫长的历史中，逻辑为人类的生存发展做出了巨大贡献，逻辑学科理应受到人们的高度重视并发展成为一个繁荣兴旺的大学科。但在现实中，我们可以发现，逻辑学科的处境并非我们想象的那样美好。至今为止，它仍是一个较小的学科，影响力有限。更让人感到不可思议的是，就是这样一门具有基础性、工具性、人文性的重要学科，却习者寥寥、门庭冷落，遭受了不应有的尴尬。那么，为什么在我们这样一个泱泱大国它却总是远离大众，少受青睐？究竟是什么原因造成了这样一种巨大的反差？我们又该如何改变这一局面？这成为逻辑学界一直苦苦思索并意欲解决的重要问题。

有许多学者也曾找出了许多理由，比如，有人说这是因为我国传统文化中逻辑意识淡漠，人们缺少文化传承；也有人说这是因为近代以来国家处于民族危亡之中，逻辑知识普及不足；还有人说这是因为新中国成立以来社会对逻辑教育的重视程度不高，人们接受的逻辑教育偏少；等等。诚然，这些都是非常重要的因素。但除此之外，是否也与我们对于逻辑价值的挖掘不够、对逻辑宣传的力度不大而导致人们对逻辑的认知产生偏差有关？这值得我们每一个逻辑工作者深思！

逻辑是什么？逻辑究竟有什么用？这是逻辑的基本问题，也是每个走近逻辑的人首先就会遇到的且必须要回答的重要问题。自逻辑学科诞生以来，已有许多哲学家、数学家、逻辑学家对此进行了解答，也留下了许多有关逻辑及其功能的理论。然而，遗憾的是，迄今为止，仍未对这些基本问题形成较为公允的结论。无论是在西方逻辑学界还是在我国逻辑学界，对“什么是逻辑?”“逻辑学科究竟应该包含哪些内容?”的认知仍存在巨大分歧，对“逻辑究竟有什么用?”仍是众说纷纭。仅就逻辑的功能而言，就有很多不同表述。有的人把逻辑的功能表述为“明确概念、恰当判断、正确推理、有力论证”，讲得很微观；有的人又把逻辑的功能阐释为“民主政治建设的基石、经济建设的保障、科技文化的支撑”，讲得又很宏观；有的人说“逻辑是一切学之学，一切法之法”“逻辑学是一切学科之母”“逻辑是点石成金的金指头”，讲得又很抽象；还有的人说“逻辑可以帮助人们读经求学、寻医问药”，讲得又很具体。当然，这些不同的表述在特定的语言环境下本身都没有错误，甚至在某种意义上还可以说讲得很有道理。但如果仅停留在这些简短的表述上，我们就会发现这样一些问题：第一，它们与人们日常的生活或思维与行为关联甚少；第二，如此多样的说法的确让人感到无所适从。即使我们再费些心思想象，恐怕也仍难以清晰、明确地懂得逻辑究竟有什么功用，遑论准确地解读。也许正是因为如此，致使许多人慢慢疏远了逻辑。那么，我们能否从新的视角和维度来重新审视与反思逻辑及其功用，并用大众通俗易懂的话语进行新的阐释，进而赋予逻辑更多的人文关怀，让逻辑学科更多地关注现实生活，走近大众？正是带着这样一个美好的愿望和逻辑学人应有的担当，我们走上了研究逻辑文化功能的新征程。

本研究从文化的视角出发，通过使用逻辑分析法、历史分析法、资料对比法和文化诠释法等多种研究方式，对文化视域中逻辑的本质、特征、精神追求、学科所应包含的内容进行了分析，对逻辑功能的生成机理、生成过程及认知方式进行了剖析，提出了一系列新观点，并最终概括总结出逻辑具有的五大文化显功能和五大文化潜功能。相对于传统功能研究，是有一定的创新和突破的。

但客观地说，由于时间、精力和学养所限，本研究也还存在一些不足。首先，本研究尽管基于文化的视角，循着“逻辑是什么→逻辑有哪些文化属性→逻辑有什么样的精神追求→逻辑学科应包含哪些内容→逻辑在文化体系中处于什么样的地位→逻辑对其他文化要素有什么作用→它与其他文化现象又有什么关系→什么是逻辑的功能→逻辑的功能是如何形成的→我们又该如何认识逻辑的功能→逻辑究竟有什么样的功能”这样一个思维路径，经过对一系列问题的讨论和分析最终建立起了新的逻辑功能理论，体现了一定的理论自洽性，但书中尚未分析和讨论本研究所提出的功能理论与原来的各种功能理论之间究竟有什么样的关系。另外，虽然本研究也建立了一个中观层面上的逻辑功能理论体系，但仅局限于工具性和精神性两个维度，并未从多个视角在多个维度上综合讨论逻辑的功能，进而建构起一个系统完整的、立体化的功能理论体系。这是有待我们下一步深入研究的。其次，由于本研究的主要目的是想通过对逻辑的文化解读，赋予逻辑更多的人文关怀，同时建立起更加通俗易懂、便于理解和记忆的功能理论，使人们能够更好地认识逻辑、理解逻辑、使用逻辑，因此，在行文过程中尽可能使用清晰易懂的大众语言（或自然语言），而较少使用符号语言。即使在论证过程中也尽可能少用现代逻辑的符号语言（不像分析哲学那样用现代逻辑工具进行充分的分析论证），这使得现代逻辑的强大功能并没有在本研究中得到充分发挥，这是较为遗憾的。

正是因为研究中还存在着这样一些不足，也就使我们今后进一步的研究有了明确的方向。第一，要从更加宽广的角度，对逻辑及其功能问题做多角度的透视，力争建立起一个更为系统完整的、清晰准确的、能够涵盖现有各种逻辑功能理论的功能理论体系，为人们正确认识逻辑、准确理解逻辑和高效使用逻辑奠定良好的基础。第二，就是要运用现代逻辑的手段和方法对逻辑的功能进行充分论证，使观点更加明晰，论证更加充分，说服更加有力。第三，就是要把逻辑学和心理学、神经科学紧密结合，借助心理学和神经科学的实验方法来更好地为建构和完善逻辑的功能理论服务，使观点更有科学性，更有说服力。

逻辑学科在不断发展，对逻辑功能的研究也不会终止。我们渴望有更多的学者参与研究，参与讨论。真能若此，也是对我们这么多年来对逻辑专业的学习和对逻辑功能研究中的付出给予的最大安慰。

衷心祝愿逻辑的明天更美好！

靳金贵

2022 年 4 月

图书在版编目（CIP）数据

逻辑的文化功能/靳金贵主编．--北京：中国人民大学出版社，2023.6

ISBN 978-7-300-31687-1

Ⅰ.①逻… Ⅱ.①靳… Ⅲ.①逻辑学-研究 Ⅳ.①B81

中国国家版本馆 CIP 数据核字（2023）第 080247 号

逻辑的文化功能

靳金贵　主编

Luoji de Wenhua Gongneng

出版发行	中国人民大学出版社		
社　　址	北京中关村大街 31 号	**邮政编码**	100080
电　　话	010－62511242（总编室）		010－62511770（质管部）
	010－82501766（邮购部）		010－62514148（门市部）
	010－62515195（发行公司）		010－62515275（盗版举报）
网　　址	http://www.crup.com.cn		
经　　销	新华书店		
印　　刷	唐山玺诚印务有限公司		
开　　本	720 mm×1000 mm　1/16	**版　　次**	2023 年 6 月第 1 版
印　　张	12.25 插页 2	**印　　次**	2023 年 6 月第 1 次印刷
字　　数	201 000	**定　　价**	58.00 元